L'HISTOIRE DE LA VIGNE & DU VIN

L'HISTOIRE

H.&B.
ENJALBERT

DE LA VIGNE
& DU VIN

Avec une nouvelle hiérarchie des terroirs du Bordelais
et une sélection de « 100 Grands Crus »

Bordas / **BARDI**

© Bordas S.A., Paris, 1987, pour la langue française
© Editions Bardi S.A., Paris, 1987.

ISBN 2.04.012932.4

Edition :
Bernard ENJALBERT, Guy BENJAMIN

Secrétariat de rédaction :
Nicolle SABARTHES

Conception graphique et Direction artistique :
Laurence RIOU

Production et coordination technique :
Claude BESANT

Composition, montage, photogravure :
GENERALE ART IMPRESSION.
GRAPHICS GROUP FRANCE

Les photographies en quadrichromie ont été réalisées
pour les éditions BARDI par :
Jean-Yves GOVIN, Claude HERVE
et Michel GUILLARD.

Les photographies noir et blanc appartiennent
aux collections ROGER-VIOLLET, LAUROS - GIRAUDON
et ALINARI - GIRAUDON

Achevé d'imprimer par :
PRINTER INDUSTRIA GRAFICA S.A.
Barcelone, Espagne, en Septembre 1987

Dépôt légal : Octobre 1987

Bordas / EDITIONS BARDI

BORDAS, 17, rue Rémy-Dumoncel, BP 50 75661 PARIS CEDEX 14 Tél. : (1) 43.20.15.50 Telex 260 776
EDITIONS BARDI, 39 bis, rue Henri Barbusse 75005 PARIS Tél. : (1) 43.25.96.90 Telex 270 552

« Toute représentation ou reproduction, intégrale ou partielle, faite sans le consentement de l'auteur ou de ses ayants - droit, ou ayants - cause, est illicite (loi du 11 mars 1957, alinéa 1er de l'article 40). Cette représentation ou reproduction, par quelque procédé que ce soit, constituerait une contrefaçon sanctionnée par les articles 425 et suivants du Code pénal. La loi du 11 mars 1957 n'autorise, aux termes des alinéas 2 et 3 de l'article 41, que les copies ou reproduction strictement réservées à l'usage privé du copiste et non destinées à une utilisation collective, d'une part, et, d'autre part, que les analyses et les courtes citations dans un but d'exemple et d'illustration ».

à René PIJASSOU, *Professeur à l'Université de Bordeaux III*

à Alain HUETZ de LEMPS, *Professeur à l'Université de Bordeaux III*

In memoriam Patrick DANIOU, *Université de Bordeaux III*

AVANT-PROPOS

1975, parution de l'Histoire de la vigne et du vin.

Cette histoire devait être ré-écrite parce qu'il était apparu aux termes des recherches que nous avions menées dans les années 70 que celles dont nous disposions devaient trop aux approximations, beaucoup à l'imaginaire et peu à l'examen du processus qui a conduit à la production de Grands Vins.

Cette histoire est obscure. Parce qu'elle avait été brouillée à plaisir. Les fervents admirateurs de l'Antiquité classique, les anticomaniaques, y sont pour beaucoup. Certes le vin était connu depuis les temps les plus anciens, et les Romains ont cultivé la vigne et expérimenté des procédés de vinification, mais dégustaient-ils de «Grands Vins» au sens que nous donnons aujourd'hui à cette dénomination ? La dispersion de la vigne jusqu'aux limites extrêmes des terres tempérées, ne détruit-elle pas la légende faisant des Grands Vins les enfants du soleil méditerranéen ? On en vient à discuter du couple climat/terroir et de sa relation avec la science œnologique, sans oublier qu'il faut se référer à des siècles d'expériences et d'empirisme viticoles.

Sous cet angle nouveau, l'histoire de la vigne et du vin devait être reprise. Revoir les textes, en puiser de nouveaux dans les archives, visiter en Europe et dans le monde les pays producteurs de vins. Rattacher aussi l'histoire du vin à celle des sociétés qui les consomment et notamment de celles qui en ont stimulé le commerce, hors des régions viticoles, et pour finir, demander que l'on réfléchisse à cet extraordinaire fait de civilisation qu'est le vin. On pourra voir qu'il met en œuvre l'illusion des «terres promises» mais aussi qu'il se fonde sur «le goût le plus fin du monde», celui du XVIIe siècle européen.

Bref, s'il s'agissait, hélas! de détruire certaines légendes qui avec le temps avaient pris l'épaisseur des certitudes, il fallait en revanche rendre compte de la place que le vin occupe depuis trois siècles dans l'économie des principaux pays de l'Europe et du Bassin Méditerranéen. Car celle-ci est plus large qu'on ne l'a écrit parce que la fonction sociale du vin est en définitive plus importante. La vigne ce n'est au départ qu'une culture au sein de sociétés rurales dont le produit, le vin, est acheté par le négoce des villes commerçantes. Il est consommé, pour les meilleurs d'entre eux, par des élites qui suscitent des modes et par des aristocraties qui sécrètent des habitudes nouvelles, des rites et exigent, pour finir, des Grands Vins. C'est ce processus qui conduit aux Crus Classés d'aujourd'hui qu'il fallait analyser.

1986, une nouvelle édition de l'Histoire de la vigne et du vin.

La première édition de l'Histoire de la vigne et du vin, du Professeur Henri Enjalbert, avait été entièrement révisée et mise à jour par ses soins avant sa mort, survenue en 1983. En complétant cette nouvelle édition, notre tâche a consisté à mettre au net le travail de mon père. Nous avons inclus les monographies de Châteaux du Bordelais (pages 102 à 221) qui illustrent très directement son propos et qui sont le fruit de recherches originales menées en archives et sur le terrain pendant plus de deux ans. Cette nouvelle édition est apparue d'autant plus nécessaire que les rapports étroits entre la qualité des terroirs et les vins produits devaient être réaffirmé tant il est vrai que cette relation est régulièrement mise en cause. Celle-ci se développe pour deux raisons qui appartiennent à notre temps.

D'une part, parce que nous assistons à une mondialisation de la culture de la vigne et que les nouveaux pays producteurs ont l'ambition légitime, pour la plupart d'entre eux, de produire des vins de qualité. Mais il s'accomplit parfois un dérapage, en termes de prix, voire de promotion, parce qu'ils prétendent, comme les Californiens, égaler certains crus classés français. Chemin faisant ils sont obligés d'éluder la primauté des terroirs.

D'autre part, parce que l'internationalisation de la consommation du vin et la faveur actuelle dont bénéficient, quel qu'en soit le prix, les Grands Vins, donne au «produit vin» une valeur spéculative nouvelle. Ceci revient à dire que le marché du vin et le commerce international dont il est l'objet représentent aujourd'hui un enjeu financier considérable. Ceci n'est pas un mal à condition que les hiérarchies de qualité soient respectées et que ne s'en créent pas d'artificielles, sources de marges commerciales aussi importantes qu'injustifiables.

On observe aussi qu'une nouvelle géographie viticole est en train de se dessiner : elle est devenue mondiale. Les années 90 verront-elles ce phénomène s'amplifier? Certainement, du fait de l'augmentation de la consommation de vin dans le monde, de l'évolution de la demande vers des vins de qualité, de l'émergence de nouveaux pays viticoles, du niveau de connaissance toujours plus grand d'un public de plus en plus large. En outre, cette mondialisation du vin sera accentuée par le rôle des formes modernes de distribution. Déjà on peut voir dans les «linéaires» des points de vente de quelques pays, des vins Yougoslaves, Espagnols, Sud-Africains, Chiliens, Californiens à côté de Crus Classés du Bordelais et des Grands Bourgognes. Dès lors la notion même de Grands Vins exclusivement issus des quelques terroirs privilégiés ne va-t-elle pas se dissoudre et perdre sa singularité? La réponse est non. Mais à deux conditions, qui sont elles-mêmes contradictoires.

C'est ainsi que les appellations doivent se référer à leur histoire et à leur passé pour mettre en valeur ce en quoi leurs terroirs sont inégalables. C'est le sens de notre recherche et de notre travail avec cette nouvelle histoire de la Vigne et du Vin.

Parallèlement les responsables des appellations doivent «dépoussiérer» leurs classements ou leurs hiérarchies et les rendre plus conformes à la réalité qualitative actuelle. C'est pour notre part ce que nous amorçons dans notre dernier chapitre en se limitant délibérément aux grandes appellations de la Gironde avec les «Cent Grands Crus du Bordelais», qui sont en fait 119, et qui représentent une tentative normative pour redéfinir une «élite viticole» contemporaine au sein des appellations situées sur les bords de la Gironde et de la Dordogne.

Nul doute que ce travail devra être aussi entrepris, à l'initiative des syndicats viticoles par exemple, par les Crus Bourgeois du Médoc, par les Côtes du Bordelais, ou par les appellations du Sud-Ouest, de la Provence et du Languedoc viticole qui ne disposent d'aucune classification véritable. Quant au Champagne, un certain type de classement ne pourrait-être que bénéfique à cette prestigieuse appellation. Il en va de même, peut-être, pour la Bourgogne.

En illustrant l'importance des terroirs privilégiés, donnée objective avec laquelle se confond le concept de Grands Vins, nous sommes il est vrai, par notre référence quasi exclusive aux Crus de la Gironde totalement «Bordeaux-centriques». Certains pourront, peut-être à juste titre, s'en plaindre. Qu'il soit clair cependant que cette prééminence des appellations du Bordelais ne symbolise pas un duel, «Bordeaux contre le reste du monde», match qui serait perdu d'avance par les seconds. Elle ne représente pas non plus l'hommage pourtant nécessaire à rendre à une région, aux acquis de l'Ecole œnologique Bordelaise et aux disciplines que l'Interprofession viticole s'est imposée à elle même. Car en cherchant bien on ne trouve pas facilement ailleurs une telle rigueur. Nous n'affirmons pas une suprématie de Bordeaux car elle existe, omniprésente, et elle vient de loin. Mais il est apparu utile de décrire les mécanismes d'un certain perfectionnisme et d'une épistémologie viti-vinicole féconde propre au Bordelais. Celui-ci montre, depuis plus de deux siècles, la voie à suivre et quelles sont les disciplines qui doivent, de manière incontournable, présider à la production de Grands Vins.

Décembre 1986

LES LOINTAINS HÉRITAGES

Des origines jusqu'au XIe siècle, tout ce qui a trait à la vigne et au vin nous apparait aujourd'hui comme un héritage lointain. On ne peut l'ignorer si l'on veut rendre compte des traits originaux des vignobles modernes et de la place qu'occupe le vin dans la géographie mondiale des boissons. Mais faut-il porter sur cet héritage un regard critique ? Sans hésitation la réponse est oui.

1 LA LEGENDE DE LA VIGNE ET DU VIN

Est-il une preuve meilleure du prestige universel de la vigne, dans les siècles anciens de notre histoire, que la légende dont ses origines sont entourées ? « Noé planta la vigne », nous dit la Bible (**Genèse**, IX 23). Sans doute avait-il pris soin de conserver quelques boutures ou provins dans son arche, pendant le Déluge ! Faut-il penser qu'ils étaient issus du Paradis terrestre ? Adam, ayant commis le péché éprouva la nécessité de voiler certaines parties de son corps ; il se serait emparé, nous dit-on, de quelques feuilles de vigne. Ce geste démontre que le Seigneur avait pris soin d'acclimater la vigne auprès des premiers hommes, nos lointains ancêtres. Quand les Hébreux, après avoir quitté l'Egypte, se furent lassés de vivre au désert, Moïse envoya douze espions en Chanaan, à la recherche de la Terre promise. Le témoignage qu'ils invoquèrent, à leur retour, pour convaincre leurs frères nomades de l'existence d'un bon pays agricole, dans l'aire du Croissant fertile, fut une grappe de raisin tirée d'une vigne de la vallée attachée à un bâton d'épaule, portée par deux hommes, elle trainait jusqu'à terre (**Nombres XIII, 23**). Dans le **Cantiques des Cantiques**, Salomon invoquera seize fois le charme du vin ce qui témoigne à la fois de l'usage courant et du prestige dont il était l'objet. On sait les dangers de la séduction qu'il exerce. Noé s'enivra, nous dit la Bible. Aussi le **Levitique** (X, 9) prévoit-il que le prêtre ne pourra entrer dans la tente sacrée s'il a bu du vin.

Quand on passe de la Palestine à la Phénicie, à la Crète, aux cités grecques et, pour finir, à Rome, on retrouve partout la légende de la Déesse-mère qui associe le vin au culte des dieux. Dionysos et, après lui, Bacchus conduisent aux fêtes religieuses et profanes le peuple des buveurs de vin. Nous ne savons pas l'exacte composition du nectar et de l'ambroisie dont les dieux de l'Olympe faisaient leur ordinaire. On peut cependant se représenter leur boisson préférée comme assez semblable aux meilleurs vins de l'Antiquité. Le mot nectar a d'ailleurs servi à désigner par la suite le **vin de Chio**. A son tour, le vocable ambroisie qui s'appliquait, en principe, à une nourriture, a été employé pour désigner une liqueur à base de vin, d'alcool et d'aromates. On peut y voir l'ancêtre légendaire de nos **vermouths**.

Aussi bien l'Antiquité n'avait-elle pas, dans le domaine des boissons, d'autre modèle à présenter que le vin. **L'hydromel** et la **cervoise**, sans doute assez mal préparés, étaient de pauvres breuvages, tout juste bons pour les Barbares. Si l'eau était alors, comme elle l'a été de tous les temps et comme elle l'est encore de nos jours, la boisson la plus courante, si le lait était assez largement consommé, surtout par les enfants, les vieillards et les malades, le vin constituait la seule boisson qui pouvait non seulement désaltérer, mais aussi apporter à l'homme ce soutien physiologique dont il éprouve le besoin quand il a un grand effort à faire, quand, épuisé de fatigue, il veut se réconforter et quand, d'humeur joyeuse, il veut entretenir un état d'euphorie. De là cette réputation, quasi céleste, que le vin s'acquit dès l'aurore des temps historiques. A telle enseigne qu'on prenait soin d'en verser quelques gouttes en l'honneur des dieux, à l'heure des libations. De là aussi, ce jugement de **Thucydide** (I,2), qui, brossant le tableau du monde à son époque, considérait que les peuples de la Méditerranée orientale étaient sortis de la barbarie quand ils avaient su cultiver la vigne et l'olivier. On sait également le désarroi des responsables de l'intendance, aux **Noces de Cana**. Les convives vont être furieux : Ils n'ont plus de vin, vient-on dire à **Jésus**. La situation fut rétablie par un miracle (**Jean** II,2). Peu après, au cours de la cène, le vin fut porté au rang divin le plus haut quand le Christ, s'adressant aux Apôtres, leur dit: « Ceci est mon Sang ». Incorporé par ces mots à la religion chrétienne naissante, le vin lia sa destinée à celle du christianisme, dès la fin du monde antique. Sa diffusion dans l'Occident européen s'en trouva élargie et consolidée, à l'époque où l'Islam faisait perdre à la vigne la plus large part de ses positions méditerranéennes. Un peu plus tard, les Lombards du Nord portaient la gloire du vin jusqu'aux brumes froides de l'Islande et du Groenland. Vers l'An 1000, la légende s'en mêla jusqu'à faire naître l'imaginaire **Vinland** des Sagas.

Vendanges dans la vallée de l'Adige (fresques, XVe siècle). Musée National du Château du Bon Conseil, Trente. L'exportation des vins vers l'Allemagne méridionale faisait du Trentin et de la vallée moyenne de l'Adige un grand pays viticole dès le Moyen Age. Les vignes sont demi-hautes comme de nos jours. Les techniques du Moyen Age finissant sont perpétuées ici jusqu'en 1850-1860.

2 LES ORIGINES DE LA VIGNE NE SONT PAS CELLES QUE L'ON CROIT

Si séduisantes qu'elles puissent être, les légendes antiques et les glorifications anciennes qui ont pour thème la vigne et le vin nous apportent peu d'éclaircissements sur les origines de la culture des treilles et des ceps. De leur côté, les enquêtes des phytogéographes n'ont pas encore abouti à des conclusions pleinement satisfaisantes. Sans doute l'accord s'est-il fait au sujet de l'un des foyers privilégiés de la plus ancienne viticulture, celui qui se situe dans la partie orientale du Pont-Euxin, en **Transcaucasie**. Les généticiens soviétiques y ont découvert plus de soixante variétés de **Vitis Vinifera** sauvages dont les raisins pouvait faire du vin. L'archéologie confirme les découvertes des botanistes : on a la preuve, par d'antiques vases vinaires, que l'**Arménie** du **Nord-Ouest** et la **Colchide** produisaient déjà du vin au milieu du second millénaire avant Jésus-Christ. De la **Géorgie**, la culture de la vigne se serait répandue dans tous les pays tempérés, depuis l'Inde du Nord-Ouest jusqu'à l'Occident européen.

Sont d'un autre avis les tenants d'une « pluralité des mondes » viticoles. L'Ancien Continent aurait vu naître, sur place, la plupart des foyers connus de la viticulture. Posant en principe que la vigne est une plante qui vient spontanément dans toutes les régions tempérées de l'Ancien Monde, comme elle le fait indiscutablement en Amérique du Nord, nos auteurs pensent que la sélection des **viniferas** a pu se faire, de façon autonome, dans la plupart des pays viticoles de la Méditerranée et de l'Europe atlantique, à partir d'espèces sauvages. En faveur de ce point de vue « pluraliste », deux arguments sont avancés : tout d'abord, les textes antiques nous parlent de ces sortes de créations, en particulier pour l'**Allobrogique**, cépage original du **Viennois** (Dauphiné). Mais ne s'agirait-il pas de la remise en culture au début de notre ère de vignes demeurés sauvages après avoir été importées dans la vallée du Rhône quelques siècles plus tôt? D'autre part, on a retrouvé des grains de raisin dans les débris de cuisine des « terramares », de la plaine du **Pô** et, à un moindre degré, dans ceux des cités lacustres helvétiques. Les grappes dont il s'agit n'ont sans doute pas servi à faire du vin. Issues de vignes sauvages elles auraient été cueillis, pense-t-on, pour faire un jus de raisin vert et acide consommé frais, les peaux et les pépins étant aussitôt jetés dans un trou ouvert à cet effet près des huttes habitées. Un troisième argument, couramment invoqué lui aussi et parfois avec toute la véhémence des intimes convictions reste sans portée. Il s'agit des découvertes de grains de pollen, de feuilles de vigne et de grains de raisin que l'on a tirés sous forme de fossile des nombreux gisements géologiques, d'âge tertiaire ou quarternaire ancien de la vieille Europe. La vigne figure en bonne place à **Sézanne**, dans les travertins du Thanétien. On l'a aussi retrouvée dans les tufs pliocènes de l'Astien, à **Castelnau-le-Lez**, aux environs de Montpellier, ou encore dans les argiles de **Bruges**, près de Bordeaux. Dans ce dernier site elle voisine avec des restes d'**Elephas meridionalis**, ce qui la situe au Quarternaire inférieur. De là à conclure que les cépages de la Champagne ont leurs ancêtres directs à Sézanne et que ceux du Languedoc ou du Bordelais tirent leur origines des anciennes vignes de Castelnau-le-Lez ou de Bruges, il n'y a qu'un pas. Mais nous ne pensons pas qu'on puisse le franchir.

En effet la vigne, liane sauvage qui, sous des climats plus chauds que le nôtre, prospérait aux divers âges du Tertiaire et du Quaternaire ancien en Europe occidentale, a totalement disparu de cette aire agrologique, il y a quelque 100 000 ou 120 000 ans, lors du maximum de la grande glaciation de Riss. Les glaces de **Scandinavie** s'avançaient alors jusqu'en **Hollande**, celles des **Alpes** barraient, à **Lyon**, la vallée de la **Saône**, celles des **Pyrénées** descendaient jusqu'à **Saint-Bertrand-de-Comminges**. Dans toute la France de l'Ouest, le sol gelait, sur trois ou quatre mètres de profondeur. Ne subsistait, au mieux, qu'une végétation de toundra laponienne où la vigne n'avait pas sa place. La forêt qui constituait la base écologique des **Vitis** avait disparu jusque dans les pays méditerranéens. Les vagues de froid du premier Age du Renne (période sèche et très froide de la fin de la glaciation de Riss) avaient transformé en steppe ou en désert glacé les régions qui, de nos jours, portent le maquis ou la garrigue et où l'on cultive l'olivier, le figuier et la vigne. L'intermède glaciaire qui suivit autorise sans doute un retour de la vigne parmi les autres plantes temperés dans l'Europe de l'ouest mais la dernière glaciation, celle de Würm dont le maximum se situe vers 40.000 - 30.000 ans avant notre époque fit à nouveau le vide parmi les espèces végétales, ne laissant subsister que les pauvres graminés de la toundra. Le climat actuel ne s'établit que vers 9600 ans avant notre époque. Il favorisa les conquêtes des associations végétales du type forêt claire de Bordeaux et de conifères. La vigne n'y avait pas sa place. Celle-ci aurait pu prendre part à la course qui s'organisa sous l'égide du chêne entre les diverses plantes des sous-bois au cours de « l'optimum climatique » (6500 à 4500 avant notre époque).

Aux dévastations biologiques, causées par les grands froids de la glaciation de Riss, échappèrent seulement les associations végétales de type tempéré qui trouvèrent asile dans les « refuges » phytosociologiques. Ceux-ci se localisent dans les régions de piémont que le relief met en position d'adret ensoleillé, à l'abri des vents glacés et des très basses températures. Dans l'ouest de l'Europe et en Afrique du Nord, il n'est pas prouvé que la vigne d'âge tertiaire s'y soit conservée. Le **Rif**, la **Catalogne**, la **Kabylie** n'ont pas fourni à ce sujet des témoignages décisifs. Même incertitude pour les basses pentes des **Alpes du Sud**, des **Alpes tessinoises**, de l'**Apennin** central. Par contre, on serait tenté d'admettre que la **Dalmatie** méridionale, l'**Albanie** et les **îles Ioniennes** aient pu constituer d'assez bons refuges. Le piémont carpatique de la **Moldavie-Valachie** était lui aussi assez bien partagé ; on y retrouve des centaines d'espèces végétales tempérées qui auraient réussi à s'y perpétuer au cours des périodes les plus froides du Quaternaire, mais ceci n'est pas démontré. Pour la vigne à vin, un seul refuge est indiscutablement prouvé : celui qui se localise sur les côtes orientales de la mer Noire. De toute évidence, c'est le meilleur de tous les abris que l'Ancien Monde pouvait offrir à la vigne, aux pires heures des temps rissiens et würmiens. Il était à la fois très éloigné des eaux froides de l'Atlantique et protégé des vents glacés de **Sibérie** par la chaîne montagneuse du **Caucase**. Entre le bassin de **Tiflis** et la **Colchide**, les plantes les plus délicates de l'ère tertiaire ont pu survivre. De nos jours on a pu y cultiver le thé dans de grandes plantations. Il n'est donc pas surprenant que l'on trouve à l'état naturel les vignes à vin du genre vitis vinifera.

Après avoir joué son rôle de protecteur de la flore lors des crises glaciaires, le refuge pontique (du **Pont Euxin**) constitua un centre de dispersion de la végétation forestière tempérée. Cette « diaspora » atteignit sa plus grande extension lors de l'optimum climatique qui se situa aux temps néolithiques. On voit alors le chêne et le noisetier s'avancer en Scandinavie centrale, à 200 km au nord des limites actuelles de ces deux espèces. Du côté nord du **Sahara**, les « rivages » du désert se trouvaient eux aussi reportés à 100 ou 200 km plus au sud. A travers le monde tempéré de l'Europe occidentale, le repeuplement des piémonts et des plaines par la forêt s'opéra à la manière d'une course de vitesse. Les espèces les plus prolifiques et les mieux douées pour essaimer furent celles qui réalisèrent les conquêtes les plus spectaculaires. Elles ne cédaient du terrain, par la suite, que lorsque arrivaient des espèces concurrentes, capables de les éliminer ou de les refouler dans les montagnes. Il se fit peu à peu une mise en ordre, les feuillus du groupe des chênes et des hêtres prenant le meilleur sur les conifères.

Dans cette aventure, la vigne à vin, sortant des refuges pontiques, aurait pu, elle aussi, partir à la conquête de l'Occident. Il ne semble pas qu'elle s'y soit risquée. Dès **Vitis** rustiques ont assez largement essaimé vers l'Ouest et les hommes des premières civilisations agricoles ont pu utiliser leurs raisins concurremment avec d'autres baies pour faire des jus sucrés. Nous n'avons cependant aucune preuve qu'ils aient fait du vin et il est peu probable qu'ils aient eu, à leur disposition, des véritables vignes de type géorgien.

N'oublions pas, à propos de **Vitis vinifera**, qu'il s'agit d'une liane, à l'état naturel en Colchide. Elle s'appuie à de grands arbres du groupe des feuillus. Cette association végétale affectionne les climats aux étés chauds et pluvieux. Or ce type de climat que l'on appelle pontique ne déborde pas du secteur étroit de la Géorgie occidentale. Dès qu'on s'en éloigne, on passe soit à des climats secs de steppe qui se révèlent hostiles aux arbres, soit à des climats de montagne trop rigoureux pour la vigne, soit enfin à des climats méditerranéens dont les étés secs et chauds ne sont favorables aux lianes du type **Vitis vinifera** que si l'homme intervient.

La situation est très différente en Amérique du Nord. A l'époque glaciaire, les refuges de la forêt tempérée et de la vigne se situaient dans les vallées des Appalaches du Sud, lieux abrités et tournés vers le sud-est sous le 34ᵉ degré de latitude. Dès que les glaciers se furent retirés, le climat actuel s'instaura. Or, il s'agit d'un climat d'affinités pontiques, aux étés humides et chauds. Les espèces forestières et, avec elles, la vigne, disposèrent alors d'un immense espace à conquérir. Aussi rencontre-t-on les vignes américaines à l'état naturel, depuis le sud de la Nouvelle-Angleterre jusqu'à la Floride et, au-delà du Mississipi, jusqu'au 100ᵉ méridien. Il est vrai que les espèces américaines, très nombreuses et hybridées les unes avec les autres, ne comportent pas le groupe le plus intéressant, celui des **viniferas**. Aucune de ces vignes ne se révéla bonne productrice de raisins de qualité. Vers 1820, on réussit enfin à sélectionner l'une d'elles, l'**Alexandra**. Encore est-il probable que l'on avait affaire à un hybride de plant américain et de plant européen importé. Toutes les autres espèces américaines, dont certaines, du groupe des **Labrusca**, avaient des raisins de belles dimensions, donnent un vin au goût foxé ou goudronné. De plus elles portent avec elles des parasites : insectes comme le phylloxéra ou champignons comme le mildiou ou l'oïdium ; et aussi des virus, très agressifs, ce qui nous explique les innombrables échecs des planteurs américains qui voulurent importer des vignes européennes.

Dans l'Ancien Monde, à l'état naturel la vigne à vin n'avait à sa disposition qu'un domaine restreint, celui de la partie orientale du Pont-Euxin, mais elle y bénéficiait d'un milieu sain et s'y trouvait représentée par des espèces de haute qualité. Il suffisait à l'homme d'exploiter leur souplesse d'adaptation et de les porter dans les divers milieux où, au prix de quelques soins, elles pouvaient répondre aux besoins et aux goûts des usagers. On ne saurait trop insister sur le contraste ainsi créé entre l'Ancien Monde et le Nouveau : beaucoup de Vitis et très dispersées dans ce dernier, mais elles n'avaient pas grand intérêt et elles ne furent connues qu'à une époque récente ; très peu de Vitis dans le monde ancien, les viniferas se localisant sur un espace étroit, mais des espèces remarquables et connues de bonne heure si bien que la viticulture les a très largement exploitées. La chance a voulu que les vignes de qualité fussent à portée immédiate des foyers culturels qui allaient essaimer dans le monde occidental : grâce à quoi, le développement de la viticulture a pu s'inscrire sur une courbe identique à celle des civilisations du Moyen-orient de la Méditerranée et de l'Europe.

3 LA DOMESTICATION ET L'EXPANSION DE LA VIGNE

La vigne se reproduit par bouturage, si bien que l'on peut l'implanter sans difficulté dans de nouveaux terroirs. Mais de plus, elle s'adapte, si on la protège, à des climats à étés secs ou même, si elle est irriguée, à des climats désertiques. L'homme pouvait donc l'extraire de son milieu naturel pour la mettre en culture de la Chaldée à l'Égypte et du Turkestan à la Méditerranée occidentale. Il pouvait aussi, en faisant choix de variétés rustiques, la conduire dans des zones à hivers froids comme les hauts bassins arméniens, la Crimée et l'Europe centrale et dans des zones à étés frais comme celles de l'Europe de l'Ouest ou du Nord-Ouest.

De quelle manière et à quel moment se firent cette domestication et ces premières migrations ? Nous ne le savons pas d'une manière assurée et précise mais on peut esquisser cette histoire, en se fondant sur la « logique des choses ». A la simple récolte des grappes sauvages dans la forêt pontique succéda, peut-on penser, un premier aménagement de la production qui consista en un défrichement partiel des lisières forestières, de manière à « donner de l'air » aux lianes accrochées aux arbres en faisant choix de celles qui donnaient de bons raisins. Une meilleure fructification des raisins était ainsi assurée et le vin obtenu était meilleur. La deuxième étape fut sans doute celle de l'implantation de pieds de vigne auprès d'un groupe d'arbres isolés. La treille ainsi constituée devenait grosse productrice et on avait toute chance de faire de belles vendanges et du bon vin. Dans ces conditions la taille permet à la fois de régler la croissance du support et celle de la treille. On fait mérite à un âne, qui brouta les sarments d'une vigne, d'avoir inventé la taille. Il s'agit d'une image et en fait d'une explication après-coup. Elle exprime cependant l'idée d'une intervention extérieure dans le comportement de la vigne. Mais de plus, en prélevant, sur une vigne bonne productrice, quelques sarments transformés en boutures, on pouvait multiplier à volonté les plantations en s'assurant à l'avance de la qualité des récoltes. Il est probable que, pendant une assez longue période, la vigne grimpant à un tuteur fut le mode de culture le plus répandu. C'est seulement lorsque l'on importa la vigne dans des régions sèches que l'on fut amené à renoncer aux supports naturels et que, par une taille appropriée, on passa soit au système des hautains où la vigne s'appuie sur des supports inertes, soit au système des ceps en taille basse qui fait de la vigne un arbuste autonome se soutenant par lui-même.

Il est à peu près certain que la première aire d'expansion du vignoble se situait en **Géorgie centrale** et dans l'**Arménie du Nord-Ouest**. Ces deux pays disposent, sur de courtes distances, d'une gamme complète de climats tempérés : très humides et très chauds à l'ouest, dans la forêt pontique, ils sont très secs à l'est et deviennent même désertiques en **Azerbaïdjan**. On ne saurait imaginer une terre d'expérience plus favorable aux multiples avatars de la vigne. Comme il s'agit de pays dont le peuplement est très ancien, on peut penser que, dès le début du IIIe millénaire avant notre ère, l'oeuvre créatrice des hommes s'était accomplie et que la viticulture avait été fondée. Dans le même temps, les grandes migrations de la vigne avaient été amorcées. C'est ce qu'expriment les textes bibliques qui relatent, en bref, les succès de la viticulture dans le **Croissant fertile**. On sait aussi que l'Egypte avait été atteinte par la vigne vers 2500 av. J.C. Dès le IVe dynastie des pharaons, on y produisait du vin.

Est-il besoin, dans ces conditions, d'imaginer, hors de la Géorgie, d'autres centres de mise en culture de la vigne, à partir des lianes locales ? En tout cas, ce n'est pas indispensable. Il y a eu, de très bonne heure, des migrations de population, de l'Orient vers l'Occident, et la vigne a pu être importée dans l'Europe de l'Ouest par des hommes venus de la Méditerranée orientale. Originaires du Proche-Orient, les Etrusques arrivent en Italie vers 1000 av. J.C. Ne peut-on pas considérer qu'ils ont introduit la vigne dans la péninsule de la même manière qu'elle avait été importée en Egypte ?

Dans la plaine du **Pô**, les hommes des « terramares » ont fait, sinon du vin, du moins des jus de fruit à base de raisins. On peut certes admettre la présence sur place de quelques Vitis sauvages. Mais il peut aussi bien s'agir de vignes importées et très sommairement cultivées. Cependant, on ne voit pas qu'il se soit créé des vignobles durables dans la région des **terramares padans** et encore moins dans celle des **palafittes suisses**. Faut-il imaginer que la dégradation du climat, lorsque prit fin l'optimum climatique, vers 600-500 av. J.C., a mis un terme à une très ancienne viticulture aventurée dans des régions assez peu favorables à la vigne ? On objectera qu'il aurait été alors possible d'importer d'Orient de nouvelles boutures et de tenter de nouvelles expériences. Ne nous dit-on pas qu'au VIe siècle avant notre ère, les Ioniens de Phocée arrivés à Marseille firent connaître aux **Ligures** Provençaux la variété **Pontica**, qui, comme son nom l'indique, venait très certainement du Pont-Euxin ? Là encore il ne semble pas que la vigne ait en Provence un succès durable à partir des importations phocéennes. En Gaule il faudra attendre les deux derniers siècles de la République romaine pour assister à une remise en honneur de la vigne, dans les pays de l'Europe occidentale, et cela en fonction d'une migration qui a son départ en Grande Grèce, c'est-à-dire en Italie du Sud.

Les textes nombreux dont nous disposons, grâce aux agronomes et naturalistes latins, Caton puis Varron, avant le début de l'ère chrétienne, **Pline** et **Columelle**, au premier siècle après J.C, évoquent les deux traditions de l'importation de plants de vigne (**arcessita**) et de la sélection sur place (**inventa**). Cette dernière aurait été pratiquée en Dauphiné pour l'**Allobrogique**, cépage qui avait le mérite de résister aux gelées. Admettons qu'il a été « inventé » sur place. Ne résulte-t-il pas de la sélection des Vitis vinifera importées soit à l'époque des palafittes soit à celle des phocéens de Marseille et abandonnées par la suite ? De nos jours, Mexicains et Américains ont prospecté avec succès les forêts-galeries des bassins alluviaux du **Sonora** où survécurent, à l'état sauvage, les vignes abandonnées autour des missions, lors de l'expulsion des Jésuites en 1767. Ils n'en ont pas pour autant « inventé » les variétés ainsi retrouvées.

Plus intéressante nous semble la tradition, retenue par les auteurs latins, d'une importance en Italie de plants à gros rendements venus d'**Illyrie**. Tout d'abord, parce que cette région aurait pu constituer au même titre que la Colchide un refuge pour la vigne à l'époque glaciaire, et qu'un foyer original de viticulture aurait pu s'y constituer. Il est plus vraisemblable d'imaginer que la vigne fut importée de bonne heure et, au plus tard, dès le VIe siècle av. J.C. par les Grecs d'Asie Mineure. Le climat y est proche parent de celui des régions pontiques de la Géorgie, la vigne ne pouvait manquer d'y prospérer, mais aussi d'y vivre à l'état sauvage. On peut même imaginer que, redevenue sauvage, elle s'adapta à toute la gamme des climats locaux et que, par la suite, on put y faire d'intéressantes sélections, comme celles que rapportent Pline et Columelle à l'époque où, en Italie, on recherchait des plants gros producteurs.

Dès cette époque, on disposait en Italie d'un très grand nombre de variétés de vigne. Si, au IIe siècle av. J.C., **Caton l'Ancien** n'en cite que 15, **Columelle** en connaît 58 au Ier siècle de l'ère chrétienne. **Virgile**, quant à lui. renonçait à les dénombrer : plutôt compter les grains de sable du désert de Libye.

La France languedocienne a peut-être elle aussi connu la vigne de très bonne heure mais de grands vignobles ne se sont développés qu'assez tardivement dans cette région. En effet, **Cicéron** rapporte que, dans la Narbonnaise, les Gaulois n'étaient pas autorisés à cultiver la vigne, ce privilège étant réservé aux Romains. Une telle discrimination n'eût pas été possible si les Gaulois avaient eu des vignobles en production à l'arrivée des Romains dans la province, vers 120-127 av. J.C.

On a beaucoup disserté sur l'extension de la viticulture en Gaule, à l'époque romaine, et la question est d'importance si l'on veut bien considérer que les espèces cultivées au début de notre ère étaient adaptées au seul climat méditerranéen, doux en hiver, chaud et sec en été. Il a donc fallu de multiples innovations d'ordre botanique pour adapter la vigne aux climats plus humides et moins chauds de l'Aquitaine atlantique et à ceux, encore moins favorables, de la Bourgogne, de la Moselle et du Rhin.

Au cours du Moyen Age, la vigne gagna encore du terrain vers le nord et on la cultiva dans l'Angleterre méridionale et aussi en Basse-Saxe. Dans ces deux pays, les résultats furent médiocres et la viticulture ne put s'y maintenir, mais elle resta solidement implantée sur le Rhin, en Champagne et, jusqu'en 1880, en Lorraine et dans la région parisienne.

Nous aurons à revenir sur cette extraordinaire mutation, mais il faut d'abord rendre compte du franchissement, par la vigne, de la frontière climatique qui sépare la France méditerranéenne de l'Europe de l'Ouest et du Nord-ouest. Le passage s'opère au début de notre ère. Pline et Columelle en font état avec quelque détails. Cependant, il faut bien voir que, pour eux, la question n'avait pas une grande portée telle que nous lui donnons aujourd'hui. Ils dissertaient sur la production viticole de l'Italie. S'ils mentionnent des faits observés ailleurs, c'est par référence au monde agricole de l'Italie centrale. Ils conviennent que la vigne était la spéculation agronomique la plus intéressante, chaque fois que l'on pouvait lui accorder tous ses soins et faire les investissements nécessaires. Dans cette perspective, ils évoquent le problème des rendements et signalent des cépages gros producteurs qui seraient originaires d'Illyrie. Ils nous parlent aussi de ce qu'ont fait, dans ce domaine, les Allobroges, qui ont « inventé » une variété résistante au froid et forte productrice. Ils observent aussi que les **Bordelais** ont « importé » une vigne, elle aussi adaptée au climat, et dont les rendements élevés donnent satisfaction aux agriculteurs. Celle-ci, la **Biturica**, viendrait-elle directement d'Illyrie comme d'autres espèces importées depuis peu en Italie ? Il est fait allusion à un détour possible par l'Espagne, où l'on utilise une **Biturica minor** appelée **Cocolubis**. On ne voit pas que cette étape soit nécessaire ni qu'elle ait présenté quelque avantage. Il nous intéresse bien davantage que le seuil climatique du monde mediterranéen ait été franchi et qu'une brillante carrière ait été ouverte à la vigne, à l'ouest de Naurouze et au nord de Vienne.

L'événement ne nous a pas été relaté en tant que tel et nous ne pouvons pas en préciser la date. Du moins savons-nous que c'était chose faite, à la fin du premier siècle de notre ère. R. Dion a insisté, avec raison, sur le caractère tardif de cette conquête. Nous savons aussi que ce « monument romain » courut le risque d'être abattu aussitôt

Histoire de Noé, XIIIe siècle (Basilique Saint-Marc, Venise).

A tout point de vue, et pour la vigne en particulier, Venise assure la transition entre l'Antiquité - qui se prolonge à Byzance - et les Temps modernes à travers tout le Moyen Age.

qu'érigé. En 92 de notre ère, **l'édit de Domitien**, qui interdisait les nouvelles plantations, aurait pu ruiner toute la viticulture extra-italienne. Il ne fut pas respecté et, en 280, Probus le rapporta. La mesure ainsi prise ne changea probablement pas les destinées de la vigne en Occident. Ce qui importe, c'est qu'elle ait été solidement implantée dans l'Europe de l'Ouest, à l'heure où les interdits de l'Islam faisaient le vide en Méditerranée dans le domaine viticole. Faute de quoi, le risque aurait été grand de voir disparaître, sans héritiers, la viticulture du monde antique.

4 LE COMMERCE DU VIN SE DEVELOPPE DANS L'ANTIQUITE

Pour se developper, la viticulture a toujours eu besoin d'abord d'une clientèle. Le vin n'est pas un produit de première nécessité. Pour que des agriculteurs se consacrent à sa production, il faut que des hommes riches ou puissants se préoccupent de financer l'opération ou qu'ils aient autorité pour la faire réaliser à leur bénéfice. Cela, dès les origines. On imagine assez bien les maîtres des troupeaux de la steppe et du désert, depuis l'Azerbaïdjan et l'Iran, jusqu'à la Turquie centrale, imposant aux agriculteurs de cultiver de plus en plus de vignes à leur profit.

Il se pourrait qu'avant de tuer son frère, l'agriculteur et viticulteur **Caïn** ait été excédé par les exigences d'**Abel**, l'éleveur bien en cour auprès du Seigneur. Les pasteurs nomades étaient tout naturellement des caravaniers. Ils fournissaient les peaux pour faire des outres mais, de plus, ils transportaient le vin d'un pays à l'autre. Sans doute, aussi, véhiculaient-ils des boutures de vigne. C'est par eux, que l'on pourrait expliquer la rapide extension de la viticulture dans le Proche-Orient.

Autre donnée ayant valeur de symbole : la scène de la caverne qui met, l'un en face de l'autre, Ulysse et le Cyclope. Celui-ci était un pasteur. Il récoltait un petit vin de pays qui n'était sans doute qu'un verjus. Le vin fort contenu dans les outres dont Ulysse avait fait son trésor de guerre excitait ses convoitises. Son avidité le perdit. Le triomphe d'Ulysse est aussi celui de la viticulture spécialisée qui livre au commerce des vins de bonne cuvée. Avec **Homère**, nous entrons dans le monde des échanges qui ont fait la fortune de la vigne et du vin.

Quand la viticulture eut atteint les pays de la Méditerranée orientale et que les villes commerçantes de la Phénicie, de l'Egypte, de la Crète, de la Grèce d'Asie et d'Europe voulurent se procurer du vin, le logement dans les amphores se généralisa. L'industrie céramique se trouva ainsi associée au commerce du vin et de l'huile. Dans le transport par mer, l'amphore supplante l'outre. Ce n'était pas encore chose faite au temps de L'Odyssée. Ulysse adopta même la méthode inverse. Quand il eut pillé la ville des Kykmes et emporté leur vin, il vida le contenu des amphores dans des outres qu'il chargea sur son bateau. En l'occurrence, il est tout le contraire d'un précurseur. Par la suite, les grands chargements de vins sur les navires furent constitués par des centaines d'amphores. C'est ce que nous révèlent les épaves qui, de nos jours, font le bonheur des archéologues, en particulier sur les côtes de Provence.

Phéniciens et Grecs ne se firent pas faute d'étendre le commerce du vin à l'Occident, dès que furent fondées, en Espagne et en Gaule, les premières colonies. L'association du **vase de Vix** à une sépulture princière donne le ton. Pour que des commerçants de la Grande Grèce aient eu l'audace, vers 525 av. J.C., d'acheminer du vin et des récipients de haut prix jusqu'en Bourgogne, il leur fallait l'assurance que de fructueuses contreparties - étain, ambre ou esclaves - étaient en vue.

Vix représente pour nous la première et, en même temps, le plus sensationnel témoignage qu'il nous ait été donné d'enregistrer d'un grand commerce du vin, en Occident. Nous savons que des échanges s'organisèrent par la suite de façon systématique entre la Campanie et le sud-ouest de l'Europe océanique. Dès le début du 1er siècle av. J.C., on peut jalonner, par des trouvailles d'amphores portant les mêmes marques de potier, la route du vin qui allait de Narbonne à Bordeaux. Il s'agit d'abord de vins campaniens, puis de vins des Romains de la Narbonnaise. En se multipliant, les découvertes d'amphores campaniennes nous montrent qu'il s'agissait d'échanges organisés. Ils fonctionnaient jusque dans les milieux ruraux, ainsi qu'on peut en juger par les résultats des fouilles faites à Naucelle, en Rouergue. La Campanie fut, au 1er siècle av. J.C., un grand centre de production et d'expédition. A petite échelle, elle nous fait songer à ce que sera Bordeaux au Moyen Age. Sans doute y eut-il, dans l'Antiquité, d'autres centres d'exportation du vin. Nous savons que Corinthe et Athènes en faisaient commerce. Cependant, on ne voit pas que la Grèce ait disposé, dans l'une de ses métropoles, d'un marché de réception et de redistribution analogue à celui qui fonctionnera à Venise, au XVIe siècle.

Il en va autrement à Rome. Au cours du dernier siècle de la République et sous l'Empire, la Ville constitue un centre de consommation d'une telle ampleur que, de toute l'Italie et de tout l'Empire, on y expédie des vins. Les monceaux de débris d'amphores du **mont Testaccio** témoignent de l'intensité de ce courant d'importation, encore qu'on ne puisse préciser, dans tous les cas, s'il s'agit d'huile ou de vin. Pendant un demi-millénaire, Rome a suscité, dans le monde méditerranéen, d'intenses courants d'échange. Le vin importé y occupe l'une des premières places. A propos de ce trafic, on ne peut manquer de se poser une question : qu'en était-il de la qualité des vins romains et, plus généralement, de la qualité de tous les vins de l'Antiquité ?

Peu de témoignages restent à notre disposition en ce qui concerne les vins grecs. On les buvait additionnés d'eau le plus souvent, ce qui n'est pas un moyen de faire apparaître leur qualité spécifique.

Ulysse fait avaler au Cyclope, pour l'enivrer à coup sûr, un vin qu'il aurait fallu couper d'eau, dans la proportion de un à vingt. On a beau nous dire qu'il s'agissait d'un vin très fort que détenait le prêtre d'Apollon, nous sommes quelque peu inquiets du taux élevé de ce « mouillage ». Cependant, à Athènes, au Ve siècle av. J.C., on mélangeait couramment deux à quatre mesures d'eau et une de vin. Boire du vin pur était, chez les Grecs, le fait d'un Barbare ; seul un Scythe pouvait s'égarer à ce point. A moins qu'à petites doses, le médecin eut prescrit le vin pur comme remède de choc. D'ordinaire, les vins grecs étaient fumés ou poissés, ce qui altère définitivement le fruité qu'un vin nouveau pourrait tirer d'un terroir particulier. Dans ces conditions, on ne saurait parler de vins fins. La Rome de la « belle époque » qui, pour la viticulture, est celle de Virgile et des Géorgiques à la fin de la République, supporte mieux le débat. Poètes et publicistes ont parlé du vin en termes chaleureux et nous n'avons aucune raison de mettre en doute leur sincérité. Ils ont bu de bons vins d'origine locale ou d'importation. Mais ont-ils dégusté de « Grands Vins » dans le sens que nous accordons aujourd'hui à cette dénomination ?

Observons tout d'abord que **Rome** constituait, à cette époque, pour des raisons politiques et économiques, un marché privilégié. Que l'on imagine seulement ce que pouvaient représenter les distributions gratuites de vin, le jour ou un général vainqueur célébrait son triomphe ? On a estimé que, dans de telles circonstances, il fallait amener à Rome plusieurs dizaines de milliers d'hectolitres de vin que l'on consommait en moins d'une semaine.

Même en temps ordinaire, il se buvait à Rome des quantités considérables de vin. Comme de nos jours, une bonne part venait des environs immédiats, en particulier du piémont des **Monts Albains** et, comme on le voit encore à l'heure actuelle, des transporteurs le véhiculaient directement du producteur au consommateur. Les noms de **Cerveteri**, d'**Ardea**, d'**Albano**, de **Carsoli** évoquent des centres de production viticole de bonne réputation, pour l'Antiquité comme pour notre temps. Au IIe siècle avant notre ère la haute société romaine méprisait les vins du Latium. Elle leur préférait ceux que l'on importait des pays anciennement producteurs de l'Italie du Sud, en particulier de **Campanie**. Ce commerce déclina par la suite quand les vins des monts Albains se furent améliorés. En Campanie, les vignobles antiques occupaient des sites qui, le plus souvent, aujourd'hui encore, produisent de bons vins. Telles sont les basses pentes du Vésuve, les terres maigres des Champs Phlégréens, le piémont des massifs qui entourent les plaines campaniennes vers le nord et vers l'est. Au dire de **Pline** qui résume les opinions de son époque, les vins les plus célèbres étaient alors ceux de **Sorrente** et de **Falerne**. On peut penser qu'il s'agissait de vins récoltés sur des terroirs sélectionnés, et qu'au départ ils avaient une certaine finesse, encore que le Falerne, jugé trop amer, eût besoin du secours d'un peu de vin de Chio, de miel et d'eau pour être parfaitement au point. Et que penser du **Cécube** que Pline voudrait placer au-dessus du Falerne ? Il est récolté dans un terrain marécageux, nous dit cet auteur (XIV, 61), et **Martial** le confirme (XIII, 115).

Compilateur consciencieux, Pline donne volontiers des conseils aux notables, possesseurs de grands domaines. Or il faut bien constater que, dans ses écrits, on ne trouve pas la moindre recette concernant la préparation d'un vin de qualité. Il est d'ailleurs persuadé que le vin se dégrade très vite. Aussi estime-t-il qu'il ne faut pas hésiter à jeter le vin vieux, même s'il est d'une bonne année, pour loger le vin nouveau. Et, comme il ne fait pas d'exceptions, nous sommes fondés à penser que la notion de Grands Vins lui est inconnue.

Dans ses commentaires sur le revenu des domaines, il nous dit que les vignobles viennent en tête des cultures, « si les vins sont bons ». Déjà, bien avant lui, **Caton** émettait un avis analogue, lorsqu'il constatait qu'à surface égale le vignoble assure un meilleur apport que les autres spéculations agronomiques. Mais il se méfiait de la vigne considérée de son temps comme une culture aléatoire. Ses préférences allaient aux pâturages dont le revenu est toujours assuré. S'il avait eu connaissance d'un Grand Cru, n'aurait-il pas ouvert - et Pline après lui - une parenthèse en sa faveur ?

On n'en trouve pas trace non plus chez **Columelle**. Or celui-ci a une expérience directe en la matière, puisqu'il s'est personnellement occupé de domaines agricoles, producteurs de vin dans les monts Albains. Notons tout d'abord que son idéal est assez proche de celui du **complete farmer** des Anglo-Américains, celui qui associe plusieurs productions. S'il y avait eu, de son temps, une spécialisation viticole portant sur un Grand Cru, il l'aurait certainement opposée à cette polyculture qui lui est familière. Tout comme Pline, il fait mention des meilleurs vins d'Italie, mais il nous signale aussi le déclin de certains d'entre eux. Cela en raison de la concurrence extérieure. ce qui semble démontrer que leur qualité ne suffisait pas à les soutenir. Les provinces fournissent du vin à Rome. Il en venait des îles grecques, **Chio**, **Cos** et **Samos**, de **Cnide**, de la **Vénétie** et de l'**Istrie**, de l'**Espagne tarragonaise** et de la **Gaule méditerranéenne**. Or, Rome a la chance de disposer, à courte distance, dans les monts Albains et en Campanie, de bons terroirs pour la vigne. Que la concurrence des provinces soit à redouter au temps de Columelle, c'est très certainement en raison de causes sociales ; des prix de production très bas sont obtenus, hors d'Italie, en fonction du bon marché de la main-d'oeuvre. Cela posé, quel moyen de lutte préconise-t-on autour de Columelle ? Tout simplement la recherche de cépages qui ont fait leurs preuves, en Albanie ou ailleurs, dans le domaine de la quantité. Nous sommes là à l'opposé d'une politique de la qualité, ce qui nous confirme dans l'idée que celle-ci n'était nulle part établie dans les faits, de façon indiscutable. Le Falerne et autre Cécube bénéficiaient à Rome d'un préjugé favorable, mais celui-ci n'était pas assez assuré pour résister à l'engouement que suscitait un arrivage quelconque de vins importés à bas prix.

D'ailleurs il n'y avait pas, en Italie, de commerce organisé, ni de stockage contrôlé garantissant l'origine des vins. A ce sujet, les fouilles de Pompéi ne laissent presque pas de doute. A la veille de la catastrophe qui la raya de la carte des villes italiennes, en 79 de notre ère, Pompéi était une ville riche et commerçante. Entre la Campanie et Rome, elle nouait des relations de tous ordres, y compris celles qui avaient trait au commerce du vin. La preuve en est que l'on a recensé, dans les fouilles, plus de mille marques de jarres et d'amphores, ce qui prouve que pour l'huile et le vin - mais pour le vin plus que pour l'huile à cette époque - Pompéi était un centre d'affaires de toute première importance. Cependant, on n'a découvert à Pompéi aucun reste de quelque grand magasin où un marchand réputé aurait, tel de nos jours un négociant de Beaune, « élevé » des Grands Vins à destination du marché de Rome. On peut donc considérer que les vins de Campanie, bons ou moins bons, allaient directement du producteur au transporteur et au consommateur, sans qu'intervienne le spécialiste qui détecte, contrôle, et développe la qualité. Dans ces conditions est-il concevable que Rome ait pu recevoir de la Campanie l'équivalent de ce que nous appelons des Grands Vins ?

5 LES VINS DE L'ANTIQUITE : UNE REALITE MEDIOCRE

L'un des arguments que l'on avance le plus souvent pour louer les vins de l'Antiquité et pour faire état de leur qualité n'est autre que celui de leur âge. C'est un fait, Rome a connu des vins vieux de six, dix et vingt ans. Mais s'il y a identité de nos jours entre vin vieux et Grand Vin, il n'en allait pas de même dans l'Antiquité où le vieillissement relevait du hasard. Aucun texte ne nous permet de le considérer comme une technique de bonification. Quand un vin était bon, on le gardait pour en disposer au cours des années qui suivaient, mais ce vin ne recevait aucun soin particulier. C'est pourquoi, au goût de **Tibère**, grand buveur, le **vin de Sorrente** vieux de vingt-cinq ans n'était plus qu'un « noble vinaigre ».

La manière dont on traitait le vin, à Rome comme en Grèce, nous montre d'ailleurs que l'Antiquité n'avait, sur la qualité du vin, que des notions assez élémentaires. Le vin nouveau fermentait dans des jarres ouvertes comme bon lui semblait. Si on le consommait sur place, ou après un transport à courte distance - tel le cidre en Bretagne - il n'exigeait aucun traitement spécial. Les choses se compliquaient dans le cas des vins que l'on « forçait » en vue de leur transport. Lors de la vinification, on ajoutait des raisins secs et, plus souvent encore, du miel, ce qui donnait un vin alcoolisé au maximum (15° à 16° probablement) et qui contenait un excédent de sucre, donc un vin lourd, sirupeux ou même pâteux. Ce vin devait être filtré avant d'être servi et il fallait, comme en Grèce, le doubler ou le tripler d'eau afin de le rendre « agréable » à boire. Le même résultat était obtenu par le vieux procédé du **chauffage** par lequel on fait évaporer un tiers ou une moitié de l'eau. On obtenait ainsi des sortes de vins cuits, dont la fermentation était lente et très longue, tout en restant incomplète.

De tels vins pouvaient vieillir sans trop de difficultés mais on peut douter qu'ils aient gagné en qualité avec l'âge, d'autant qu'on les conservait sur lie. Il s'agissait en fait de véritables « concentrés » de vin qui supportaient assez bien le transport. La pratique du **poissage**, à peu près générale, avait aussi pour but une meilleure conservation du vin. N'était-il pas reconnu également que l'odeur de bouc, propre aux outres en peau de chèvre, était un gage de bonne tenue des vins ? On n'en doute pas dans les Evangiles (**Matthieu** IX, 17) : il faut « mettre le vin nouveau dans des outres neuves ».

Passons sur les bizarreries que nous signalent les auteurs anciens comme cette pratique qui consiste à saler les vins ou à y ajouter de l'eau de mer. Et passons aussi sur la neige que des esclaves allaient recueillir dans la haute montagne pour la placer dans le filtre ou l'on versait le vin.

Ce qui nous surprend tout autant c'est la localisation des chais de conservation. Aujourd'hui nous « montons » une vieille bouteille de la cave. Les Romains, eux, « descendaient » un récipient du **fumarium** situé au-dessus des cuisines. Il est peu probable qu'en hiver la fumée ait traversé la terre cuite des amphores, tout au plus, réchauffait-elle la pièce haute où elles se trouvaient. En été, la chaleur du jour ne manquait pas d'élever la température du vin et de provoquer quelque évaporation, renforçant ainsi le caractère sirupeux du liquide. On comprend mieux ainsi qu'il ait fallu filtrer et mouiller le vin avant de le « descendre » pour l'offrir aux convives.

Plus proches de nous sont les pratiques qui permettent un **forçage** du goût à l'aide des épices, poivre ou cannelle et des fleurs, fruits, résines, feuilles, écorces, ou racines parfumées. On utilisait l'absinthe ou le myrte, le thym ou la réglisse, les roses ou les fleurs sauvages. On reconnaît là une tradition que le Moyen Age a perpétuée et qui a donné, dans le passé, les multiples formes de boissons familiales sophistiquées, plus récemment, les vermouths à l'italienne. Dans cette voie, l'Antiquité allait jusqu'à la dégradation du vin : l'emploi de l'encens, de la myrrhe et de l'aloès - ce dernier proprement vénéneux - communiquait au vin un goût que nous ne saurions apprécier.

Il y a pire. Soit pour les « chauffer » à la fermentation, soit pour les réduire en volume et élever leur degré alcoolique afin de mieux les conserver, les Romains mettaient leurs vins au feu, de façon courante, dans des récipients en cuivre ou en fer qu'ils étamaient au moyen d'un alliage à forte proportion de plomb. Pour éviter à leurs vins le contact avec des oxydes de fer ou des composés de cuivre jugés nocifs, les contemporains d'Horace ou de Virgile s'intoxiquaient, sans y prendre garde, aux oxydes de plomb. Nous avons de multiples détails cliniques sur les graves méfaits du saturnisme à la belle époque de Rome. Le mal n'était pas connu comme tel mais il était général et tout particulièrement dans la haute société, celle qui absorbait, en grande quantité, les vins les plus « travaillés » et par là-même plombés. Les oxydes de plomb absorbés par les Romains eurent des effets particulièrement pernicieux sur la fécondité chez les hommes et chez les femmes ; d'où la nécessité, dans les familles nobles - en particulier chez les Antonins - d'assurer les successions par la voie de l'adoption.

Tout cela ne contribue pas à nous donner une haute idée de la science vinicole et du goût des Anciens. Pourquoi, dans ces conditions, ferions-nous remonter la qualité de nos Grands Vins « à la plus haute Antiquité » ? L'attitude ainsi prise relève d'une antiquomanie assez puérile. Aussi faut-il en souhaiter, au plus vite, l'abandon pur et simple.

6 L'HERITAGE ROMAIN ET LA « TRAVERSEE DU DESERT » DU HAUT MOYEN AGE

Monument romain donc que les vignobles Européens, hérités de l'Antiquité depuis l'Italie et l'Espagne jusqu'au Bordelais, à la Bourgogne et aux pays rhénans ; mais monument qui ne pouvait, en tout, servir de modèle au monde médiéval et moins encore au monde moderne. En France et en Rhénanie, ce monument avait été très légèrement construit. Faute de grands débouchés, il était seulement à l'état d'ébauche. **Ausone**, si souvent invoqué, n'a jamais dit que la Moselle ou les rives de la Gironde aient produit autre chose qu'un bon petit vin de pays. Après la « traversée du désert » du Haut Moyen Age, il sera nécessaire de reprendre la construction du monument viticole romain jusqu'à la base. On peut même dire que celle-ci sera renversée, le Rhin moyen et la Gironde devenant les régions privilégiées du grand commerce des vins, tandis que s'étiolait l'ancien fondement méditerranéen de la viticulture. C'est que, de l'époque d'Ausone à celle de François Villon, il s'est produit deux types d'événements qui ont changé la face de l'Occident : d'une part, c'est le déclin des pays de la Méditerranée, dont l'expansion de l'Islam fut en partie responsable, et d'autre part l'essor des pays du Nord, dont la constante fortune, depuis le XIe siècle est à l'origine de ce marché des vins, dont l'ampleur dépassera, et de très loin, tout ce que l'on avait pu voir en Méditerranée au cours des temps antiques.

Il faut avoir présent à l'esprit cet extraordinaire renversement des valeurs économiques, si on veut comparer les vignobles de l'Antiquité et ceux du bas Moyen Age, ces derniers préfigurant d'ailleurs la carte viticole contemporaine, avec plus de netteté que ceux de l'Antiquité. Il aura fallu l'essor extraordinaire de la viticulture **languedocienne**, au XIXe siècle, pour restaurer la base méditerranéenne du vignoble français. On l'a alors vu se remodeler approximativement sur le dessin gravé à l'époque gallo-romaine.

A vrai dire, un long temps, presque mort, couvre tout le haut Moyen Age dans le domaine de la grande production viticole, et l'on doit prendre en compte la renaissance de la viticulture, de 1130 à 1225, pour comprendre comment se sont constitués les grands vignobles français et rhénans du Bas Moyen Age.

Il y aurait même lieu de s'étonner de la survie des vignobles antiques, lorsqu'on sait la fragilité de ces constructions humaines des temps prospères. Ceux de la Gaule furent d'abord victimes des grandes invasions. Toutefois, dans l'Occident chrétien, la culture de la vigne survécut, ici et là, aux ravages des Germains et des Huns. Mais, peu à peu, la situation s'aggrava en raison de la désorganisation du marché. Sans débouchés, le commerce des vins se dégrada et les vignobles disparurent. On peut tenir pour certain qu'en Occident, il n'y a plus de vignobles de dimension significative du VIIe au Xe siècle.

Plus radicale encore fut la décadence de la vigne dans les pays qui passèrent sous tutelle islamique. Ainsi qu'avec les Barbares du Nord, il y avait pillage et destruction, mais, de plus, la nouvelle religion condamnait la consommation du vin et, par là même, anéantissait les spéculations fondées sur la vigne. Nous constatons cependant qu'en Afrique et en Espagne, tout comme en Orient, la vigne a survécu aux premières invasions musulmanes, parce que les villes n'ont pas été détruites et qu'on a continué à y boire du vin. De ce fait, il s'est maintenu de petits marchés régionaux; des foyers modestes de viticulture ont subsisté, pendant des siècles, après le triomphe de l'Islam. On en connaît en Syrie et en Egypte jusqu'au IXe siècle. En Occident, c'est la recrudescence du puritanisme musulman, associée aux invasions des Almohades et des Almoravides, qui ont consommé la perte des vignobles antiques. Par étapes, le marché du vin a été réduit, puis rayé de la carte. L'exemple de **Xérès** est le plus remarquable. La vigne et le vin y étaient encore honorés au XIe siècle, à l'époque ou fleurit la subtile poésie arabo-andalouse qui s'autorise à louanger une boisson aussi noble que le vin. Puis le vignoble est combattu. Il avait presque disparu en 1264 quand les chrétiens reconquirent Xérès, connu sous le nom de Jerez de la Frontera. Aussitôt, ces derniers se consacrèrent à la resurrection de la vigne.

Dans certains pays, le vignoble survécut même en milieu islamique. Il en fut ainsi en Iran, pays de rite chiite, où l'on observe que **Chiraz**, dans la Perse méridionale, constitua, au XIVe siècle, un veritable « paradis viticole » en milieu islamique et que le poète **Hafiz** magnifia le vin dans les ghazels de son Divan. Quand vinrent, par la suite, des régimes politiques plus austères, des commerçants Juifs prirent en main les manipulations et le commerce du vin, si bien que le vignoble de Chiraz n'a jamais baissé pavillon. Il connut même une assez étonnante prospérité au XVIIe et au XVIIIe siècle quand les Européens établis en Inde - Portuguais, Hollandais, Anglais et Français - devinrent ses clients. Il s'agissait alors pour Chiraz, pays tempéré par l'altitude (1400-1600 mètres), de ravitailler des pays tropicaux ou la viticulture est impossible. Le grand voyageur français, **Tavernier**, a fort bien vu l'originalité de ce trafic. Il note aussi que, pour loger le vin ainsi exporté, on le mettait dans de grosses bouteilles, peu élégantes mais solides, dont la fabrication prit à Chiraz un essor aussi remarquable que celui de la viticulture. Toutes ces activités déclinèrent, à partir de 1815-1820, quand les vins européens, et avant tout français, eurent conquis le marché de l'Inde, où leur qualité était appréciée des riches Anglais, maîtres du pays.

L'Occident extra-méditerranéen aurait bien pu, au cours du haut Moyen Age, se trouver moins favorisé. Dans bien des cas, la culture de la vigne n'y était pas très ancienne et les villes y étaient presque toutes réduites à de modestes bourgades. Derrière leurs murailles, la survie des populations était difficile et le commerce du vin présentait assez peu d'intérêt aux yeux de citadins que menaçait la disette. Si la vigne survécut, on le doit aux évêques et aux abbés. C'est leur autorité et leur prestige qui sauvèrent la vigne. Le culte catholique soutint partout les petits vignobles. Le commerce du vin étant incertain, l'Eglise s'appliqua à en faire produire jusque dans les pays humides et frais du Nord-Ouest. La vigne pénétra ainsi en Bretagne et en Normandie, s'aventura jusqu'au pays de Galles et en Angleterre, chemina de la Flandre jusqu'en Basse-Saxe. Des cépages adaptés aux frimas et aux brumes du Nord-Ouest furent sélectionnés et on parvint à produire du vin, médiocre certes, jusque dans le pays de Cork de la verte Erin. Cette colonisation fut en grande partie l'oeuvre des moines. Les nouvelles abbayes des pays du Nord avaient des rapports étroits de filiation ou de dépendance avec les abbayes plus anciennes du Sud. A l'occasion des « visites » des plantations de vigne étaient réalisées pour les besoins du culte. Nous en connaissons un bon exemple dans le **Somerset**, au sud de Bristol, où la puissante abbaye de **Glastonbury** fit cultiver la vigne, dans des conditions climatiques bien peu favorables, dès le IXe siècle. Son petit vignoble se perpétua jusqu'aux débuts des Temps modernes.

Toutefois, ce furent surtout les monastères des pays un peu mieux ensoleillés de l'Angleterre orientale qui, du IXe au XIIe siècle, multiplièrent les plantations. Ils ravitaillaient en **vin de messe** les régions moins favorisées du nord et de l'ouest des îles Britanniques. Il en alla de même en Germanie, toujours par l'intermédiaire des abbayes nouvelles, en particulier celle de Fulda, en Thuringe. La vigne s'avança jusqu'au sud du Danemark et, au-delà de l'Oder, jusqu'en Poméranie. En particulier dans la région de Gubin au sud de Francfort-sur-l'Oder où se constitua un vignoble d'une certaine importance. Il devait se maintenir jusqu'au XVIIe siècle sur les coteaux (Weinberge) qui dominent la Neisse. Plus récemment, dans cette même région, les Polonais et les Allemands de l'Est ont entrepris, chacun de leur côté de la frontière, la reconstitution des anciens vignobles. Rivalisant de zèle, ils ont l'ambition d'obtenir, en dépit du climat, des vins honorables.

Cette extraordinaire expansion du vignoble vers les pays du Nord nous étonne aujourd'hui. Que Glastonbury et Gubin aient pu être des foyers de viticulture importants et de quelque réputation nous semble difficile à admettre. Climatiquement, la limite de la vigne était dépassée et le discrédit, puis l'abandon de ces vignobles situés hors de l'aire normale de culture, étaient dans l'ordre des choses. Nous devons cependant retenir de cette période de conquête, due au culte catholique, deux notions de grand intérêt. L'une ampélographique et qui a déjà été évoquée, c'est la très grande plasticité de la vigne capable, en particulier, de s'adapter aux climats frais. L'autre, économique, et relative au prestige du vin : dans les pays du Nord, les voies furent ainsi ouvertes au grand commerce du vin, ce qui, au cours des trois derniers siècles du Moyen Age, constitue l'un des faits majeurs de l'histoire de la vigne.

Revenant sur la première idée, nous constatons que les restrictions de l'Islam d'une part, les sollicitations du christianisme de l'autre, ont contribué à asseoir la division tripartite que les spécialistes établissent dans le domaine des grandes espèces ou groupes d'espèces de vigne.

A l'Orient, et repliées dans les cantons où se manifeste un certain archaïsme, les Vitis vinifera de la famille des **Orientalis**, qui ont de grosses grappes et de gros raisins mais une production sans finesse, s'il s'agit de faire du vin, on obtient avant tout un raisin de table il est vrai de fort belle apparence. Variété curieuse de ce groupe, les **apyrènes** (sans pépins) qui donnent les raisins secs les plus appréciés.

De la Géorgie à l'Espagne, on s'intéresse aux vignes du groupe des **Pontica**, à grappes moyennes et à grains serrés. Elles donnent à la fois des vins honnêtes, des raisins de table et des raisins secs y compris, pour ces derniers, ceux de Corinthe.

En **Allemagne** et au **Portugal**, l'association des **Occidentalis** aux grappes et raisins de petit format mais d'une grande finesse, vignes à vin du groupe des Noiriens où s'individualisent les Pinots, Gamays et Chardonnays, mais aussi du groupe des Cabernets, Merlots, et autres Verdots.

Soulignons déjà que nous sommes ici en présence des cépages les plus nobles, ceux qui, plus tard, produiront les Grands Vins. Le deuxième thème, celui du prestige dont le vin bénéficie dans les pays du Nord, nous ramène aux grandes abbayes médiévales car elles furent aux origines d'une première renaissance du commerce des vins, en association avec les marchands groupés en ghildes et hanses. S'agissant de la satisfaction des besoins liturgiques, le prix de revient du transport passait au second plan. Les abbayes des régions anciennement productrices de vin pouvaient en expédier à leurs filleules ou à leurs alliées du nord et de l'est, sans trop se soucier de la longueur du trajet, d'autant plus que, bien souvent, elles obtenaient l'exemption des péages. A côté du vin d'église, on transportait du vin destiné aux besoins généraux.

Nous observons ce phénomène en France, sous l'égide des abbayes situées dans des pays de moyenne et haute montagne, ou dans des régions humides de Bretagne et de Normandie. A l'heure de la réforme grégorienne, elles surent se faire attribuer des prieurés bien situés dans les régions viticoles. Citons l'abbaye de la Chaise-Dieu, en Velay, édifiée à plus de 1000 m d'altitude et qui tirait son vin de la région du Puy et de la Limagne, ou l'abbaye du Mont-Saint-Michel « au péril de la mer » qui faisait venir le sien de l'Anjou. Il se créa ainsi des courants d'échanges qui, assez vite, allèrent bien au-delà des modestes exigences de la liturgie!

On sait aussi le rôle que jouèrent, dans ce domaine, les abbayes normandes et poitevines alliées à celles d'Angleterre. Des unes aux autres, il s'établit des courants d'échange que doublèrent les marchands, si bien que de substantielles quantités de vin furent ainsi dirigées vers les pays du Nord. Les vins français et normands qui descendaient la Seine jusqu'à Rouen et les vins poitevins et charentais qui naviguaient vers la Manche, au Xe et au XIe siècle, étaient d'abord des vins « religieux », mais, très vite, les vins « marchands » prirent le relais.

On observe une évolution encore plus précoce en Allemagne du Nord où, de bonne heure, arrivent les vins du Rhin. Déjà, au IXe siècle, les marchands frisons remontaient le fleuve jusqu'à Mayence où ils échangeaient leurs draps contre les vins de la région. Après la crise des invasions normandes, le commerce reprit, d'abord par l'intermédiaire des abbayes. Puis les marchands du Nord revinrent en force. Ils assumèrent les premiers rôles en Europe, à la fin du XIe siècle et au début du XIIe, dans le commerce du vin.

Les archéologues allemands en ont apporté la preuve. Ils sont d'accord pour affimer que, de l'Ahr (au sud de Cologne) jusqu'à la Nahe, les grands travaux de construction des terrasses qui portent les vignobles rhénans commencent au cours du Xe siècle. Deux cents ans plus tard, ils étaient assez avancés et la production viticole était assez largement développée, de l'Alsace vosgienne jusqu'aux Siebengebirge de Cologne, pour que les vins rhénans, expédiés vers les pays du Nord, eussent provoqué l'abandon des fragiles cultures de vignes aventurées en Basse-Saxe.

Nous aurons à préciser les modalités de ce grand commerce du vin et à parler de la concurrence que lui fit la bière dans l'Allemagne du Nord mais, avant de clore le chapitre du destin de la vigne, au cours du haut Moyen Age, il nous faut dire un mot de l'épisode légendaire du **Vinland**.

Il est à peu près certain qu'au début du XIe siècle, la culture des treilles ou des ceps s'était avancée jusqu'au Danemark. Or, à cette époque, les Danois, maîtres de la Norvège, avaient occupé l'Islande et fondé de lointaines colonies, au Groenland, dès 985. Les **sagas** d'Eric le Rouge nous racontent cette extraordinaire épopée. Vers l'an 1000, le fils d'Eric, **Leif Ericson**, installé au Groënland, entreprit deux voyages vers le Labrador et Terre-Neuve. Il recherchait du bois pour les colons du Groëland qui en étaient privés. Il relâcha dans l'île de Baffin, déjà connue, toucha le Labrador et Belle-Isle puis hiverna à l'Anse aux Prairies, au nord de Terre-Neuve. Il y construisit deux grandes maisons dont la description nous est donnée dans la saga. Les archéologues américains en ont retrouvé les fondations en 1960. Plusieurs expéditions réoccupèrent ce poste jusqu'en 1014, puis il fut abandonné. La saga raconte qu'un Allemand, nommé **Tyrker**, membre des équipages de Leif, alla se promener à l'intérieur des terres où il vit des vignes sauvages. A Leif, qui émettait des doutes sur sa découverte. il répondit : « Je suis né dans un pays de vignes ». Joignant le geste à la parole, il apporta des raisins, nous dit la saga, et on fit du vin. Aussi Leif appela-t-il ce pays le Vinland. Le chroniqueur allemand Adam de Brana rapporta, d'une visite qu'il fit au roi de Danemark en 1075, l'écho de cette découverte, et il mentionne le Vinland dans ses Annales. Cependant, il est impossible que Tyrker ait vu de la vigne à l'extrême nord de Terre-Neuve, puisqu'elle ne se rencontre, à l'état naturel, qu'à 1 600 km plus loin, vers le Sud, dans la partie méridionale de la Nouvelle-Angleterre. Dès 1910, soupçonnant l'imposture, M.L. Fernald, professeur de botanique à Harvard, avait suggéré l'idée que les raisins de Tyrker n'étaient autres que des baies de myrtilles. Son hypothèse fut vérifiée en 1960 quand on retrouva la trace des deux maisons de Leif. Ce dernier est bien le découvreur de l'Amérique, mais il n'avait pas atteint le pays des vignes, aux Etats-Unis. La légende du Vinland fut d'autant plus complètement oubliée que les Danois évacuèrent le Groenland au début du XIVe siècle. A cette époque, les vins de France et les vins du Rhin avaient fait abandonner les vignes aventurées dans les pays du Nord où, semble-t-il, le climat s'était dégradé. Aussi perdit-on la trace d'une Amérique vineuse que l'imagination d'un matelot allemand avait située dans les brumes du Grand Nord.

Faut-il mentionner, au sujet du Vinland, la fâcheuse aventure de la **Vinland Map** ? Le 11 octobre 1965, veille du « Jour » de Christophe Colomb (il découvrit l'Amérique le 12 octobre 1492), l'Université de Yale (Connecticut) publia, avec quelque fracas, une carte inédite du Vinland. Les spécialistes la dataient de 1440 environ. Voilà qui magnifiait, contre « l'Amiral de la Mer océane », la première découverte de l'Amérique par Leif Ericson. Ce document sensationnel avait été acheté, à très haut prix, par l'Université de Yale en même temps que deux textes qui remontaient incontestablement au XVe siècle. Un libraire Européen avait servi d'intermédiaire mais il n'avait pas voulu révéler l'origine des parchemins en question. On émit des doutes à Londres sur l'authenticité de la Vinland Map. Yale fit alors procéder à des expertises scientifiques. Le 26 janvier 1974, il fallut avouer qu'il s'agissait d'un faux. La carte avait été récemment dessinée sur la partie blanche de l'un des parchemins. Des deux encres employées, la seconde contenait de l'anatase, un oxyde de titane dont la fabrication n'est, en aucun cas, antérieure à 1917.

LE MARCHÉ DES VINS AU MOYEN AGE ET AU DEBUT DES TEMPS MODERNES

On pourrait soutenir que l'histoire de la vigne et du vin, reniant presque entièrement son passé millénaire, prend un nouveau départ au XIe siècle et que les hommes du Nord en furent les promoteurs. De bonne heure, on l'a vu, ils allèrent à la quête du vin sur le Rhin. Notre second chapitre pourrait donc s'ouvrir sur Cologne. Nous lui avons préféré Bordeaux qui a l'avantage de nous faire assister, en pied, au lever de rideau de la viticulture moderne.

1 LE GRAND ESSOR DE LA VIGNE A BORDEAUX DU XIIIe AU XVe SIECLE

Les historiens de la ville de Bordeaux se trouvent dans l'embarras quand il leur faut, dans l'histoire du vin, relier Ausone et les ducs d'Aquitaine du XIIIe siècle. En fait, on ne sait à peu près rien des vignes du Bordelais pendant les sept ou huit siècles « obscurs » et nous manquons de textes sur les premières étapes de la renaissance du vignoble. Elle se situe, selon toute vraisemblance, entre 1150 et 1220. Il n'est d'ailleurs pas nécessaire de chercher à combler cette lacune par des hypothèses. Des documents qui existent par ailleurs, on peut dégager la trame du premier essor médiéval de la vigne dans la France de l'Ouest.

Ils nous font voir que le commerce du vin glisse lentement du Rhin et de la Seine au golfe de Gascogne, et que dans ce dernier secteur, il se concentre sur La Rochelle avant de s'épanouir autour de Bordeaux. Quant aux acheteurs, les premiers rôles sont passés, au XIIe siècle, des Frisons aux Flamands. Vers 1140-1160, le marché anglais prend de l'ampleur. Il est alors presque entièrement réservé aux commerçants de Rouen et de Cologne. En 1174, le roi Henri II Plantagenêt accorde aux Rouennais et aux Colonais le même traitement de faveur qui consiste à leur réserver le monopole de l'exportation des vins de Seine et des vins du Rhin, vers Londres.

Mais peu à peu, la fourniture des vins à l'Angleterre et aux pays du Nord s'étend en direction des pays français de l'Atlantique. Les marchands flamands, allemands et danois allaient chercher entre Loire et Gironde « le sel de la Baie » que l'on récoltait principalement à Bourgneuf et dans la mer des Pertuis. Au sel, indispensable aux conserves de poissons et de viande, s'ajoutèrent les vins que l'Aunis et la Saintonge produisirent bientôt en quantités croissantes. La fondation de La Rochelle, qui supplanta Châtelaillon vers 1130-1140, correspond aux premiers développements de la nouvelle fonction commerciale qui s'instaure dans la mer des Pertuis. Les **Rôles d'Oleron**, notre plus ancien code de navigation maritime, soulignent l'importance de ce trafic. De 1130 à 1180, le vignoble charentais, alors établi principalement en Aunis et dans les îles, se développe. De 1180 à 1225, il est le premier exportateur de vins de l'Europe océanique. Il s'agit d'un vignoble à grande production et qui supplante aisément ceux de la Seine. Il rivalise sans désavantage avec ceux du Rhin. Tous les pays du Nord, alors en pleine expansion, viennent s'y ravitailler. Dans ce négoce, les « villes drapantes » des Flandres jouent les premiers rôles et Henri Pirenne, qui fut le grand spécialiste de leur histoire, n'a pas manqué de mettre en lumière les relations privilégiées des cités Flamandes et des pays Charentais.

Il n'est pas encore question des vins de Bordeaux. Au temps de Henri II Plantagenêt, de Richard Coeur de Lion et de Jean sans Terre, le grand pays de la vigne ne se situe pas encore en Gironde. A une date aussi tardive que 1207, Jean sans Terre, duc d'Aquitaine, se fait expédier en Angleterre des vins de **Moissac** et de **Cahors** qui transitent par Bordeaux, ce qui tendrait à prouver que les pays de la Gironde ne sont pas encore devenus de grands producteurs de vins.

Le tournant fut pris en 1224, lorsque Louis VIII, roi de France, s'empara de La Rochelle. Sans doute les vins charentais continuèrent-ils à se vendre dans les pays du Nord, ou l'entrepôt de Damme, fondé en 1180 devant Bruges, leur faisait bon accueil, mais le marché anglais se trouva pratiquement réservé aux vins de Bordeaux, qui connurent, de

1225 à 1260, une prospérité inouïe. C'est alors qu'en un temps très court se constitua, autour de la capitale du duché d'Aquitaine, le grand vignoble bordelais.

Il s'agit d'un vignoble péri-urbain qui s'étend sur les croupes de graves allongées entre les marais de la Garonne et le plateau sableux des Landes. En Aunis, au XIIe siècle, la vigne avait pris la place des cultures ; dans le Bordelais au XIIIe siècle, elle relaya aussi les céréales mais, sur les graves, le plus souvent elle conquit, par essartage, des terres pauvres encore occupées par la forêt de chênes qui s'avançait. à l'époque, jusqu'aux murs et portes de la ville. De tels défrichements étaient onéreux ; aussi leur financement fut-il l'oeuvre des bourgeois de Bordeaux. Ces derniers ne se contentent plus de leur rôle de commerçants, En même temps qu'ils contrôlent les échanges, ils sont producteurs de vin, et le port devient ainsi l'animateur d'un grand vignoble localisé dans la proche banlieue de la ville.

Ce trait doit être fortement souligné, car la puissante bourgeoisie bordelaise deviendra très vite protectionniste. Dès que son vignoble girondin sera constitué, elle entreprendra de le défendre. Des ducs d'Aquitaine, ses princes, elle obtiendra des privilèges qui ne visaient à rien de moins qu'à l'interdiction de cultiver des ceps, au-delà des limites de la sénéchaussée de Bordeaux. En 1214, Jean sans Terre accorde une première faveur aux Bordelais : ils sont dispensés du paiement de la coutume qui était un impôt à l'exportation. En 1241, on va beaucoup plus loin : dans un procès avec Agen, les Bordelais font triompher leur doctrine qui consiste à réglementer à leur profit l'arrivée des **vins du Haut Pays**.

Peu importe que la date d'ouverture du port soit fixée au 11 novembre ou au 25 décembre ; les bourgeois de Bordeaux peuvent avoir besoin des **vins du Haut** quand leur récolte est faible ; mais ils veulent aussi se réserver la primeur de l'exportation quand ils ont du vin en abondance. Le résultat, nous le connaissons : tandis que le vignoble bordelais se développe, la culture de la vigne périclite en amont et il ne se constitue aucun grand vignoble entre La Réole et Toulouse, alors que les conditions climatiques sont partout favorables à la vigne. Seuls ont pu se fortifier les vignobles de l'Aquitaine orientale, ceux qui ont une double clientèle, celle de l'étranger quand Bordeaux tolère les exportations, et celle de l'intérieur, en direction des massifs montagneux qui ne produisent pas de vin. Cahors, Gaillac et Pamiers appartiennent à cette dernière catégorie. Leurs vins se vendent dans le Massif Central et dans les Pyrénées au moins autant qu'à Bordeaux. Quant au vignoble de **Fronton Villaudric**, il a pour mission première de ravitailler Montauban et Toulouse sauf si, par Villemur, le vin peut naviguer sur le Tarn et sur la Garonne vers la Gironde.

Il reste que, jusqu'au milieu du XIVe siècle, le « Haut » a fourni beaucoup de vin à Bordeaux. Nous disposons des chiffres complets sur l'année 1308-1309. Il se pourrait d'ailleurs qu'il s'agisse d'un record des exportations. Elles s'élèvent à 102 724 tonneaux, soit 924 000 hl environ, la contenance du tonneau étant de 900 l. Les deux années 1305-1306 nous donnent une moyenne annuelle de 95 750 tonneaux soit 860 000 hl environ ; les sept années dont nous avons les comptes complets s'inscrivent à la moyenne de 82 710 tonneaux, soit 744 300 hl environ.

Ce sont là des quantités considérables et, à cette époque, le Bordelais n'aurait pas été capable de les fournir à lui seul. Sur la moyenne de 82 710 tonneaux évoquée cidessus, 11% des embarquements sont faits à Libourne qui rassemble les vins du **St-Emilionnais**, ceux de **Bergerac** et ceux du **Haut pays Périgourdin**. Dans les 89 % chargés à Bordeaux, la part des vins appartenant aux bourgeois bordelais n'est pas prépondérante. On a pu l'estimer en moyenne à 120 000 hl par an. Si l'on ajoute la consommation propre de la ville de Bordeaux, consommation dont nous savons qu'elle était très élevée, et celle des campagnes voisines, on arrive probablement à un total de l'ordre de 240 000 hl annuellement récoltés dans les pays girondins. Toujours est-il qu'à cette époque le gros des exportations bordelaises était encore fourni par le « Haut ».

Les rendements à l'hectare n'étaient pas très élevés au XIVe siècle. On a tout lieu de penser qu'ils ne dépassaient pas 12 à 15 hl à l'hectare. Le vignoble proprement bordelais, celui de la proche banlieue à laquelle il faut ajouter quelques modestes centres de production viticole autour des « filleules » garonnaises de Bordeaux : **Rions, Cadillac, Saint-Macaire**, etc., ne couvrait sans doute pas beaucoup plus de 16 à 18 000 ha, au début du XIVe siècle.

Cependant, ne nous y trompons pas : pour l'époque, c'est un grand vignoble. Il devait s'étendre assez vite, par la suite, en contrepartie du déclin des vignobles de la moyenne Garonne. On voit ces derniers s'effacer progressivement au temps de Charles V, lorsque les Anglais sont contraints de se replier sur l'Aquitaine occidentale. La plus grande prospérité du vignoble propre de Bordeaux au Moyen Age se situerait entre 1356 et 1369, à la « belle époque » du Prince Noir. En moyenne, 30 000 tonneaux sont alors exportés et il s'agit presque uniquement de vins girondins (270 000 hl). Comme la consommation s'était accrue elle aussi, la production a pu s'élever à 400 000 hl, ce qui correspond à des surfaces de l'ordre de 28 à 30 000 ha. Si on ajoute le Libournais, on atteint probablement 35 000 ha et une production qui se rapproche de 500 000 hl. Il s'agissait donc d'un vignoble imposant et bien regroupé, autour de Bordeaux. C'était alors le plus grand du monde, même si, à certains moments, de 1450 à 1530, les exportations de Cologne dépassèrent celles de Bordeaux. Il resta le premier, tout en se modifiant, jusqu'au milieu du XIXe siècle. Un appoint du « Haut » et un renfort charentais lui permettaient de ravitailler très largement les pays du Nord. On a pu établir que pour les meilleures années de ce commerce, les gens des Flandres et les Anglais consommaient, en moyenne, 20 l de vin par personne et par an - dix fois plus que de nos jours - et que le commerce du vin représentait entre le quart et le tiers des importations totales de ces pays.

Du côté bordelais, rappelons les deux traits constants dont nous aurons à observer les transformations au XVIIe siècle : tout d'abord la relative faiblesse de l'organisation commerciale, les marchands bordelais ayant simplement à livrer leurs vins aux flottes étrangères qui viennent les charger au port de Bordeaux ; en second lieu, le caractère saisonnier du commerce, étant donné que les vins sont vendus « en primeur » et que, ne pouvant se garder d'une année sur l'autre, ils ne sont pas stockés. Cette dernière donnée commande la première. Nous les verrons se modifier ensemble et, l'une par l'autre, au XVIIe siècle.

Sans doute le commerce des vins variait-il beaucoup, notamment lors des guerres. Celles qui opposaient la France et l'Angleterre affectèrent à plusieurs reprises les exportations, en particulier vers 1377-1379 et à nouveau de 1399 à 1407. On compte, en tout, quatre années de très grande destruction du vignoble pour cause militaire, au cours de la guerre de Cent Ans. Il faut donc considérer que les guerres, tout comme la terrible Peste Noire de 1348-1349, qui fit abandonner les vignes et le commerce du vin, étaient des accidents au même titre que les années de fortes gelées ou d'exceptionnelles intempéries que l'on voit apparaître trois ou quatre fois par siècle. En l'occurrence, l'avantage du Bordelais consistait dans la certitude des débouchés anglais. Sitôt le mal conjuré, on remettait le vignoble en état, ce qui n'étaient pas tentés de faire les gens de la moyenne Garonne pour lesquels la vente du vin n'était jamais assurée.

Dans ces perspectives le rattachement définitif de la Guyenne à la France au cours des années 1450-1453 aurait pu être catastrophique pour le vignoble de Bordeaux. Th. Malvezin ne doutait pas qu'il en ait été ainsi lorsqu'il publiait, en 1892, son Histoire du commerce de Bordeaux. A ses yeux, le vignoble girondin avait été ruiné par ce transfert de domination.

Y. Renouard a montré que cette affirmation devait être atténuée. Les Anglais trouvaient certes d'autres vins à acheter, en particulier à Cologne, mais les vins du Rhin étaient plus chers que ceux de Gascogne. Les rois de France, Charles VII, et plus encore Louis XI, comprirent qu'il fallait laisser ses chances à Bordeaux. Comme l'aspect le plus délicat de l'exportation des vins gascons en Angleterre était la venue à Bordeaux des flottes anglaises des vins, on s'arrangea pour accorder des sauf-conduits aux Britanniques. De plus, les Bretons, les Irlandais, les Ecossais s'ingénièrent à prendre la place des Anglais, cela en dépit des Actes de Navigation qui, depuis 1381, interdisaient aux étrangers ce rôle d'intermédiaires et réservaient aux Anglais le commerce d'importation.

Malgré ces accommodements, les expéditions de vins bordelais en Angleterre furent perturbées pendant un quart de siècle (1450-1475). Elles se réduisirent d'autant plus que la guerre des Deux Roses affaiblissait le pouvoir d'achat des Anglais. Mais elles furent très largement maintenues en dépit de la disparition du monopole dont bénéficiaient antérieurement les Bordelais, C'est seulement par étapes, au XVIe et au XVIIe siècle, qu'on verra les Anglais rechercher, hors de France, des centres nouveaux d'approvisionnement en vins. Les pays rhénans d'abord, Lisbonne, Madère et Cadix ensuite leur en livrèrent. Venise s'offrit aussi à leur en fournir. Mais jusqu'aux prohibitions de 1688, les Britanniques restèrent fidèles au **claret** bordelais. Pendant un demi-millénaire, de 1224 à 1688, les vins gascons ont été régulièrement consommés en Angleterre et, à certaines époques, de façon presque exclusive. Quand

Shakespeare écrit son Henri IV, en 1597-1598, son héros bouffon, le gros Falstaff, emprunte ses traits aux grands buveurs de la fin du XVIe siècle au moins autant qu'à ceux de ses contemporains des débuts du XVe. Poussant le portrait jusqu'à la caricature, l'auteur fait entrer une flotte entière de vin de Bordeaux dans le ventre de Falstaff, sachant bien que les Anglais élisabéthains en riraient aussi franchement qu'auraient pu le faire les sujets du premier roi de la dynastie des Lancastres.

Il est vrai qu'entre-temps, c'est à dire à la fin du XVe siècle ou au début du XVIe, les Anglais avaient adopté comme boisson le **cidre galicien**. Ils se gardèrent cependant de lui accorder une place de choix. On les vit aussi se tourner vers la bière au cours des temps difficiles de la fin du siècle. Mais les brasseurs anglais étaient encore assez peu expérimentés. Leur bière était une **Ale** sans houblon, assez grossièrement préparée et peu appréciée. Sa consommation resta toujours au second plan jusqu'au dernier quart du XVIIe siècle.

Le travail du vin dans la vallée de l'Adige (fresques du XVe siècle).
Musée National du Château du Bon Conseil à Trente.

2 COLOGNE ET LES VINS RHÉNANS

Un parallèle pourrait s'établir du XIIIe au XVe siècle entre Cologne et Bordeaux. Sur le Rhin, mieux encore que sur la Garonne, les facilités de la navigation fluviale constituaient un atout majeur pour la vigne si l'on destinait sa production au grand commerce. On a vu que Cologne avait largement devancé Bordeaux et qu'à la fin du XIIe siècle, c'est avec La Rochelle qu'il faudrait comparer la métropole rhénane. De 1230 à 1290, on peut considérer qu'il y a une sorte d'équilibre. Cologne ayant un léger avantage au départ et Bordeaux l'emportant à l'arrivée. Puis vient la grande époque de Bordeaux : 1290-1370 ; mais à partir de 1350, contrairement à ce que l'on pourrait imaginer, Cologne progresse bien plus vite que Bordeaux. Cette remontée se transforme en prééminence, à partir de 1450 et, jusqu'en 1530, Cologne est le premier marché européen du vin tant est grande, pendant près de deux siècles (1350-1530), la prospérité viticole de l'Allemagne. Viennent ensuite, pour celle-ci, les « temps des malheurs », une première fois de 1530 à 1555, en raison des guerres religieuses, une deuxième fois, et la crise fut beaucoup plus grave, au temps de la guerre de Trente Ans (1618-1648).

Vers 1190, l'Allemagne rhénane occupe une position privilégiée en Europe. Il s'y développe une activité économique intense et la croissance urbaine est prodigieuse. Pendant plus de trois siècles, la montée du peuplement est rapide, le niveau de vie s'élève, le commerce est prospère. Dans les villes on mène grand train et on y boit beaucoup de vin. Sur le Rhin, les facilités de transport sont si favorables aux échanges que les pays du midi rhénan peuvent sans difficulté expédier les vins qu'ils récoltent en direction du nord, dans les régions qui n'en peuvent produire. A la limite septentrionale du Rhin viticole, Cologne devient le grand centre d'entrepôt et de commerce des vins. Les marchands colonais s'arrogent un monopole de fait sur ce trafic ; Francfort tentera de le leur disputer, mais il ne pourra y parvenir, sa position géographique n'étant pas comparable à celle de Cologne.

On désigne tous les vins qui s'exportent d'Allemagne sous le nom de **vins du Rhin**. En fait, il en vient de toutes les régions auxquelles leur exposition donne un climat favorable à la vigne, et qui se trouvent à bonne portée du fleuve ou de l'un de ses affluents navigables : l'Ill, le Neckar, le Main, la Moselle, la Lahn. Vers 1400, le plus considérable de ces vignobles est aussi le plus méridional, c'est celui de l'**Alsace**. Colmar, qui en est le centre, dispose à lui seul d'une récolte qui peut s'élever à 100 000 hl. Les expéditions se font par le port de Strasbourg. En 1421, l'une d'elles, délivrée, par un Strasbourgeois à un Colonais, porte sur un total de 1 400 hl voyageant de conserve. Cependant, dès 1450, Colmar décline, cédant la première place à la Weinstrasse du pays de Bade qui charge ses vins à Mannheim. Le Palatinat est lui aussi gros producteur, les expéditions se faisant par Spire et Worms, les prestigieux évêchés des bords du Rhin.

La région de Trèves et la vallée de la Moselle, la vallée du Neckar en aval de Stuttgart, celle du Main en amont et en aval de Wurtzbourg ont aussi de grands vignobles. Mais le plus justement célèbre est celui de la vallée moyenne du Rhin, de la Nahe à l'Ahr. Au Moyen Age, c'est à Bacharach, en amont de Coblence, dans le secteur le plus étroit de la « trouée héroïque » du Rhin, que l'on fit le meilleur vin. Les versants abrupts de la vallée bénéficient d'une exposition favorable et l'on est à quelques pas du fleuve ou s'embarquent les vins à destination de Cologne. Sur les pentes schisteuses ont été édifiées, du Xe au XIIIe siècle, les célèbres terrasses viticoles du Rhin. Il s'agit bien d'un « vignoble construit », d'un extraordinaire escalier de murettes et de terrasses sur lesquelles les ceps sont rangés, Cette oeuvre colossale, qui fait aujourd'hui encore l'admiration des touristes, n'avait pas sa pareille dans le monde à la fin du Moyen Age. Dans les pays méditerranéens on avait tout juste commencé l'édification de ce système étagé de terres en cultures, Les vignobles y prendront place progressivement du XVe au XVIIe siècle.

Le commerce colonais contribua au financement des grands travaux rhénans par les prêts et avances consentis aux villes qui servaient d'étape dans le trafic du vin. Il prit plus directement en charge les constructions de murettes sur les collines et plateaux, proches de Cologne. On vit les pitons volcaniques du Siebengebirge, le rebord septentrional de l'Eifel, les pentes modestes de la dorsale de Die, ville à l'ouest de Cologne, se couvrir de vignobles. Ils seront abandonnés au XVIIe siècle, la coupure profonde de l'Ahr, au sud de Bonn, marquant désormais la limite climatique septentrionale du vignoble rhénan.

En amont de Bingen, les cours princières et épiscopales, les villes et les abbayes constituaient sur place une clientèle riche et nombreuse ; de plus, les plateaux et montagnes du moyen et haut bassin rhénan, ne produisant pas de vin, se ravitaillaient à Trèves, à Colmar, en Hesse ou dans le Palatinat. Seuls les excédents de production de ces vignobles partaient pour Cologne. Ajoutons que, dans cette ville, par la mer et par le fleuve, arrivaient aussi, des ports de l'Atlantique, des vins français et quelques vins d'Espagne ou du Portugal. Dès 1157, les colonais s'étaient fait accorder par le roi-duc d'Aquitaine, Henri II, le monopole du commerce des vins français en Allemagne. Ils assuraient en même temps la redistribution des vins rhénans en Angleterre, en Flandre et dans les ports des pays scandinaves. Faisant partie de la Hanse, Cologne bénéficiait, pour la vente des vins, de l'organisation commerciale que la puissante Ghilde germanique avait constituée dans l'Allemagne du Nord. Jusque vers 1520-1530, elle défendit avec succès les avantages de la position privilégiée qu'elle s'était ainsi acquise, aux côtés de Brême, de Hambourg et de Lubeck. Puis ce fut le déclin.

Nous avons quelque peine aujourd'hui à nous représenter et l'ampleur du commerce colonais des vins et l'extension considérable du vignoble rhénan. Dans le monde contemporain, l'exceptionnelle portée de l'« âge d'or » allemand du XIVᵉ et du XVᵉ siècle a été perdue de vue. Aussi est-il nécessaire de restituer l'étonnant complexe commercial qui associait les villes rhénanes et les villes du nord de l'Allemagne par la navigation fluviale du Rhin et la navigation maritime de la mer du Nord. En ce qui concerne le vin, le système commercial ainsi organisé de Strasbourg à la Baltique, et dont Cologne était le centre, donnait la réplique à celui qui, du golfe de Gascogne, dirigeait ses expéditions vers les ports bretons, anglais et flamands. Les deux courants interféraient en Angleterre, en Flandre, dans le nord-est de l'Europe et aussi à Cologne, dans la mesure où les consommateurs préféraient le claret français aux vins blancs du Rhin.

A la base de tous ces échanges, il faut mettre la passion des Allemands et des hommes du Nord pour le vin. Au début des temps modernes, la clientèle allemande est à la fois la plus nombreuse et, Anvers excepté, la plus riche d'Europe. Les historiens allemands ont calculé que, vers 1510, l'Allemagne - Alsace non comprise - avait quatre fois plus de vignes qu'en 1960, soit environ 260 000 ha au lieu de 65 000. Il est vrai que les rendements étaient au moins moitié moindres, soit 20 à 25 hl à l'ha au lieu de 50. On peut estimer les récoltes à 5,5 ou 6,5 millions d'hl en moyenne et, comme les importations en Allemagne du Nord compensaient largement les exportations hors d'Allemagne, cela signifie que la consommation était beaucoup plus élevée que de nos jours. A cette époque, l'Allemagne avait environ 18 millions d'habitants. On peut considérer que, dans les montagnes et dans le Centre-Est du pays, en raison de leur isolement et faute de ressources, un bon quart des Allemands ne buvaient pas de vin. Il reste que pour 13,5 millions de personnes, la consommation était de l'ordre de 40 à 50 l par an. Même si tous ces chiffres sont quelque peu forcés, le bilan viticole de l'Allemagne, au temps de Luther, reste à tous égards impressionnant.

On sait qu'en France, vers 1880, le maximum de consommation fut atteint sur la base de 140 à 150 l par personne et par an. Que la comparaison puisse se faire au tiers, entre l'Allemand de 1510 et le français de 1880, voilà qui nous donne la mesure des succès de la viticulture médiévale dans les pays rhénans. Il faut reconnaître qu'elle était exceptionnellement développée au début du XVIᵉ siècle et que son déclin, au cours des Temps modernes, demanderait à être expliqué. On a d'abord pensé que la **bière** avait pu faire du tort au vin. Au XIIIᵉ et au XIVᵉ siècle, les brasseurs allemands furent très actifs. Cependant, ils ne réussirent pas à porter ombrage à la viticulture. Nous rappellerons leurs ambitions afin de mieux comprendre les avantages qu'ils surent prendre au cours du XVIIe siècle, quand leurs techniques se furent perfectionnées. Au demeurant, ils profitèrent alors d'une large éclipse du vin. Ils ne la provoquèrent pas.

On sait que la **cervoise** des Gaulois avait son équivalent dans les pays germaniques depuis la plus haute Antiquité. La production de cette ancienne bière sans houblon était liée à la culture de l'orge, la céréale de printemps qui remplaçait, en cas de besoin, les céréales d'hiver, seigle ou froment. Si toutes les céréales cultivées donnaient de bonnes récoltes, l'orge dont la farine se panifie assez mal servait à fabriquer la bière. Il s'agissait d'une boisson familiale, sommairement préparée, peu alcoolisée et de mauvaise conservation, ce qui rendait sa commercialisation difficile. Dès la fin du XIIᵉ siècle, dans les ports de la mer du Nord et de la Baltique qui faisaient commerce de céréales, l'art de la brasserie se perfectionna et on arriva à produire une **bière d'orge** qui pouvait se conserver quelques mois et prendre la mer. Afin de la rendre plus agréable à boire, on lui ajouta divers « condiments ». Le houblon se révéla le meilleur de ces additifs et on se mit à le cultiver en Basse-Saxe.

C'est à Brême, au XIIIᵉ siècle, que l'on situe le premier commerce d'exportation de la bière. Elle se vendait jusqu'aux Pays-Bas. Sa clientèle était populaire : pêcheurs, matelots, ouvriers des chantiers navals et du bâtiment pour qui le vin était une boisson chère, consommée seulement dans les grandes occasions. Au XIVᵉ siècle c'est à Hambourg que se concentrent les brasseries. En 1369, la bière y représente un tiers des exportations. En 1376, il y avait 457 brasseries dans cette ville et l'on pense qu'à la fin du XIVᵉ siècle elles produisaient plus de 400 000 hl de bière. Hambourg en expédiait vers la Baltique mais aussi vers l'Angleterre et vers la Hollande. Puis l'industrie de la brasserie déclina sur les bords de l'Elbe au profit des ports du Mecklembourg, Wismar et Rostock. Wismar doit sa première fortune à la bière. En 1460, on y dénombrait plus de 200 brasseries et l'exportation se faisait en Baltique et en mer du Nord. Cependant, les principales cultures de houblon restaient concentrées dans la région de Hambourg qui, par la suite, exporta une large part de sa production vers la Hollande.

Le commerce de la bière n'affaiblit pas celui du vin, la clientèle n'étant pas la même. Dans l'esprit des consommateurs, la bière était à un bon degré au-dessous du vin. De plus, son prix variait beaucoup, lié qu'il était à celui des céréales dont les récoltes, dans les pays du Nord, étaient irrégulières, Quand on pouvait exporter les grains des pays de la Baltique vers les ports de l'Ouest européen, les prix montaient et la bière était aussi chère que le vin. Elle ne trouvait plus preneur. Il se produisit une baisse de production de la bière en Allemagne du Nord, à la fin du XVᵉ siècle, tandis que se poursuivait l'expansion triomphante de la vigne. Il n'y avait plus assez de céréales pour faire de la bière et son commerce déclina. A l'inverse, au cours des dernières décennies du XVIᵉ siècle, alors que la vigne était en recul, on mit au point de nouvelles méthodes de brasserie et on obtint des bières plus fortement alcoolisées, mieux aromatisées au houblon et de meilleure conservation. Une nouvelle clientèle se constitua, celle des mineurs et métallurgistes de l'Allemagne moyenne. C'est, nous dit-on, à Einbeck, aux portes du Hartz, alors premier centre minier du monde, que l'on mit au point ces nouvelles bières. On leur donna le nom de **bock**, tiré de Einbeck.

On a invoqué une dégradation du climat qui, à la fin du XVIe siècle, aurait fait reculer la vigne. On a même parlé d'une attaque phylloxérique à partir de vignes importées d'Amérique. Ce n'est ni prouvé ni même vraisemblable, l'Ouest européen n'ayant pas été atteint. A plus juste raison, on a fait intervenir plusieurs séries de très mauvaises récoltes ; les vins, plus que médiocres, se conservaient mal et devenaient imbuvables ; le commerce ne voulait plus les prendre en charge. Ce fut bien pire quand les échanges furent perturbés par les pillages de la guerre de Trente Ans. Encore que les documents dont nous disposons ne soient pas assez précis pour saisir en détail cette évolution, il est certain que, d'une part, l'on assiste, dans la première moitié du XVIIe siècle, à un recul général de la viticulture en Europe centrale, pays rhénans compris, et que, d'autre part, ce recul n'est pas tout de suite compensé ,par un regain de vitalité des vignobles de la vallée du Rhône, du Bordelais et des pays méditerranéens. Une grande époque du vignoble avait pris fin.

3 LES VIGNOBLES DE L'INTERIEUR

Quels que fussent leur puissance et leur dynamisme commercial, Cologne et Bordeaux ne pouvaient pas prétendre régenter, même à leur plus belle époque, tout le commerce européen du vin. Si elles dominaient sur la mer et sur les fleuves avec l'aide des flottes anglaises, bretonnes, flamandes et danoises, elles ne pouvaient pas contrôler le commerce de l'intérieur du continent. Or il y avait, loin de la mer, des vignobles et des marchés, les uns modestes, les autres considérables, dont il faut évoquer la localisation et le mode de commercialisation du vin, si nous voulons avoir un tableau assez ressemblant de la production et de la consommation de cette boisson en Europe, dans les derniers siècles du Moyen Age et au début des Temps modernes. Les deux plus remarquables - et les mieux connus - de ces vignobles continentaux furent ceux de Bourgogne et ceux de Vieille-Castille. Nous pourrions les opposer, trait sur trait, à ceux de Bordeaux et du Rhin. Mais il faut d'abord faire un sort à d'autres vignobles de moindre importance mais tout aussi caractéristiques si l'on veut saisir, en dehors des voies d'eau, les rapports entre pays producteurs de vin et pays importateurs.

- Vignobles des pays de Piémont

Au Moyen Age, pour que se constituât un centre viticole, il suffisait qu'un terroir, au climat favorable, fut situé à proximité d'un marché. Il n'était d'ailleurs pas nécessaire que le climat fut très chaud si par ailleurs l'on avait un sol de pierrailles schisteuses ou calcaires, sur une pente bien exposée et à l'abri des gelées tardives. De telles conditions se trouvent réunies dans de très nombreuses régions et, en particulier, dans les pays de montagnes où s'ouvrent des vallées profondes et des bassins ensoleillés.

Nous prendrons le premier exemple dans la **Valteline** (en Italie), de part et d'autre de la ville de **Sondrio**. Un vignoble s'y constitua, dès le haut Moyen Age, sur les sols caillouteux et perméables des cônes de déjections construits par les torrents débouchant dans la plaine alluviale de l'Adda. La vigne fut aussi plantée sur les basses pentes des versants, de 250 à 600 m d'altitude. Il y a là, sur 60 km d'ouest en est, un vignoble de qualité dont la fortune fut constante parce qu'il avait, pour clients ordinaires, toutes les populations des montagnes grisonnes et, pour clients éventuels, les gens de Milan. A l'heure actuelle, sur ce vignoble, vieux de neuf siècles, on produit plus de 100 000 hl de bons vins.

On pourrait comparer les vignobles du **Valais** à ceux de la Valteline. A ceci près que les premiers n'avaient en Suisse que fort peu de concurrents. La région de Sion et la partie alpine du canton de Vaud ont un climat sec et des étés chauds que l'on chercherait vainement dans les autres régions de la Suisse française ou allemande. Autour de Sion, l'exposition au midi et l'abri contre les vents du Nord sont fournis par l'Oberland qui joue, pour les vignes du Valais, un rôle protecteur encore plus remarquable que celui de la Bernina à l'égard des plantations de Sondrio. De nos jours, la prospérité helvétique pousse à leur maximum de production les régions viticoles du Valais. Le **fendant**, un chasselas doré, y donne des vins blancs réputés.

Ni la Valteline, ni le Valais n'ont cependant la puissance de production du **Trentin** et du **Haut-Adige** qui récoltent ensemble, 1,7 million d'hectolitres. Dans le **Sud-Tyrol** germanophone de Bolzano (Botzen) et de Merano (Meran), la vallée de l'Adige a été creusée par les glaciers de l'ère quaternaire à de très basses altitudes : 300-400 mètres. Au pied des hautes montagnes couvertes de neige, on a, sur les bas versants, des hivers doux et des étés très chauds. De plus, le col du Brenner, à 1371 mètres d'altitude, ouvre un passage facile vers le Haut Tyrol et vers la Bavière. Il n'a pas été nécessaire d'y creuser un tunnel. C'est dire que les vignobles du Haut-Adige ont toujours eu, depuis le Moyen Age, un marché privilégié en Allemagne, en Suisse, en Autriche. Le déclin de la viticulture allemande au XVIIe siècle et les facilités accordées par les autorités autrichiennes - elles ont contrôlé le Haut-Adige de la fin du XIVe siècle jusqu'en 1919 - facilitèrent l'exportation des vins. Au col du Brenner une route moderne fut construite, au temps de Marie-Thérèse, en 1772. De bonne heure, au XIXe siècle, les Allemands prirent l'habitude d'aller passer, sinon l'hiver, du moins les beaux jours du printemps et de l'automne dans le Sud-Tyrol. La Cour d'Autriche et celle de Bavière leur donnaient l'exemple à Riva di Garda, pays viticole au coeur de la montagne alpine, à l'extrême nord du lac de Garde par 65 m d'altitude. Les relations commerciales du Sud-Tyrol et des pays nord-alpins furent si bien organisées que le rattachement de cette province à l'Italie en 1919 n'a pratiquement pas changé la manière de faire des viticulteurs. Ils sont à 90 % de langue allemande et, les consommateurs d'au-delà des Alpes leur étant restés fidèles, ils persistent à mettre sur leurs bouteilles des noms germaniques en lettres gothiques. Comme les Allemands, Suisses et Autrichiens ont chez eux de bons vins blancs, le Haut-Adige les fournit principalement en vins rouges, ceux du Kalterersee (Lago di Caldaro) et de Sankt Magdalener (Santa Maddalena) ne pâliraient pas devant des Médocs moyens. Et d'ailleurs ils sont faits avec des Merlots et Cabernets d'origine girondine. Aussi bien la région viticole de l'Adige se classe-t-elle au tout premier rang des exportateurs de vins d'Italie, ce qui peut paraître surprenant pour un pays de haute montagne quand on sait les facilités climatiques et les traditions viticoles de l'Italie centrale et méridionale. En fait, les diverses régions de la péninsule italienne n'ont exporté que fort peu de vins jusqu'à une époque récente, alors qu'elles sont à portée de la mer, cependant que le Sud-Tyrol qui n'a pas de voie d'eau est devenu une grande région viticole en expédiant ses vins, par voie de terre, vers l'Allemagne.

En France, des vignobles comparables ont disparu devant la concurrence qui leur a été faite à l'ère des chemins de fer. Il ne subsiste que 3 600 hectares de vignes dans les deux départements de la **Savoie** et de la **Haute-Savoie**, alors qu'il y en avait plus de 20 000 ha au milieu du XIXe siècle. Des sites savoyards, de type valaisan, avaient de grands vignobles, il y a un siècle ; ils n'ont plus aujourd'hui que des vergers ou des broussailles. Cependant, un joli petit vignoble s'est maintenu sur les terres épierrées du grand éboulement d'**Apremont** à l'entrée de la cluse de Chambéry. En 1248, depuis le haut du Mont Granier, tout un massif calcaire s'effondra. Les viticulteurs s'attaquèrent à ces débris perméables et chauds. Ils firent merveille et toute la Savoie leur reste fidèle.

Sur les terrasses caillouteuses des environs de Pamiers, mais aussi, dans les vallées pyrénéennes, jusqu'à Foix, le département de l'**Ariège** avait des vignes prospères depuis le XIIe siècle. Elles couvraient 12 500 ha en 1852. Les statistiques n'en donnent plus aujourd'hui que 1 600. Les gens des Pyrénées reçoivent des vins de Languedoc, et les vignobles de Pamiers ont été en grande partie abandonnés. Leur commerce était fondé sur une politique d'échanges entre le bas pays et la montagne, celle-ci fournissant les produits de son élevage et de ses industries contre du vin.

L'un des meilleurs exemples de cette vie de relations et de cette interdépendance nous est fourni, au XVIIe siècle, par la Haute-Bigorre de la vallée de Campan, réputée pour ses prairies et son élevage dont les produits s'échangeaient contre les grains et les vins des plaines de Tarbes et Vic-en-Bigorre. Le climat aturien, un peu trop humide, n'est pas très favorable à la vigne, mais les sols caillouteux des terrasses fluviales sont légers et perméables. Ils s'échauffent rapidement et, en « hautains » ou en ceps, la vigne y fructifie d'ordinaire assez bien. Si on ajoute à ces vignobles ceux des **coteaux de Madiran**, on obtient 15 400 ha de vignes en 1852. Il n'y en a plus aujourd'hui que 3 500. Voici comment Louis de Froidour, inspecteur des forêts au temps de Colbert, nous décrit le système des échanges de la Haute et de la Basse-Bigorre, vers 1675-1685 : « l'avantage le plus considérable que le pays (la Haute-Bigorre) tire de ses rivières est qu'on s'en joue partout ... pour faire des prés... C'est en ces prairies et pacages que consiste la plus grande richesse de ces contrées montagneuses où il se fait un très grand nourrissage de boeufs, de vaches, chevaux, brebis, moutons et chèvres. » Tous ces animaux se vendent dans les plaines d'alentour, c'est-à-dire dans la Basse-Bigorre, en Rivière-Basse, dans le Bas-Armagnac, en Chalosse, en Gascogne et même en Espagne. La vallée de Campan a comme spécialité la fabrication du beurre dont « il se fait grand débit ». Il est si renommé « qu'il se distribue partout ». Marca, l'historien du Béarn, précisait en 1659 : « On le vend de Toulouse à Narbonne, de Bordeaux à Agen, de Bayonne à Dax et à Pau moyennant quoi, dans la vallée de Campan, il ne se dépouille pas un grain de blé, pas un grain de raisin, pas un fruit. Et cependant on y boit le meilleur vin du royaume. » Il vient de la plaine de Vic qui s'est spécialisée dans la vigne. De Froidour nous dit qu'on y produit, sur des hautains, des « vins clairets qui sont gros et rudes. Les vins blancs y viennent mieux et ils sont meilleurs ». Les viticulteurs portent leur vin à Tarbes où les gens de Campan viennent les acheter. Il leur en faut beaucoup car « ils ont une âpreté extraordinaire pour le vin. C'est une marchandise de bon débit chez eux. Les femmes y sont âpres comme les hommes et s'enivrent aussi de même ».

Cette description vaudrait, du Moyen Age jusqu'au milieu du XIXe siècle, pour tous les massifs montagneux qui, se spécialisant dans l'élevage, ont ainsi le moyen d'acheter du vin. Nous pouvons prendre des exemples dans le sud du Massif Central où de nombreux **Cantons Vignobles**, localisés dans les vallées et les bassins, livraient de grandes quantités de vin aux éleveurs de la montagne. Le Puy-de-Dôme avait 28 500 ha de vigne en 1852 et l'Aveyron en avait 19 400, alors que de nos jours les ceps n'occupent plus que 4 700 ha dans le premier département et 5 800 dans le second. Dans les deux cas, il s'agit de vignobles établis depuis le XIe ou le XIIe siècle. Les gens de **Marcillac**, « vallon » proche de Rodez, nous disent, sur leurs bouteilles, que le cépage noble de leurs vignes, le **Mansois**, a été sélectionné par les moines de Conques au XIe siècle. Il y a un brin d'imagination dans cette présentation des choses. La seule donnée dont nous soyons assurés, c'est qu'à cette lointaine époque l'abbaye de Conques faisait prélever à Marcillac la dîme des vins et qu'elle était d'un bon rapport. Deux siècles plus tard, les fonds d'archives de la domerie d'Aubrac et des abbayes cisterciennes de Bonneval ou de Bonnecombe nous font entrer dans le détail de la viticulture du Rouergue.

Les « granges » de ces monastères avaient des

pacages dans l'Aubrac ou dans le Lévezou, des terres à blé et à seigle sur le Causse ou le Ségala et des vignes en propre dans le vallon de Marcillac, le bassin d'Espalion et de Saint-Côme, la « rivière » du Tarn. Les dîmes s'ajoutant aux récoltes des granges, il fallait de grandes caves pour conserver le vin. Celle de Bougonnes, près de Marcillac, avait été si bien construite par l'un des grangiers de Bonnecombe, au XIVe siècle, qu'elle est encore en usage de nos jours. Au XVe siècle, par contrat, les fermiers des granges s'engageaient à livrer le vin aux celliers des abbayes. Ils mobilisaient des équipes de 20 à 30 charretiers pour porter les tonneaux de la « rivière » du Tarn à Bonnecombe, de Marcillac à Bonneval, de Saint-Côme à Aubrac. Le modèle ainsi fourni fut imité par les grands propriétaires du Causse, par les bourgeois de Rodez, par les entrepreneurs d'élevage des « montagnes ».

Il en résulta une constante prospérité des villages tels que Marcillac, Broquiès ou Compeyre. Leurs vieilles demeures, aujourd'hui en cours de restauration, rappellent cette « belle époque » du vignoble aveyronnais.

C'est à tort, le plus souvent, que l'on a parlé d'économie de subsistance et d'autarcie dans les régions rurales au Moyen Age et sous l'Ancien Régime. Ce que nous savons du commerce du vin dans tous les pays du Massif central méridional s'inscrit en faux contre cette conception de l'ancienne économie. Le vin y circulait et il se payait en produits d'élevage et en céréales qui faisaient eux aussi l'objet d'échanges considérables. Il est d'ailleurs certain que le vin constituait l'un des principes moteurs de ce commerce. Partout, dans les auberges, on en servait, si bien que presque tous les hommes, même ceux qui étaient de condition modeste, avaient quelque occasion d'en consommer, parfois en grande quantité, ce que nous rappellent les anciennes chansons à boire.

A l'époque des gros travaux du printemps et du début de l'été, le vin était largement distribué. Point de faucheur sans une grosse pinte de vin. Les moissonneurs, par contre, n'avaient droit qu'à de mauvaises piquettes. La grande consommation de vin qui, en hiver, était le privilège des gens aisés s'étendait, d'avril à juillet, aux travailleurs spécialisés. Les barriques étaient alors vidées et il fallait attendre les vendanges pour qu'à nouveau le vin participât au cycle annuel des travaux de force : piochage des vignes, pelleversages, labours et semailles.

- **Vignobles d'Espagne**

Les exemples pyrénéens et aveyronnais vont nous aider à comprendre ceux de la Vieille-Castille et de la Bourgogne. Il s'agit, là aussi, de vignobles continentaux et il se posa pour eux de difficiles problèmes de transport. Mais de plus, ces vignobles ont eu le grand mérite de faire apparaître la notion de qualité qui, nous le verrons ensuite, s'imposa également en Méditerranée.

L'exemple castillan nous a été décrit dans les travaux d'**A. Huetz de Lemps**. Lors de la reconquête, les Espagnols chrétiens, et avec eux de nombreux Français attirés outre-Pyrénées par la Croisade, s'installent solidement en Castille aux XIe et XIIe siècles. Le milieu naturel n'a rien de spécifiquement favorable à la vigne mais, face à l'Islam, on se devait de multiplier les plantations de ceps. Pour les Castillans, le vin est d'abord un symbole chrétien. On le considère en même temps comme une nourriture et comme un gage de santé. C'est non seulement un tonique mais un remède. Aussi la consommation est-elle très élevée. La culture couvre de vastes surfaces autour de Rueda et de Medina del Campo. La « Tierra del vino » s'oppose à la « Tierra del pan ». Celle-ci est divisée en deux **hojas** (soles) où alternent moissons et jachères. Moutons, céréales, vignes : il s'agit d'une trilogie de type méditerranéen, bien que les plateaux de Vieille-Castille, à 600-800 m d'altitude, aient un climat rude aux hivers froids, continentaux plus que méditerranéens.

A ces hautes terres sèches où la vigne peut produire des vins peu abondants mais de bonne qualité, s'opposent d'abord les montagnes cantabriques, froides et mouillées, qui sont des terres d'élevage, puis, en bordure de l'Atlantique, les pays très humides des Asturies, de Santander, de Bilbao et du Guipuzcoa qui n'ont pas de vigne. On y produit du mil, plus tard du maïs. Les prés de fauche y sont prospères et le bétail abondant. Il y a des mines et des industries. Cette région très peuplée et très active a de grands ports associés à des villes commerçantes. On y a planté des pommiers et on y prépare du cidre dès le XIe ou le XIIe siècle. C'est d'ailleurs à partir de cette contrée que le pommier à cidre gagna la France du Nord-Ouest et les îles Britanniques. On essaya d'y produire du vin sur des hautains et sur des treilles. Mais le **chacoli** ainsi obtenu n'est qu'un aigre verjus. Des importations auraient pu avoir lieu depuis La Rochelle ou Bordeaux. Pour des raisons de protectionnisme, la couronne de Castille y fut presque toujours hostile. Le vin aurait pu venir aussi, par mer, de l'Espagne du Sud, mais la Reconquête se fit trop tard et des courants d'échanges actifs s'étaient déjà établis entre les provinces maritimes cantabriques et les régions intérieures du Léon et de la Vieille-Castille, productrices de vin.

Le grand problème était celui des transports. Ils ne pouvaient se faire que par voie de terre, donc par des charrois et portages. Des convois de mules lestées de grosses outres et des charrettes portant des barriques parcouraient des distances considérables, environ 250 à 300 km, pour passer de la Vieille- Castille aux côtes cantabriques. La qualité des vins de la **Tierra del vino**, leur prestige mais aussi la modicité des rémunérations accordées aux muletiers et charretiers rendaient possible et même lucratif un tel commerce. C'est un fait qu'il se développa à grande échelle dans les derniers siècles du Moyen Age et qu'il fonctionna sans défaillance jusqu'à l'ère des chemins de fer. La « belle époque » est ici celle de l'Age d'Or espagnol compris au sens large : il va du milieu du XVe siècle au milieu du XVIIe.

Il a fallu que le niveau de vie des pays cantabriques fût élevé pour que les cidres et les verjus locaux fussent partout dominés par les vins de Castille. Il a fallu également que ceux-ci fussent de bonne qualité pour éliminer ceux de Galice - plus verts et plus acides - qui pouvaient arriver par mer et qui eurent un assez bon débit dans les provinces cantabriques jusqu'au début du XVIe siècle. Finalement, la Vieille-Castille l'emporta. La « Tierra del vino » avait pu se spécialiser dans la viticulture parce qu'elle avait, à courte distance, un premier marché, relativement important, celui des villes castillanes alors peuplées, industrieuses et prospères. Ségovie, Avila, Burgos Salamanque, et plus encore Valladolid qui fut capitale, suscitèrent le premier essor des vignobles. Les pays cantabriques qui bénéficiaient eux aussi d'une conjoncture favorable en furent les seconds clients. Ils pouvaient payer le prix du transport. Le vin de Castille eut ainsi un double marché, régional et extérieur. D'où la prospérité de la « Tierra del vino ». Elle n'eut aucune peine à se tenir pendant un demi-millénaire au premier rang des provinces viticoles de l'Espagne.

Les quantités récoltées annuellement sont considérables pour l'époque. On a estimé que 1 250 000 hl de vin ont été produits en Castille et Léon à la « belle époque ». Les quatre provinces cantabriques : Asturies, Santander, Biscaye et Guipuzcoa faisaient venir en moyenne 250 000 hl de vin chaque année. Comme elles en produisaient de petites quantités, on peut estimer que leur consommation était de l'ordre de 50 l par personne et par an. Avec un décalage d'environ un siècle, nous arrivons, dans cette région de l'Espagne, à des estimations qui sont celles de la riche Allemagne de la fin du Moyen Age. Comme à Bordeaux, comme à Cologne, nous retrouvons, dans l'Espagne du Nord-Ouest, un système d'échanges fonctionnant à grande échelle mais d'une façon qui peut nous paraître aujourd'hui paradoxale, puisqu'on y voit un pays maritime se ravitailler en vin par voie terrestre à partir de pays producteurs situés très loin, à l'intérieur des terres.

Cette viticulture et ce commerce avaient leurs faiblesses. Les vignobles de Castille virent d'abord décliner les villes proches qui étaient leurs premiers acheteurs. Puis le Guipuzcoa trouva plus commode de s'approvisionner en **Navarre** et dans la **Rioja**. Pour finir, les navires et les chemins de fer amenèrent à Bilbao et à Santander des vins de l'Espagne centrale ou de la Catalogne. Repliée sur elle-même, la Vieille-Castille viticole s'est étiolée. Cependant, elle était parvenue, à sa plus belle époque, au début du XVIIe siècle, à obtenir, par vieillissement, de très bons vins. Nous reviendrons ci-dessous sur ce problème de la qualité.

- **Vignobles de Bourgogne**

Quand on dispose du terme de comparaison castillan, on comprend mieux le rôle joué en France par la Bourgogne, dont le vignoble se situe très loin de la mer et ne bénéficie pas d'une voie fluviale comparable au Rhin pour l'écoulement de ses produits. La Saône proche et le Rhône vont vers la Méditerranée à travers des pays anciennement producteurs de vin et qui n'avaient pas besoin de celui de la Bourgogne. Cependant, celle-ci fut, dès les XIe et XIIe siècles, une région productrice de vin, et sa fortune viticole ne s'est que très rarement démentie jusqu'à l'époque contemporaine. Cette réussite est certes liée aux terroirs de la Côte bourguignonne comme nous l'a montré Mme Gadille. On

Paolo Véronèse, «Les Noces de Cana», Musée National du Louvre

aurait tort cependant de reporter le présent dans le passé et de considérer le vignoble actuel comme une construction inchangée depuis vingt siècles. Rien ne nous permet d'affirmer qu'aux temps gallo-romains le vignoble bourguignon était un gros producteur de vin ; pas plus que celui de Bordeaux il n'avait alors une clientèle de quelque importance. Par la suite, et jusqu'au XIIe siècle, abbayes et évêchés, Cluny puis Cîteaux pour les premières, Langres, Autun et Chalon pour les seconds, encouragèrent la culture de la vigne, mais leurs besoins n'étaient pas considérables. Il n'y avait pas de grande ville à proximité - Dijon n'a grandi qu'au XIVe siècle - et les régions voisines, Beaujolais au sud, piémont jurassien à l'est, vallées champenoises de l'Aube et de la Seine au nord pouvaient produire du vin.

On a argué, pour rendre compte de la vigoureuse montée du vignoble de la Côte bourguignonne à la fin du Moyen Age, de la constitution du grand fief burgondo-flamand et de la proximité - relative - de Paris. Que la réunion, sous le même duc, de la Bourgogne et de la Flandre en 1384, ait favorisé les ventes de vins bourguignons dans les pays du Nord, ce n'est pas douteux. Mais le problème est ainsi mal posé. La Flandre se ravitaillait en vin sans difficultés, par mer, à La Rochelle et à Bordeaux. Elle pouvait aussi s'adresser à Cologne pour avoir des vins du Rhin. Elle n'avait aucun besoin pressant des vins bourguignons qui ne pouvaient arriver jusqu'à elle qu'au prix d'interminables charrois. Aussi les vins bourguignons ne sont-ils parvenus en Flandre qu'assez tard. Aux meilleurs jours de la fin du Moyen Age, on n'en importait que de petites quantités.

Même problème pour Paris : dès le temps de Philippe-Auguste, Paris devient une grande ville et, à la fin du XIIIe siècle, c'est une puissante métropole, riche et peuplée, où la Cour, l'Université, l'Eglise, les marchands constituent une clientèle nombreuse pour les producteurs de vin. Mais la région parisienne peut ravitailler Paris. Il y a partout des vignes sur les coteaux qui avoisinent la capitale et on peut leur adjoindre celles qui prospèrent dans la vallée de la Marne, de Dormans à Epernay. Jusqu'au milieu du XIXe siècle, le vignoble des environs de Paris était l'un des plus considérables de France. Il couvrait plus de 44 000 ha en 1852. A la même date, le département de la Côte-d'Or n'avait que 29 800 ha de vignes, et nous savons que ce vignoble était sensiblement moins étendu au cours des siècles antérieurs. On ne saurait en faire le grand pourvoyeur de la consommation parisienne au Moyen Age.

Le premier fournisseur éloigné de Paris était alors la Basse-Bourgogne, reliée à la capitale par les voies navigables de l'Yonne et de la Seine qui permettaient le transport jusqu'aux caves parisiennes des vins d'Auxerre, de Chablis, de Tonnerre et de Sens. Ces vignobles étaient autrefois plus étendus que ceux de la Côte bourguignonne. Ils occupaient 37 000 ha en 1852. Et il faut leur ajouter, sur la Seine et sur l'Aube, ceux de la Côte de Bar, soit 22 000 ha en 1852. Tous ces vins arrivaient à peu de frais dans la capitale, tandis que ceux de la Côte devaient supporter de très longs charrois, à travers la « Montagne » bourguignonne, pour atteindre Auxerre et l'Yonne navigable. A telle enseigne qu'on en expédiait aussi par la route qui emprunte le seuil de Chagny à Digoin. De là, par la Loire, ils allaient à Briare ou à Orléans. il fallait ensuite les convoyer jusqu'à Paris.

Pourquoi, en dépit de ces difficultés, a-t-on vendu au Moyen Age du vin de la Côte bourguignonne à Paris et à Rouen, en Flandre et en Angleterre ? Pourquoi fait-on descendre la Saône et le Rhône aux vins de Beaune pour les conduire à Lyon et à la cour pontificale quand elle réside à Avignon, c'est-à-dire dans un pays où il est facile de produire du vin ? Ici se pose, comme pour la Castille, le problème de la qualité des vins. Ceux de Beaune et de Givry sont réputés. Au XIV siècle, point de sacre à Reims sans vin de Beaune. Les ducs de Bourgogne se servent de ces mêmes vins de Beaune comme d'un auxiliaire diplomatique. Ils font cadeau de barriques de vin par dizaines à tous les personnages importants dont ils veulent se faire des alliés. Il y a, à Paris, des gens riches qui tiennent à avoir de bons vins. Il les font venir de Saint-Pourçain-sur-Sioule ou de Beaune. Les papes d'Avignon prennent soin, chaque année, de dépêcher leurs agents dans ces deux mêmes villes pour faire des achats de vin. Ce sont les comptes rendus détaillés de ces envoyés spéciaux qui nous permettent de juger, en connaissance de cause, du problème de la qualité des vins de Bourgogne au Moyen Age.

La cour pontificale peut se pourvoir en vins dans la région d'Avignon, et elle ne manque pas de le faire. Des documents pontificaux nous donnent le prix des vins de Beaucaire. Ils sont payés aux deux tiers de la valeur d'achat de ceux de Saint-Pourçain et moitié moins cher que ceux de Beaune. Or leur transport ne coûte à peu près rien tandis que les vins de Saint-Pourçain ont doublé de prix à l'arrivée et que ceux de Beaune ont accusé une charge de 50 %. Au total, rendus dans les chais pontificaux, le Beaune ou le Saint-Pourçain coûtent trois fois plus que le vin de Beaucaire.

Si la papauté avignonnaise engage de tels frais et mobilise chaque année un personnel spécialisé pour avoir du vin de Beaune ou de Saint-Pourçain, c'est qu'elle estime qu'il lui faut, en raison de ses obligations, disposer des meilleurs vins d'Europe. A telle enseigne que, quand il quitte Avignon pour Rome, le pape fait suivre 110 tonneaux de vin de Beaune, soit 990 hl. Les comptes de la Curie nous démontrent que ces achats ont été réguliers de 1342 à 1403. Et il s'agit de quantités respectables : 300 à 500 hl chaque année. Le maximum s'élève à 854 hl en 1375.

Tout cela nous fait voir que la réputation des vins de Beaune était solidement établie au XIVe siècle. Or nous avons la preuve, par les chroniques de Salimbeni, moine italien, que ce prestige était notable à la date de 1285. Il était encore bien assuré au milieu du XVIe siècle, Erasme nous le confirme. A la fin de sa vie, dans les brumes flamandes, seul le vin de Beaune peut le réconforter et dissiper ses humeurs, il apprécie la « saveur, ni douce ni âpre mais absolument délicieuse » de ce vin « ni trop faible ni trop corsé mais moelleux » et qui, de plus, est « inoffensif ».

Nous voilà donc en présence d'une spécialisation par la qualité, précisons toutefois qu'il s'agit seulement du fruité d'un vin nouveau tel qu'un « honnête » Beaujolais peut aujourd'hui nous en donner l'équivalent. Dès le mois de novembre, les agents de la Curie avignonnaise viennent eux-mêmes faire leurs achats, après dégustation, chez les particuliers ; ils enlèvent les vins et organisent aussitôt les charrois terrestres et convois fluviaux, faisant pratiquer les ouillages nécessaires en temps voulu. A Avignon, la consommation des vins de Beaume et de Saint-Pourçain se fait sans délais. Elle s'achève au début de l'été qui suit. Quand les réserves sont épuisées, on fait appel aux vins locaux, et on ne se préoccupe pas de conserver des vins qui auraient plus d'un an.

Ces détails ne sont pas sans intérêt. Ils nous prouvent que le commerce du vin de Beaune n'est pas organisé sur place par des négociants qui seraient en même temps des stockeurs et des « éleveurs » de vin comme cela se fait de nos jours. Nous savons par ailleurs que les marchands parisiens viennent à Auxerre déguster les vins de Basse-Bourgogne. S'ils sont satisfaits, ils achètent et prennent eux-mêmes en charge les transports.

Quel pouvait être l'aspect du vignoble de la Côte

bourguignonne à l'époque où les Avignonnais venaient la parcourir ? Nous savons, d'une part, qu'ils faisaient leurs achats à Beaune même et, d'autre part, qu'il s'était constitué, sur la Côte, un certain nombre de **clos** qui avaient la réputation de livrer d'excellents vins. Ces clos étaient le plus souvent entre les mains d'organismes ecclésiastiques ou laïques, qui avaient les moyens de veiller à la qualité du vin, en choisissant les terroirs et les cépages, en faisant procéder à une culture soignée et à une vinification sans reproches. La qualité était recherchée d'abord par le propriétaire qui était le premier consommateur ; la clientèle extérieure en bénéficiait par surcroît. Tels étaient le clos du Roi à Chenove, le clos de Bèze à Gevrey, le clos de Tart à Morey, de Romanée à Vosne, de Perrières à Aloxe, de Saint-Jean à Chassagne. Le plus connu de ces « clos » était celui de Vougeot, près de Nuits.

Cette notion de « clos » doit être retenue. Elle sera relayée plus tard par celle de « climats » qui, de nos jours, s'identifie à celle de terroir et donc de cru. Mais, au Moyen Age et au début des Temps modernes, on n'en est pas encore là. Il y a seulement, ici et là, sur la Côte, de petits centres viticoles bien délimités où la culture de la vigne se fait dans de bonnes conditions, parce que des autorités locales ou extérieures y veillent avec constance. D'excellents résultats sont ainsi obtenus ; les marchands en sont informés et ils viennent de Paris, d'Avignon et d'ailleurs pour y faire leurs achats.

Ne croyons pas, pour autant, que le vignoble bourguignon à vins fins est déjà institué. Il y a, près de Dijon, des clos anciennement réputés qui se localisent sur des terroirs aujourd'hui peu estimés ; à l'inverse, des « climats » actuellement fameux, autour de Nuits par exemple, ne portent, au Moyen Age, aucun clos notable.

Ajoutons que cette qualité est liée à un bon cépage, le Pinot, et que la Côte bourguignonne savait se défier de la tentation des hauts rendements, En 1385, un édit de Philippe le Hardi condamne le Gamay, cépage gros producteur - c'est celui de l'actuel Beaujolais - qui ne donne pas d'aussi bons vins que le Pinot.

Qualité donc, en Bourgogne comme en Vieille-Castille, mais uniquement « qualité de primeur » comme on dirait aujourd'hui, c'est-à-dire fruité de bon aloi au moment où la fermentation s'est faite. Des gens riches et puissants s'offrent le luxe d'importer ces vins à grande distance. Ils peuvent en faire les frais, c'est pour eux une question de prestige. En fait, du point de vue vinicole, nous sommes devant le phénomène élémentaire du **vin nouveau** plaisant à boire que, de nos jours, les Lyonnais et les Parisiens connaissent bien quand ils font, à la récolte, leurs commandes de Beaujolais.

Ce sont là des vertus fragiles. Celles du Saint-Pourçain s'évanouirent au début des Temps modernes. Sur la Côte bourguignonne elles furent en grande partie perdues à la fin du XVIe siècle. Comme en Allemagne, à la même époque, on n'en voit pas très bien les raisons. Sans doute y eut-il des séries d'années mauvaises et aussi diverses pestes viticoles. Le Gamay l'emporta sur le Pinot. Tant et si bien que la réputation se perdit. Et d'autant plus vite qu'il n'y avait pas, sur place, de grand négoce organisé, quand les marchands « étrangers » cessèrent de venir en Bourgogne, le déclin se généralisa. Il n'y aura un retour de faveur qu'à la fin du XVIIe siècle. Le principal responsable en est Fagon, le médecin de Louis XIV : vers 1693 il recommande le vin de Vosne à Sa Majesté, lui déconseillant dans le même temps le vin d'Epernay « qui aigrit le sang ». Dans l'un et l'autre cas, il s'agissait de vins nouveaux, francs de goût et fort honnêtes, mais nullement de Grands Vins, tels que la Bourgogne en produira à la fin du XVIIIe siècle, ni de vins pétillants comme ceux qui seront connus à Paris et qualifiés de « Champagne » au temps de la Régence.

L'art d'élever des vins et de les faire vieillir n'était pas encore connu. On en était seulement au point où s'était faite la rencontre entre de bons cépages (les Noiriens), des terroirs maigres et secs, un climat tempéré. La science viticole était encore par trop élémentaire le marché trop peu exigeant. Il faudra les « esprits éclairés » de Bordeaux et aussi ceux de Londres pour créer, au XVIIIe siècle, le **New French Claret**, c'est-à-dire les Grands Vins, élevés et vieillis. Du « défaut d'invention » que nous constatons, à la fin du XVIe siècle, dans la Côte bourguignonne, pourtant riche de quatre siècles d'une bonne viticulture, la Vieille-Castille, d'une part, et Venise, d'autre part. nous donnent l'exacte mesure. L'une et l'autre faillirent arriver au stade des Grands Vins.

En s'établissant, au moins en partie, à Valladolid au XVIe siècle la cour d'Espagne avait suscité une féconde émulation chez les viticulteurs de Medina et de Rueda. Ils s'acharnèrent à soigner vignes et vins pour gagner les faveurs des Princes et des Grands. A la récolte, le vin était logé sous terre, dans des caves profondes. On conservait dans de grands foudres de chêne où il se clarifiait en vieillissant. Il s'agissait de vins blancs forts, très alcoolisés. A la Cour, dans les verres et cristaux de Venise, ils faisaient l'admiration des connaisseurs. La plus belle époque des vins de Vieille-Castille se situe de 1601 à 1606, Une dernière fois, avant le retour à Madrid, sous Philippe III, la Cour est réunie à Valladolid. De ces années datent les documents où il est question de vins élevés et vieillis. Puis la tradition se perd : Rueda et Medina reviennent à la voie commune des vins de primeur qui sont vendus dans les tavernes de Santander et de Bilbao.

4 LES VINS DE LA MEDITERRANEE : VENISE

On peut s'étonner qu'après les heures sombres de l'Islam, la contre-offensive des Croisades n'ait pas déterminé, en Méditerranée, un essor de la viticulture, semblable à celui que nous avons admiré en Vieille-Castille. La grande époque du commerce de Pise, de Gênes et de Venise aurait pu être celle d'une floraison de grands vignobles, depuis la Catalogne jusqu'au Liban, en passant par l'Italie et la Grèce. Il n'en fut rien.

A y bien réfléchir, il n'y a rien là que de très normal. La vigne était connue partout et elle pouvait être partout cultivée. Il n'y avait pas de raison de faire commerce du vin. Les croisés n'eurent pas trop de peine, semble-t-il, à s'en procurer en Italie du Sud ou dans les îles grècques. La seule difficulté était de constituer des stocks. Joinville nous décrit le phénomène exceptionnel que constitua la mise en réserve des vins destinés à l'armée de Louis IX. De 1246 à 1248, on rassembla des tonneaux de vin sur une plage de Chypre. On les avait si bien empilés les uns sur les autres que « semblait que ce fussent granches » (granges). En temps ordinaire, Génois et Vénitiens transportaient de petites quantités de vin d'un pays à l'autre, sans que s'organisât un commerce régulier. Gênes disposait, à ses portes, des vins de Ligurie ; Florence se ravitaillait encore plus aisément dans sa grande banlieue, sur les collines où prospèrent les vignes de Toscane, et il en allait de même des autres villes italiennes, Rome comprise. C'est un fait qu'il n'y avait pratiquement pas de vins réputés en Italie. Cela ressort de la polémique qui oppose Pétrarque, Jean de Hesdin et Salutati, à propos de l'éventuel retour de la papauté à Rome, en 1366-1369. Pétrarque prétendait que les papes étaient retenus à Avignon par leur crainte de manquer de vin de Beaune. Emporté par sa fureur polémique, il critique ces vins que défend Jean de Hesdin, mais il ne nous dit pas qu'il y ait en Italie des vins comparables ou meilleurs. Quant à Salutati, il déclare que les vins romains sont mauvais et qu'ils troublent le cerveau de ceux qui les boivent. Vingt ans plus tôt, dans le **Décaméron**, Boccace, qui fait parler une dizaine de filles et garçons de Florence, retirés à la campagne pendant la Grande peste (1348-1349), ne fait pratiquement pas allusion à de bons vins. En passant, il en cite trois ou quatre mais il ne fait un sort qu'à **la Vernaccia di Corneglia**, le vin de l'une des communes de la Cinqueterre, près de La Spezia.

Frederico Melis a tiré, des archives de Florence dont la richesse est bien connue, les documents qui concernent la consommation du vin dans cette ville, vers 1400. Il a ainsi des inventaires complets où les quantités comme les prix ont été consignés. A eux seuls, les 600 registres du riche marchand que fut Datini di Prato lui ont fourni toutes les précisions souhaitables. Que faut-il retenir au terme de cette enquête ? Qu'à Florence on boit beaucoup de vin et qu'il en vient des diverses vallées de Toscane, celles du Chianti comprises. Tous ces vins sont très ordinaires et de même ceux qui, occasionnellement et en petite quantité, arrivent de l'île d'Elbe, du cap Corse, de Naples, de Calabre, de Majorque, de Nice. Plus appréciés et plus chers sont les vins français importés en de rares occasions d'Aigues-Mortes et de Marseille. Enfin, à très haut prix, Florence reçoit et consomme quelques vins spéciaux : la Vernaccia et les « vins grecs ».

Le petit vignoble de la Cinqueterre, entre Livourne et Gênes, s'est fait une assez grande réputation, de la fin du XIIIe siècle au début du XVIe, en partie grâce aux cépages spéciaux qui donnent la Vernaccia. La production est limitée, ce qui suffit à justifier les prix élevés qui se pratiquent à Florence sur les vins de ce cru. Ils proviennent exclusivement des cinq petits bourgs de Monterosso, Vernazza, Corniglia, Manarola et Riomaggiore. Leurs territoires viticoles occupent de petites criques et des versants rocheux au pied de la montagne et sur le flanc des éperons déchiquetés que forment les chaînons apenniniques. Ceux-ci s'élèvent à plus de 800 mètres d'altitude et tombent directement sur la mer. Totalement isolés, les bourgs de la Cinqueterre communiquaient seulement par la voie maritime avec le reste de l'Italie. Jusqu'au jour où le chemin de fer de Gênes à la Spezzia vint multiplier ses tunnels dans le dédale des rochers et des corniches de la région.

C'est là que pêcheurs et vignerons se sont acharnés depuis le XIIe siècle à associer la vie maritime et la viticulture. Celle-ci a exigé d'extraordinaires prouesses. Il a fallu accrocher les murettes du vignoble aux parois abruptes qui s'avancent en précipices sur le rivage. Bien souvent c'est au moyen d'échelles et de cordes que le vigneron parvient à y accéder.

On a produit là, au Moyen Age, de bons vins blancs secs. De plus on y a inventé de subtiles recettes de friture à l'huile d'olive. Que l'on arrose copieusement cette cuisine très épicée et la Vernaccia di Corneglia se verra portée au faîte de la renommée. Il ne lui manquera plus que la bénédiction pontificale. On nous dit qu'elle la reçut de Martin IV. Les Italiens ont chargé ce pape français (1281-1285) de leurs malédictions. Dante l'a rencontré au septième degré des Enfers. Son moindre crime était la gourmandise. Il aimait la Vernaccia au point d'y faire étouffer les anguilles de ses menus. Après avoir dégusté la friture, il faisait en sorte que, dans son ventre, les anguilles pussent encore nager. A cette fin, il absorbait beaucoup de Vernaccia.

Grâce à Venise, les **vins grecs** ont eu une destinée plus brillante et de plus longue durée que ceux de la Cinqueterre. Il y avait, dans les îles et presqu'îles de la Grèce, d'anciennes traditions viticoles qu'il suffisait de réveiller. Peut-être les Templiers ont-ils eu, dès la fin du XIIe siècle, l'habile initiative d'une production commerciale de vins spéciaux, lourds et sirupeux, dans leur commanderie de Limassol, à Chypre. Disons plutôt qu'ils ont repris une tradition locale et que, par la suite, les marchands vénitiens se sont chargés de la commercialisation des vins ainsi obtenus. A ceux de la « Commanderie », ils ajoutèrent les vins de Tyr, c'est-à-dire des vins du Liban, puis ceux de Malvoisie, sur la côte orientale du Péloponnèse. Le succès de ces derniers fut tel qu'au XVe siècle Malvoisie était synonyme de « vin grec ». Il s'agissait d'un vin coloré, à la fois fort et sucré, de consistance épaisse et de goût muscat. Il pouvait vieillir et il supportait le voyage par mer. On pouvait le stocker sans risques. A cet effet, de grands « magasins » le mot est italien : magazzino) furent construits dans les quartiers périphériques de Venise.

Le montant des importations de vins de Malvoisie à Venise nous est connu grâce aux agents de Datini : pour les années 1384-1386, il en arrive 4 ou 5 000 barriques par an et, pour l'année 1407, on en débarque 4 000. Ce total s'augmente par la suite, Venise ayant développé la production dans l'île de Crète où une colonisation systématique fut menée au XVe et au XVIe siècle. Les constructions étagées de murettes datent de cette époque ; elles portent témoignage, aujourd'hui encore, de la prospérité des entreprises viticoles des Vénitiens. Rhodes et la plupart des îles grecques se mirent aussi à produire des vins de Malvoisie dont le commerce de réexportation, contrôlé par Venise, s'étendit à toute l'Europe. Par voie de terre, ces vins de haut prix gagnaient Milan, le Piémont et Gênes ; par Ferrare et Bologne, ils atteignaient Florence ; par les cols alpins, principalement par le Brenner, ils se répandaient en Allemagne ; par le Semmering, ils arrivaient à Vienne. Venise autorisait parfois des transports directs, sur bateau vénitien, de Candie ou de Rhodes à Pise. Trois de ces entrées sont notées chez Datini, en 1385, 1392 et 1393. Mais la règle vénitienne voulait que le transport maritime se fît au départ de Venise. Des vins de Malvoisie allaient ainsi à Bruges vers la fin du XIVe siècle. On les trouve aussi dans les ports anglais et dans ceux de la Hanse et de même, en Espagne, à Barcelone et à Valence. Tel était le prestige des vins de Malvoisie en Angleterre, au temps de la guerre des Deux-Roses, que, selon Commynes, le duc de Clarence, révolté contre son roi et condamné à mort, mais ayant le choix du mode de supplice, choisit en 1478 d'être noyé dans un tonneau de Malvoisie.

Le fructueux trafic de ces vins resta entre les mains des Vénitiens jusqu'à la fin du XVIe siècle, Venise cependant ne réussit pas à en garder l'entier monopole. Pour le transport au-delà de Gibraltar et, principalement, en Angleterre, les Vénitiens, afin de tourner les Actes de Navigation, utilisèrent des pilotes anglais à bord de leurs navires, quand ceux-ci faisaient l'exportation directe des îles grecques vers l'Europe du Nord. Nous en avons des preuves pour les années 1580-1590. Peu après, les pilotes anglais, ayant appris le chemin de Rhodes et de la Crète, furent les guides des marchands de Londres qui entreprirent, pour leur compte, le commerce direct avec le Levant. Dans ces pays, à la même époque, les Hollandais furent encore plus hardis et, Venise ayant perdu la Crète en 1564, ils traitèrent directement avec les Turcs qui avaient pris garde de ne pas porter atteinte aux beaux vignobles institués dans l'île par les Vénitiens.

Par une autre voie. Venise avait laissé échapper de ses mains le contrôle des « vins grecs ». En Italie du Sud, aux environs de Rome et en Toscane, on importa des cépages de Malvoisie et on produisit des vins spéciaux analogues à ceux des îles grecques. Le bouteiller du pape Paul III (Farnèse) précise qu'il a relevé, en date de 1549, la liste des 51 vins italiens que buvait Sa Sainteté. Cinq d'entre eux sont récoltés, de la Toscane à la Sicile, sous le nom de « vins grecs ». Il en allait de même en Espagne du Sud où les vins exportés d'Alicante ou de Malaga furent d'abord des vins de type Malvoisie. La plus célèbre réussite dans ce domaine fut celle de **Madère**.

L'île découverte et peuplée par les Portugais fut d'abord une île à sucre. Mais la concurrence du Brésil ruina ses plantations au cours des années 1560-1580. Elles furent remplacées par des vignobles qui produisaient du vin de type Malvoisie. Les Anglais s'y intéressèrent et leurs marchands s'établirent à Funchal, à la fin du XVIe siècle, pour en régler l'exportation vers les îles Britanniques. A la date de 1582, année qui vit s'établir une fiscalité sur les vins exportés, le succès du **Malmsey** (Malvoisie) de Madère est déjà assuré en Angleterre. La belle époque de l'exportation de ces vins va de 1590 à 1660. Notons cependant qu'il ne s'agit pas encore du Madère moderne dont la préparation ne sera mise au point qu'à la fin du XVIIIe siècle.

Comme la Malvoisie, la Vernaccia se défendit mal des imitations, On se mit à cultiver ce cépage et à produire ce type de vin, un peu partout en Italie, et aussi dans divers pays du bassin de la Méditerranée occidentale. Sous le nom de **grenache**, on en récoltait à Valence, à Alicante et à Malaga. On le trouve aussi en Languedoc, à Lunel et à Frontignan. Le double courant d'influences et d'imitations que firent naître la Malvoisie et la Vernaccia donna bientôt l'avantage au premier, en raison de la mode des vins muscats dont Frontignan comme Malaga se firent une spécialité au XVIIe siècle. Dans ce « transfert vers l'ouest », la Cinqueterre perdit sa chance de passer au stade de la production des Grands Vins. Peu à peu, ce petit vignoble déclina et sa renommée ne dépassa bientôt plus le cadre de la Ligurie.

Venise avait connu une trop belle fortune dans le commerce des vins, du XIe au XVIe siècle, pour qu'elle ne continuât pas à s'y intéresser après la perte des îles grecques. Elle avait d'ailleurs des positions de repli sur les côtes dalmates où d'excellents vignobles avaient été développés sous sa tutelle ou sous la direction de ses vassales et alliées, Zara et Raguse. De Capodistria, près de Trieste, jusqu'aux bouches de Kotor, aux frontières de l'Albanie, en passant par les îles de Hvar, de Kotor et de Korcula, une vingtaine de vignobles aux murettes étagées, produisaient du vin à la fois. pour les montagnards de l'arrière-pays et pour Venise. Sur la côte adriatique de l'Italie les vignobles d'Imola et ceux d'Ancône étaient aussi en relation avec Venise. Enfin, aux environs de Vicence et de Vérone, l'influence vénitienne avait suscité l'essor de très beaux vignobles. Dans cette région, quoi qu'ait pu en penser Virgile, le climat n'est pas très favorable à une production viticole de qualité. Il est trop humide en été et au début de l'automne pour que soit assurée une bonne maturation des raisins. A moins de choisir avec soin les terroirs : piémonts calcaires des premières chaînes alpines, petits massifs volcaniques euganéens. collines de sable du lac de Garde en particulier à l'est, autour de Bardolino. A moins également de forcer la maturation d'une partie des grappes en les exposant au soleil. Importées de Chypre, ces pratiques firent des environs de Vérone une région viticole réputée, Venise consommait ou commercialisait la meilleure part de cette production que les noms de **Valpolicella** et **Soave** ont perpétuée.

Du XIIIe au XVIe siècle, en organisant le commerce des vins grecs, le négoce vénitien avait pris l'habitude d'assurer non seulement les transports mais aussi le stockage. Et comme les vins orientaux, assez fortement alcoolisés, se conservaient sans trop de difficultés, ce stockage était synonyme de surveillance, d'entretien et aussi de vieillissement du vin. La perte des plus lointains de ses centres d'approvisionnement ne modifia pas les traditions d' « élevage » des vins à Venise où se trouvaient réunies, à la fin du XVIe et au début du XVIIe siècle, toutes les conditions favorables à l'élaboration de Grands Vins. Un dernier élément pouvait lui aussi contribuer à cette promotion : l'art des verriers de Murano.

Les artisans vénitiens avaient-ils hérité des secrets qui, à la fin des temps antiques, avaient fait la haute renommée des verriers d'Aquilée ? On peut admettre que détruite par Attila en 452, Aquilée ait transmis à Venise les techniques de feu de ses ennemis. Plus sûrement, les Vénitiens avaient emprunté aux Musulmans qui fabriquaient en Egypte, à Alep, à Damas, les merveilleuses lampes de mosquée des XIe et XIIe siècles. Dès cette époque, il y avait des verriers à Venise, A cause des dangers d'incendie, ils furent regroupés dans l'île de Murano en 1291. Leurs techniques s'affinèrent peu à peu et, au XVe siècle, en pleine possession des pratiques nouvelles que l'on appela « façon de Venise » et qu'ils gardèrent secrètes, ils dominèrent le marché mondial du verre aussi bien en pays musulman qu'en pays chrétien. Leur cristaux gravés se vendaient à très haut prix, mais les Vénitiens surent aussi, au XVIe siècle, fabriquer à des prix assez bas des bouteilles, des hanaps, des carafes et des verres à boire, parfaitement limpides et d'une grande finesse. Ils permettaient aux buveurs d'apprécier l'ambre clair des vins blancs et le rubis foncé des vins rouges. On peut en voir un exemple dans les Noces de Cana de Véronèse. Au premier plan l'un des personnages de ce tableau célèbre, peint en 1563 pour l'église San Giorgio de Venise, admire, le vin qui vient de lui être servi dans une magnifique coupe « façon de Venise ». Quant au Tintoret, dans ses Noces de Cana, c'est une table tout entière chargée de verres magnifiques, coupes et carafes, qu'il nous présente. Les gobelets et les cruches d'étain ou d'argent vont céder la place aux cristaux ; une nouvelle manière de dresser les tables s'instaure et un cérémonial plus élégant du manger et du boire s'introduit alors dans les moeurs patriciennes de Venise. Il gagna peu à peu les Cours et les villes dans les différents pays d'Europe, ce qui favorisa, à la fin du XVIIe siècle, la « révolution des boissons ».

Ainsi, pour la première fois dans l'Histoire, un rapport nouveau s'était établi entre producteurs et consommateurs de vin : un négoce avisé, jouant le rôle d'intermédiaire, se proposait d'offrir, à une clientèle nombreuse et délicate, des vins qui fussent constamment à son goût. Pour cela, dans les magasins Vénitiens, non seulement on entreposait les vins mais on leur faisait subir les coupages et autres manipulations que comportait la **façon vénitienne**, ce qui légitimait une savante hiérarchie de qualités et de prix. Ces opérations demandaient du temps, si bien que les vins offerts aux consommateurs ou réexportés étaient souvent des vins vieux. Pour les vins grecs, c'était le cas général.

Ces pratiques constituent une exception et une nouveauté dans un pays où l'on ne consommait que des vins de primeur ainsi que nous le confirme **Montaigne**. Dans son Voyage en Italie, en 1580-1581, il se désole de ne trouver, à Vicence et à Ferrare, que des vins nouveaux. « On n'en boit pas d'autres dans le pays », lui dit-on. Ces vins ne convenaient pas à ses affections rénales. Il aurait voulu boire des vins vieux, comme ceux que l'on « élevait » à Venise.

On le voit, la Sérénissime fut à deux pas de réaliser la genèse des Grands Vins. Son négoce n'eut sans doute pas assez clairement conscience des avantages déjà acquis au début du XVIIe siècle. Il laissa dégénérer la « façon vénitienne ». Les **esprits de vin**, c'est-à-dire les alcools, obtenus par distillation des vins, venaient d'apparaître. On voulut corser les vins et les « fortifier » en les mutant. On ajoutait divers produits pour les parfumer, en particulier de l'absinthe. En forçant ainsi leur goût, on obtint des boissons sophistiquées dont les **vermouths** à l'italienne sont les héritiers actuels. Toute une tradition, en Italie, fait naître les vermouths à Turin, à la fin du XVIIIe siècle. En fait, ils sont plus anciens. On remarquera tout d'abord que le mot est d'origine germanique et qu'il a trait à l'absinthe. C'est à Venise - peut-être aussi à Raguse - que se fait, dans le premier tiers du XVIIe siècle, la rencontre du mot allemand et des pratiques à la fois italiennes et allemandes concernant le vin, l'eau-de-vie, l'absinthe, le sucre et autres condiments, dont on fait à Venise les mélanges les plus divers.

Dans cette voie, on va plus facilement au pire qu'au meilleur. Venise aurait pu « créer », dans la première moitié du XVIIe siècle, un vermouth de réputation européenne, tout comme vers 1750, le Portugal du Nord « inventa » le **Porto**. Au lieu de quoi, Venise multiplia les mixtures que déconsidérèrent son négoce des vins. La « façon vénitienne » devint synonyme de falsifications. A l'heure qui allait sonner de la « révolution des boissons », la Sérénissime perdit ainsi ses chances de jouer l'un des premiers rôles. Les Hollandais prenaient déjà leur place en Méditerranée où leurs activités commerciales se développèrent vers 1620-1630. Ils ne firent guère mieux que les Vénitiens et, dans le domaine des vins et des alcools, la **façon hollandaise** ne se révéla pas meilleur que la « façon vénitienne ». Il faudra attendre les deux dernières décennies du XVIIe siècle pour voir les Anglais prendre à leur tour le pas sur les Hollandais. Les marchands de Londres pratiquèrent eux aussi les mélanges les plus divers. Nous aurons à faire un sort à quelques-unes des pratiques de cette « façon anglaise » qui aurait pu ressembler comme une soeur à celles de Venise et de la Hollande. Les risques étaient grands de tomber du côté des plus fâcheuses adultérations des vins, fort heureusement, les Anglais eurent le souci de la qualité. Devenue ambitieuse, leur politique allait donner à l'ample mutation survenue dans le commerce des vins la dimension inattendue d'un phénomène de civilisation.

LA RÉVOLUTION DES BOISSONS

On a pu accuser la guerre de Trente Ans (1618-1648) d'avoir précipité la décadence de la viticulture en Allemagne et d'avoir ainsi préparé la fortune des alcools de grains, des bières fortes et des boissons exotiques. On a pu accuser les Turcs, à la fin du XVIe siècle et au début du XVIIe, d'avoir très largement contribué au déclin des vins grecs et à la décadence du commerce de Venise. Ces considérations d'histoire générale ne sont certes pas sans fondement. Encore faut-il tenir compte des « répercussions » que ces événements ont pu avoir. L'une des moins discutables consisterait dans ce « transfert vers l'ouest » dont il a déjà été fait mention. Madère se substituant à la Crète pour les vins de Malvoisie, Xérès et Porto prenant en partie la place des vins du Rhin.

Phénomène plus général, la montée des « puissances maritimes », la Hollande d'abord, l'Angleterre ensuite, a favorisé l'élargissement du marché des vins de l'Europe occidentale et cela, au moment où la production allemande avait déjà faibli. Il n'est donc pas étonnant que la géographie des boissons se soit trouvée assez brusquement modifiée en Europe, au XVIIe siècle. Cependant, l'évolution se serait sans doute faite plus lentement si une crise soudaine et profonde, celle que provoqua la guerre de la Ligue d'Augsbourg (1688-1697) n'avait pas remis en jeu toutes les données du système commercial européen, à la faveur du blocus de la France. Les grands vignobles girondins et charentais qui formaient depuis bientôt cinq siècles le pivot de la production et de la distribution du vin en Europe occidentale et qui avaient également développé la production de l'eau-de-vie se trouvèrent soudain mis hors circuit. Il en résulta une nouvelle distribution des zones productrices de vin, ce dont bénéficièrent le Portugal, l'Espagne et aussi la Méditerranée du Nord-Ouest, de Valence à Livourne en passant par le Languedoc. Surtout, après cette crise, l'abondance d'une part et la concurrence de l'autre firent qu'une place de choix fut faite aux boissons de qualité. La société du XVIIIe siècle, raffinée, exigeante et fortement hiérarchisée, leur réserva un accueil enthousiaste. Vers 1750, la partie était gagnée et les conséquences de cette « révolution des boissons » allaient se développer, en chaîne, jusqu'à notre époque.

Au début du XVIIe siècle, le marché du vin en Europe était à la fois très largement ouvert, grâce à l'absence de toute boisson concurrente, et assez fermé en raison du coût du transport très prohibitif si l'on ne disposait pas d'une voie navigable. Les longs charrois, par voie de terre, ne pouvaient se justifier que s'il s'agissait de vins réputés, et nous avons vu que leur renommée était fragile. Un état d'esprit protectionniste peut aussi faire obstacle aux échanges. Nous l'avons déjà rencontré dans les Pays cantabriques. Il sévit aussi en Italie et avant tout à Rome. Le pape **Paul III** (Farnèse), pontife ultra-Italien (1535-1549), ne reconnaît à aucun vin étranger le droit de supplanter ceux qui, au nombre de 51, peuvent être fournis à son bouteiller par les Etats pontificaux, la Toscane, l'Etrurie ou l'Italie du Sud. Par chauvinisme plus encore que par esprit d'économie il ne veut pas qu'on lui parle de vins français, y compris ceux de Bourgogne, et, pas davantage, de vins espagnols ; quant aux « vins grecs », l'Italie peut lui en procurer, on l'a constaté, de cinq origines différents.

Sauf à Venise, et seulement pour de petites quantités de vins spéciaux, il n'y avait pas d'organisation internationale du commerce des vins. Le plus souvent, les marchands des pays consommateurs se bornaient à aller prendre possession d'une cargaison dans les pays traditionnellement producteurs puis, à l'arrivée, ils les vendaient par adjudication. Ces vins étaient ensuite rapidement distribués. Les choses se passèrent ainsi pendant des siècles entre Bordeaux et l'Angleterre. Il en allait de même en Flandre. Pas plus que ceux de Londres, les entrepôts de Damme, près de Bruges, ou de Flessingue, en Zélande, n'étaient parvenus à constituer des centres de courtage, de stockage, de coupage et de redistribution des vins.

Cette faiblesse de l'organisation commerciale tenait au fait qu'en Occident, les vins ne se conservaient pas. Ceux que menaçait l'acidification acétique étaient seulement bons à faire du vinaigre. Aussi n'est-il pas étonnant de constater que les corporations de vinaigriers aient été bien organisées en France et cela dès la fin du Moyen Age. Au commerce saisonnier et intermittent du vin, s'opposait le commerce pérenne du vinaigre. Achetant les vins qui tournaient, le négoce vinaigrier les traitait et les conservait en cave, au besoin plusieurs années de suite, afin de régler la distribution du vinaigre selon les besoins.

1 LES HOLLANDAIS ET LE BRANDEVIN

Tout ce système traditionnel des échanges restait assez élémentaire. Il allait changer de style du fait des Hollandais. Quand ils se mirent à acheter l'eau-de-vie obtenue par « **brûlage** » dans les pays producteurs de vin, ils donnèrent aux vignerons l'assurance qu'en aucun cas leur vin ne serait perdu, même si la récolte était exceptionnellement abondante. Finies les scènes de désespoir qui ne manquaient pas de se dérouler à Gaillac ou à Cahors quand il fallait vider à la rue les fûts de vin de douze mois pour loger le vin nouveau. Toute une révolution viticole était contenue dans le brûlage, pourvu que l'esprit-de-vin trouvât des débouchés. Ce fut le rôle du négoce hollandais que de créer, au XVIIe siècle, le marché du « **brandevin** ».

On ne sait pas si ce sont les Chinois ou les Arabes qui ont inventé la distillation. Le mot alambic nous vient des Arabes comme le mot alcool, ce qui signifie qu'en Occident les techniques de préparation et le produit obtenu nous ont été révélés au travers des pays islamiques. Connu des Arabes, au Xe ou au XIe siècle, l'alcool fut chez eux l'un des éléments de l'alchimie. Il entrait dans les préparations qui devaient donner l'élixir - encore deux mots arabes - de longue vie.

Nous n'avons que des légendes sur les premières préparations de l'alcool dans les pays chrétiens, mais il est à peu près certain que, par l'Italie ou l'Espagne, les procédés de distillation des Arabes furent connus à l'université de Montpellier, vers le milieu du XIIIe siècle. Deux grands personnages de cette ville, **Raymond Lulle** et **Arnaud de Villeneuve**, ont joué un rôle décisif. Vocation tardive, le Catalan Raymond Lulle (1233-1315) était devenu, de 1265 à 1280, le grand spécialiste des sciences arabes qu'il étudia en théologien anti-averroïste. Il devait consacrer la fin de sa vie à prêcher - jusqu'au martyre - en Europe et en Afrique contre l'Islam. On pense qu'il fit connaître à son contemporain et compatriote Arnaud de Villeneuve (1235-1313), savant médecin qui étudia puis enseigna à l'université de Montpellier, les travaux des alchimistes arabes. Diététicien renommé et grand connaisseur des vins, Arnaud aurait fait préparer de l'alcool à partir du vin. Toute cette histoire reste imprécise. Les écrits d'Arnaud de Villeneuve ne furent connus qu'au XVIe siècle et ils sont difficiles à interpréter.

Quoi qu'il en soit, « l'eau ardente » (**aygordent** en langue d'oc) ou « **eau-de-vie** » est partout préparée en Europe au XVe siècle. Mais on n'en utilise que de petites quantités, le seul débouché étant la pharmacie. Brusquement, au début du XVIIe siècle, les Hollandais sont acheteurs d'esprit-de-vin. Ils l'appelèrent brandevin (**brandwijns**), ce qui veut dire vin brûlé. Les pays du Nord, qui avaient appris à préparer des alcools de grains, auraient pu fournir de l'**acquavit** (eau-de-vie) aux Hollandais. Ceux-ci préférèrent les brandevins. Devenus les « rouliers des mers » et les grands maîtres de la navigation au début du XVIIe siècle, ils firent du brandevin une boisson consommée en grandes quantités dans les voyages interocéaniques. Auparavant, les Portugais et les Espagnols s'étaient préoccupés des vivres nécessaires aux équipages des flottes de haute mer, partant pour l'Inde ou pour les Antilles.

Nous avons les inventaires des cambuses (mot néerlandais), admirablement garnies sur les navires de haute mer, à l'heure du branle-bas de départ des grandes expéditions maritimes. On y entassait des minots de farines et des caques de harengs salés, des bardées de morues et des longes de boeufs fumées ou séchées. Les rations ainsi composées donnaient le scorbut. Pour s'en défendre, on consommait des produits dont nous dirions aujourd'hui qu'ils sont riches en vitamines : du vin et des fruits séchés. A Lisbonne et à Séville, on prenait soin de mettre sur les navires des flottes coloniales des vins robustes. Fort peu résistaient à la mer et aux tropiques. On chantait la gloire de ceux qui ne tournaient pas au vinaigre. On prit même le risque de préparer des « retours d'Inde ». Il s'agissait de vins qui, ayant résisté à la mer au retour comme à l'aller, prouvaient par là même leur haute qualité.

Les Hollandais rationalisèrent ces techniques de croisière. Ils firent confiance d'une part aux prunes sèches que leur fournissait la région de Saint-Antonin, à l'est de Montauban, et de l'autre au brandevin.

Celui-ci servait à purifier et à tonifier l'eau de boisson. Son premier avantage était d'être inaltérable. De plus, il constituait, sous un faible volume, un tonique jugé indispensable pour combattre les diverses endémies des pays tropicaux. Les besoins des Hollandais en brandevin s'accrurent si rapidement, dans les premières décennies du XVIIe siècle, que leur négoce se vit dans l'obligation d'encourager le brûlage dans les pays viticoles qu'ils fréquentaient, en particulier dans la France du Sud-Ouest. Les Charentes devinrent bientôt de grandes productrices d'eau-de-vie.

Les « marchands flamands » commerçaient dans cette région depuis 1540-1560. Ils y faisaient façonner des papiers, dits de Hollande. En même temps, ils y achetaient des vins blancs. Les capacités de production de la région étant illimitées, ils songèrent à tirer des brandevins de ce pays de vignobles. Leurs propositions furent assez vite entendues.

On trouve trace d'une première exportation d'eau-de-vie en 1617, chez le notaire Goussan à La Rochelle. Ses archives mentionnent deux ventes de 110 et 100 barriques d'eau-de-vie. On en vend de 3 000 à 4 000 barriques par an, dès 1640. A cette date, un impôt sur les eaux-de-vie exportées est institué à La Rochelle, ce qui eut pour conséquence le développement du port rival de Tonnay-Charente. Il recevait ses approvisionnements des vignobles de Saint-

Jean par la Boutonne. En ce sens, Saint-Jean d'Angely précède et annonce le Cognac. Vers 1643, la maison Augier, première firme française d'exportation des eaux-de-vie, est fondée à Aigre, en Angoumois.

Une partie des eaux-de-vie de la Saintonge s'expédiait par Bordeaux. Toute la vallée de la Garonne s'était peuplée d'alambics entre 1620 et 1640. Nous avons un très bon témoin de ce phénomène en 1645. A cette date, le sieur **Canasilles** adresse au Parlement de Bordeaux un mémoire sur les pratiques du commerce des étrangers dans la ville de Bordeaux. Ce texte fut reproduit en 1648 par le Nantais Jean Eon dans son livre : Le commerce honorable. Il nous apprend que Bordeaux exporte 3 000 barriques d'eau-de-vie chaque année. Les Hollandais sont les principaux acheteurs. « Ils ont absolue nécessité de nos eaux-de-vie, principalement pour se maintenir contre les excessives chaleurs de la zone torride qui causent une certaine examination et défaillance aux personnes qu'on y envoie de notre zone tempérée, ce qui faisait périr la plupart des soldats et mariniers, jusqu'à ce que l'expérience ait fait connaitre que l'usage de l'eau-de-vie était un souverain remède à ce mal.» Et c'est seulement en France que les Hollandais peuvent trouver des eaux-de-vie. L'Espagne ne saurait leur en fournir, ses vins « ne sont guère bons », ni si propres que les nôtres pour faire les eaux-de-vie dont on a si grand besoin pour la navigation.

Les ressources offertes par la distillation allaient encourager les pays viticoles du Sud-Ouest français à étendre leurs plantations de vigne dans les Charentes, le Bordelais, les pays de la Garonne et ceux de l'Adour. Mais, de plus, en raison même du déclin de la viticulture en Allemagne, les Hollandais achètent dans le Sud-Ouest français de plus grandes quantités de vin qu'ils redistribuent dans les pays du Nord. Jamais la viticulture de l'arrière-pays de Bordeaux, de Bayonne et de Tonnay-Charente n'avait été à pareille fête. Les Hollandais vont eux-mêmes prospecter les centres de production. On les voit remonter jusqu'à Cahors pour y acheter des vins forts qui font prime sur le claret bordelais. Ainsi se trouve débordée la politique restrictive des bourgeois de Bordeaux qui, depuis le milieu du XIVe siècle, avaient œuvré contre le Haut Pays. Nouveau venu de la viticulture, l'Armagnac sera l'un des principaux bénéficiaires de cette soudaine expansion des marchés de vin.

Autre innovation des Hollandais, ils viennent à toutes les époques charger leurs navires dans le port de Bordeaux, ne respectant plus la vieille tradition du groupement en deux flottes exportant les vins, l'une à l'automne, l'autre au printemps. Dans cette voie, ils trouvent des complicités chez les marchands bordelais, en particulier chez les « nouveaux chrétiens », les portugais et espagnols d'origine juive réfugiés à Bordeaux. Par ce procédé, ils se font exempter des taxes de la Grande Coutume. Et comme cela ne suffit pas, chaque année, deux ou trois familles de marchands flamands se font naturaliser à Bordeaux.

Mais le pire, aux yeux de Canasilles, est que les Hollandais ne respectent pas les règles établies en ce qui concerne les vins. Les Hollandais, nous dit-il, ont introduit en France un certain usage de tirer, soutirer, mutter ou frelater les vins pour les mieux conserver dans le transport et les débiter dans les pays septentrionaux. Ce qui signifie que les négociants hollandais, à l'imitation des Vénitiens, font non seulement des coupages mais « traitent » les vins. En particulier, ils y ajoutent de l'alcool, des colorants et des épices, poivre et cannelle, afin de les corser. **La façon hollandaise** comporte toutes sortes d'opérations, les unes réalisées sur place, les autres effectuées à Flessingue ou à Amsterdam. Les Hollandais font connaître surtout les vins mutés, mistelles et grenaches, qu'ils ont découverts dans le Midi languedocien. Ils s'intéressent en particulier aux vins muscats et aux vins liquoreux obtenus par la surmaturation des raisins à Frontignan et à Lunel. **Jean Racine** avait dû les apprécier à Uzès, en 1661, puisqu'il fait offrir un demi-quartaut de vins muscats au juge Dandin par Chicaneau, dans Les Plaideurs (1688).

On conçoit que les Bordelais se soient indignés de ces pratiques qui modifient et qui altèrent la tradition séculaire du commerce des vins. Cependant, ils en étaient en grande partie les bénéficiaires, en raison de la prospérité générale mais aussi parce qu'ils avaient été amenés à s'organiser. Comme le vinaigre, mais à plus grande échelle, le brandevin que l'on pouvait conserver sans danger était objet de stockage et par là même de spéculation. Premiers acheteurs des vins, les « brûleurs » savaient qu'ils pouvaient compter sur les courtiers et les marchands qui enlevaient, au moins en partie, leurs eaux-de-vie. Finalement, les brandevins passaient aux mains du négoce bordelais qui, lui aussi, pratiquait le stockage dans ses chais des Chartrons.

Du développement de ce trafic, il devait résulter, au cours du XVIIe siècle, un remarquable renforcement des hiérarchies commerciales en Gironde. Cette promotion fut doublement bénéfique : lors de la crise viticole de la fin du XVIIe siècle, le négoce bordelais se révéla non seulement capable de prendre en charge les reconversions que nécessitèrent ces temps difficiles mais, de plus, il se trouva bien préparé et en bonne position quand sonna l'heure de la naissance des Grands Vins. Dans cette surprenante genèse, à laquelle il s'était inconsciemment préparé grâce au brandevin des Hollandais, il joua fort heureusement l'un des tout premiers rôles.

2 LES PRODROMES DE LA CRISE

- **Le conflit franco-hollandais**

Dès 1661, Colbert avait entendu les plaintes que les Nantais et les Bordelais élevaient contre les Hollandais. Jaloux de leur prospérité, adversaire déclaré des principes républicains chers aux gens d'Amsterdam, il voulait abattre la puissance économique de la Hollande. Il commença par édicter une législation protectionniste, à l'aide des tarifs de 1664 et de 1667, puis il poussa Louis XIV à entrer en guerre avec la Hollande en 1672. Cette escalade dans l'hostilité entraîna, de la part des Hollandais, de sévères représailles mais aussi une active politique de prospection pour découvrir de nouveaux centres d'approvisionnement. En quête de vins et d'eaux-de-vie, les Hollandais se tournèrent vers le Portugal, l'Espagne et l'Italie. Sans doute, dans quelques cas, les Portugais chargèrent-ils des vins français qui prirent le chemin des Pays-Bas. Sans doute aussi, les Anglais revendirent-ils en Hollande une partie des eaux-de-vie qu'ils tirèrent de La Rochelle et de Bordeaux, en quantités trop élevées pour leur seule consommation. S'ils enlèvent 7315 pièces d'eau-de-vie à Bordeaux en 1672 au lieu de 3 000 en 1669, c'est sans doute parce qu'ils destinent à la Hollande en guerre une partie de leurs cargaisons. Mais déjà les Hollandais s'adressent à l'Italie et ils encouragent la constitution à Livourne d'un important centre de commerce des eaux-de-vie. Pour une part, celles-ci viennent d'ailleurs du Languedoc. Cette province voit alors s'étendre ses vignobles et s'accroître sa fabrication d'eaux-de-vie, dites de Montpellier. C'est ce que nous révèlent les mémoires des intendants, à la fin du XVIIe siècle.

Pour les vins, les Hollandais s'adressèrent aux îles grecques, à l'Espagne et au Portugal. Ils avaient fait la paix avec ce dernier en 1643. Dès 1647, ils sont aussi en paix avec l'Espagne. Des contacts commerciaux avaient été pris aussitôt mais, pour le vin, la prospection systématique ne s'instaura qu'en 1667. Les vins de Malaga et d'Alicante, assez proches des vins grecs, s'ajoutèrent aux vins de Madère, déjà connus et appréciés dans l'Europe du Nord. Surtout, les Hollandais firent appel aux Canaries et à Xérès. Ce dernier connut alors sa première fortune, les Hollandais ayant apprécié les vins blancs que produit ce terroir particulier, fait de sols calcaires crayeux, connus sous le nom d'**Albarizas**. Il ne s'agit pas encore de vins du type actuel des Xérès, mais de vins blancs ordinaires.

Au Portugal, les Hollandais importèrent des vins blancs et aussi quelques vins rouges de Lisbonne, de Santarem et de Setubal. Ces trois ports étaient en rapport avec les campagnes voisines, alors les seules du Portugal à produire des excédents de vins. La prospection hollandaise s'étendit aux régions du nord et Porto, en 1675, pour la première fois, exporta du vin tiré de son arrière-pays, l'**Alto Douro**. Aux ventes faites aux Hollandais s'ajoutèrent, dès 1678, des livraisons enlevées par les Anglais. Ainsi apparaît, au Portugal septentrional, un nouveau foyer de viticulture commerciale destiné au plus brillant avenir. Là encore, il s'agissait de vins ordinaires. Le Porto moderne ne fera son apparition que beaucoup plus tard.

- **Le protectionnisme anglais**

Depuis le milieu du XVIIe siècle, la puissance économique de l'Angleterre monte en flèche. Les historiens britanniques en voient les signes les plus marquants dans la conquête de la Jamaïque en 1655, l'Acte de Navigation de 1660, qui renforce les précédents, et la prise de New York en 1666, à la suite de la guerre anglo-hollandaise.

Toujours est-il que les Anglais sont jaloux des Hollandais et ne veulent pas leur laisser le monopole du grand commerce. On les trouve partout, à partir de 1650-1660. En particulier, ils déploient une grande activité dans le commerce des vins. Nous en avons une preuve indirecte par les bavardages - en code secret - d'un personnage, haut en couleur, de la cité de Londres, **Samuel Pepys**, grand amateur de vins. Dans son journal, il nous fait connaître, en juillet 1665, le contenu de sa cave : deux tierçons de vin de Bordeaux, deux feuillettes de vin des Canaries, un tonneau d'Alicante et un de Malaga ; il a aussi un tonneau « plus petit » de vin d'Espagne qui pourrait bien être du Xérès. A Madère, les positions anglaises étaient si fortes qu'une exception fut faite en sa faveur dès 1663, dans les Actes de navigation. Par la suite, cet accord facilita la contrebande des vins en temps de guerre. Les Anglais s'installent aussi aux côtés des Hollandais à Xérès. On peut même se demander s'ils ne profitèrent pas de la guerre franco-hollandaise pour supplanter les gens d'Amsterdam. Toujours est-il qu'ils importent 17 000 barriques de vin d'Espagne, en 1675, soit environ 38 000 hl. Trois années plus tard, en 1678, ils sont aussi à Porto.

C'est sans doute parce qu'ils avaient déjà d'assez bonnes bases dans les divers pays viticoles de la péninsule qu'ils décidèrent en 1679 de prohiber l'entrée des vins français en Angleterre. Alliés de la France, pendant la guerre de Hollande (1672-1678), les Anglais se virent refuser par Colbert un traité de commerce en 1679, alors que des clauses favorables avaient été consenties à la Hollande lors de la paix de Nimègue, en 1678. Les vins portugais remplacèrent aussitôt les vins français. Les ports anglais en reçoivent 52 000 barriques en 1682, alors que les importations venaient tout juste de s'instaurer (1678). Par contre l'Angleterre n'importa pas de vins français en 1682, alors qu'elle en avait reçu 42 000 barriques en 1677. En comparant les chiffres, on en vient à se dire que le Portugal n'a pas pu produire aussi vite tout ce vin d'exportation et qu'une bonne part des vins dits portugais sont en fait des vins français pris en charge par les portugais, Madère faisant office de poste de contrebande. Cette fausse prohibition cesse en 1685 et nous voyons les importations françaises remonter à 54 000 barriques en 1686, contre 1 200 barriques de vins portugais dont 500 viennent de Porto.

Les choses sont plus sérieuses du côté de l'Espagne. Même si certains vins espagnols sont en fait des vins français, livrés sous un prête-nom, on voit les exportations espagnoles, de Xérès principalement, atteindre un total élevé, soit 24 000 barriques en 1678 - avant la prohibition des vins français - et 42 000 barriques en 1685.

3 LA GRANDE CRISE : LE BLOCUS (1688-1697) ET LES NOUVELLES BOISSONS

L'épisode franco-britannique de prohibition ainsi que le conflit franco-hollandais préparaient la rupture générale de 1688. Lorsque s'engage la guerre de la Ligue d'Augsbourg, pour la première fois, les deux « puissances maritimes », Angleterre et Hollande, sont alliées ; le Portugal est neutre et l'Espagne se place aux côtés des ennemis de la France. Pour la première fois, une guerre de blocus est organisée. Elle vise à ruiner le commerce de la France. Celle-ci répond par une guerre de blocus où s'illustrent Jean Bart et le jeune Duguay-Trouin ; elle aggrave encore le conflit. Dans ces conditions, il devenait difficile d'exporter les vins et eaux-de-vie de Bordeaux et des Charentes. Les Portugais ne trouvaient plus assez de complicités pour servir d'intermédiaires. Surtout, l'Espagne et le Portugal, alertés depuis 1667, étaient à même, vingt ans plus tard, de livrer de grandes quantités de vin. C'est alors que s'affirme la capacité de production de l'Alto Douro, en amont de porto. De 500 barriques exportées en 1686, on passa à 10 000 en 1690, à 14 500 en 1700, à 20 000 en 1704. En quelques années, un grand vignoble s'est constitué. Pendant la même période, les vins espagnols sont entrés eux aussi en grande quantité en Angleterre comme en Hollande et Xérès est le principal bénéficiaire de ce trafic. Quant aux eaux-de-vie, elles venaient de Catalogne par Barcelone et d'Italie par Livourne, ce dernier port ne se faisant pas faute de forcer le blocus en achetant des eaux-de-vie de Montpellier.

Les Hollandais pouvaient d'ailleurs se passer des brandevins français dont ils avaient fait la fortune pendant trois quarts de siècle. Dans les pays du Nord on savait distiller les malts fermentés, obtenus avec les céréales. Cet alcool était plus que médiocre. Il donnait des **Bad Spirits** dont les Anglais avaient horreur. Mais en le distillant une seconde fois, on le rectifiait et on avait une eau-de-vie très forte, à laquelle il fallait ajouter de l'eau pour la ramener à la « preuve de Hollande » qui est l'équivalent de 50 degrés Gay-Lussac. De cette addition, nous avons gardé l'expression trois-six, trois parties d'eau ajoutées à trois parties d'alcool rectifié donnent une boisson buvable. Au lieu d'ajouter de l'eau, on pouvait mélanger à l'alcool rectifié une tisane de plantes, au goût agréable. Autre méthode : à la même époque, les Hollandais mirent à macérer dans les alcools de première distillation des graines de forte senteur dont la plus commune était le genièvre. Au bout de plusieurs mois, on distillait à nouveau et on ajoutait à l'alcool de l'eau sucrée, de façon à obtenir une liqueur à la « preuve de Hollande », soit 50 degrés.

Par étapes, on arriva ainsi à la formule classique du **Gin** dont la préparation exige un kilogramme de graines de genièvre vieilles de trois ou quatre ans pour douze litres d'alcool. Cependant, dès la fin du XVIIe siècle, on sait à Schiedam, près d'Amsterdam que le seigle de Riga et l'orge de Dantzig combinent au mieux leurs vertus avec le genièvre de la Veluwe pour donner le gin qu'apprécient les gens des Pays-Bas et que l'on peut exporter en Angleterre. Très vite, les Anglais se mirent eux aussi à préparer du gin et la mode d'en boire fit bientôt fureur sur les rives de la Tamise. Les auteurs anglais ont pu qualifier la période qui va de 1700 à 1750 de «Great Gin Drinking Period». Vers la fin du XVIIe siècle, les Hollandais mirent au point une autre préparation, celle du **Curaçao**. Dans leurs colonies de Curaçao et d'Aruba, aux Antilles, ils distillaient le jus fermenté de la canne à sucre et amélioraient les **Guildives** ainsi obtenues que les français appelaient **Tafias** et les Anglais **Rhums** en y faisant macérer les écorces d'oranges amères, récoltées à Aruba. On distillait à nouveau, on ajoutait du sirop de sucre et on obtenait le Curaçao.

Si l'on tient compte qu'à cette époque l'Allemagne préparait, à côté des alcools de grains, des eaux-de-vie de prunes et de quetsches qui se vendaient aux Pays-Bas, on voit que les Hollandais n'étaient pas embarrassés pour substituer aux brandevins français d'autres liqueurs fortes. Et pour remplacer, au moins en partie, les vins importés, ils avaient les bières de degré élevé dont la mise au point se faisait chez eux, précisément en cette fin du XVIIe siècle. Il leur a suffi pour cela d'industrialiser les meilleurs procédés de la brasserie allemande. Depuis la Guerre de Trente Ans, le déclin de la viticulture avait fait augmenter en Allemagne la production de la bière. Les brasseurs avaient obtenu des boissons plus alcoolisées, mieux houblonnées et qui se conservaient assez bien. Faisant leur choix parmi ces bières nouvelles les Hollandais mirent au point le type **Schopen** dont nous avons gardé le nom dans l'expression « une chope de bière ». Pour les Hollandais au temps de la Ligue d'Augsbourg, le vase de grès qui laisse déborder la mousse d'une bonne bière d'Amsterdam apparaît comme l'alternative au verre de vin dont il faut parfois se priver. Réglant le commerce des céréales dans les pays du Nord, les Hollandais disposaient constamment de réserves de grain à Amsterdam et l'on pouvait les employer à faire soit de l'alcool, soit de la bière. Par voie de conséquence, on voit alors Dantzig, le grand port des blés du Nord, se substituer d'une certaine manière à Bordeaux pour le ravitaillement de la Hollande en boissons alcoolisées.

A cette même époque, la révolution des boissons se compléta par le succès du chocolat et du café que va suivre, avec un peu de retard, la mode du thé. Le **chocolat**, boisson aristocratique, non sucrée, des Aztèques, fut connu en Espagne dès 1504, au retour du quatrième voyage de Colomb qui avait touché le Honduras. Pendant un siècle son usage resta strictement ibérique, tout comme celui du **thé** découvert en Extrême-Orient par les Portugais qui lui gardèrent le nom sud-chinois de **cha**. En Espagne et au Portugal, on prit l'habitude de prendre ces boissons en leur ajoutant du sucre de canne. Celui-ci, à l'époque, était produit, en assez grande quantité, à Valence et à Madère. On l'employait, de façon courante, pour préparer des confitures et sirops, tout naturellement, il servit aussi dans la consommation du chocolat et du thé dont l'usage se généralisa rapidement. A la fin du XVIe siècle, les dames de la haute et moyenne société espagnole raffolaient du chocolat, et le modèle en cuivre de chocolatières que recherchent aujourd'hui les collectionneurs date de cette époque. Les graines du cacaoyer, d'abord importées du Mexique furent principalement fournies par le Venezuela, à partir de 1580.

Tard dans la première moitié du XVIIe siècle, la mode passa en Italie et aussi en France, par Marseille et par Lyon. En 1659, Marie-Thérese l'importa à Paris. Elle était déjà passée en Hollande vers 1650 et de là en Angleterre où s'ouvre, en 1657, la première Chocolate House. A Londres comme à Amsterdam, ces sortes de tavernes-clubs aristocratiques devancèrent de peu les **coffee house**.

Comme boisson, le chocolat devait être éclipsé à la fin du XVIIe siècle par le **café**. On connaît l'origine éthiopienne de cette boisson chaude et aussi la légende du berger Kaldi, de la province sud-abyssine du Kaffa. Vers 850, il aurait observé que ses chèvres étaient excitées par les grains de café sauvage qu'elles croquaient. Ayant signalé le fait à un moine, celui-ci en aurait fait absorber à ses confrères pour les tenir éveillés durant les prières. Ce conte n'a qu'un défaut : la caféine ne se mobilise dans le grain de café qu'après torréfaction. Il est donc probable que les Abyssins, dont la nourriture était faite en grande partie de soupes à base d'orge légèrement torréfiée, ont à un moment donné ajouté un peu de café, lui aussi torréfié, à leur orge ; ils ont alors noté les qualités toniques et excitantes de ce mélange.

Toujours est-il que, d'Ethiopie, le kaffa passa au Yemen, vers 1450, sous le nom de **quawah**. Des maisons de café sucré furent ouvertes à La Mecque, dès la fin du XVe siècle. Les pèlerins firent connaître le Quawah en Egypte, en Syrie et en Turquie au XVIe siècle. Les Génois et les Vénitiens l'introduisirent en Italie, sous le nom de café, au début du XVIIe siècle. Ses progrès furent d'abord très lents. Dans les cabarets et tavernes de l'Europe chrétienne on buvait du vin. C'est ce que font encore, vers 1660-1665, les gens à la mode, autour de Boileau, Molière et Racine. Rien n'est changé sur ce point depuis François Villon. Les chansons à boire glorifient le vin et la transposition n'aura jamais lieu en direction du café.

Aussi fallait-il de nouvelles moeurs pour que le chocolat ou le café obtinssent une place honorable dans la société. C'est aux ruelles des Précieuses que l'on doit l'introduction de ce nouveau style de vie : dans les réunions mondaines, élégants et lettrés se piquent de nouveautés, même si ces dernières ne durent pas. C'est ce qu'exprime, après coup, le mot que Voltaire prête à Madame de Sévigné, vers 1672 : « Racine passera comme le café. » La noble dame, plutôt conservatrice, a seulement écrit à sa fille en 1676 : « Vous voilà bien revenue du café. »

On a prétendu que le café, connu à Marseille dès 1644, n'avait été introduit à Paris qu'en 1669, à l'occasion de la visite de Soliman Faraca (le Turc du Bourgeois gentilhomme). Ce qui est sûr c'est qu'en 1672 un Arménien avait ouvert un café à la foire de Saint-Germain. Onze ans plus tard, un grand événement militaire, le siège de Vienne par les Turcs (1683), contribua à populariser le café dans toute l'Europe. Vaincus par les deux armées de secours que conduisaient Charles de Lorraine et Jean Sobieski, les Turcs levèrent le siège. Dans les bagages abandonnés on trouva de grandes réserves de café. Les sacs furent distribués dans toutes les Cours européennes pour glorifier l'événement et il en vint jusqu'à Paris. Trois ans après, en 1686, le Sicilien **Procopio**, maître distillateur patenté, ouvrait son épicerie-cabaret dans la rue des Fossés-Saint-Germain. Il y vendait des vins spéciaux, des eaux-de-vie à l'anis et au fenouil, des fruits confits et du café. Le succès ne fut pas immédiat, puisque Mme de Sévigné - encore elle - écrivait en 1688 : « Le café est tout à fait disgracié. » Cependant, en 1692, la consommation était assez importante pour intéresser le fisc qui lui appliqua un impôt. Vingt ans plus tard, le jeune Arouet boit du café et non du vin. Toute sa vie, Voltaire sera fidèle au café dont la vogue véritable commence vers 1710.

En Hollande et en Angleterre, la nouvelle mode s'impose un peu plus tôt qu'en France. Un premier café avait été ouvert à Londres en 1652 mais les succès notables des coffee houses se situent au temps de la première prohibition des vins français de 1679 à 1685. L'engouement pour le café fut alors servi par les premiers représentants d'une nouvelle société, plus raffinée, plus élégante que celle du débauché et buveur sans finesse qu'était, vingt ans plus tôt, Samuel Pepys. Aux tavernes que fréquentait assidument ce dernier, et dont un certain nombre devinrent des **pub houses** où l'on se mit à boire des Bad Spirits et du Gin, s'opposent, à la fin du siècle, les chocolate et les coffee houses qui vendent, à côté du café et du chocolat, des vins et des alcools de qualité.

Les historiens anglais nous assurent qu'en 1700 il y en avait plus de 500, principalement à Londres. Leur rôle est d'autant plus considérable que la société anglaise ouvre, à l'époque, l'éventail de ses hiérarchies et que la politique s'en mêle. Aux coffee et chocolate houses fréquentés par les Tories, font face celles où se réunissent les Whigs. Il suffit de lire les auteurs anglais de l'époque et de donner un coup d'oeil aux oeuvres des peintres pour se persuader que de Daniel de Foe à Hogarth, la politique anglaise se fait dans les débits de bière et de gin ou dans les cafés au moins autant que dans les tavernes à vin, ce qui aurait été impensable trente ou quarante ans plus tôt.

La tasse de chocolat.

Les portraits de famille (ici le duc de Penthièvre, par Van Loo) et les scènes de genre nous font connaître la vie quotidienne de la haute société au XVIIIe siècle. Les Grands Vins et les boissons nouvelles y ont leur place dans les réunions où les dames jouent désormais un rôle éminent. Aux côtés des hommes, elles font triompher l'élégance, la distinction et «le goût le plus fin du monde».

4 LE MARCHE ANGLAIS DES VINS : PORTOS ET « NEW FRENCH CLARETS »

On peut donc parler de la « révolution anglaise des boissons » à la fin du XVIIe siècle. Elle développe ses effets dans une Angleterre en pleine expansion dont le revenu a doublé ou triplé en quelques décennies. La société s'en trouva bouleversée et, de mutation en mutation, les genres de vie traditionnels cédèrent la place à des comportements nouveaux. Dans cette atmosphère, il n'est pas étonnant que les habitudes anciennes concernant le vin aient changé elles aussi.

On a parfois considéré que, dans ce domaine, le fait nouveau avait été la brusque irruption des portos sur le marché anglais, et on a même fixé, en 1703, la date initiale, le traité, dit de **Methuen**, ayant ouvert les ports anglais aux vins portugais. C'est là une vue par trop simplifiée des choses : tout d'abord, parce que le traité négocié par Sir Methuen n'avantage pas sensiblement les vins portugais ; il prévoit seulement que les droits qui leur seront appliqués ne devront pas dépasser les deux tiers de ceux que supportent les vins français. Le traité n'eut pas à jouer : les droits étaient et restèrent à 50% du tarif appliqué aux vins français. Cependant, il est certain que la garantie Methuen constitua un encouragement pour les viticulteurs portugais et aussi pour les commerçants anglais qui s'étaient déjà établis - ou qui allaient s'établir - à Porto pour organiser le commerce des vins de l'Alto Douro. Comme à Madère, ils entrèrent dans une sorte de corporation des exportateurs que l'on désignait sous le nom de Feitoria. Très vite ils la dominèrent au point qu'on pouvait la considérer comme une institution anglaise implantée à Porto.

La fortune fut rapide. En 1700, les achats de vin de Porto s'étaient élevés à 45 000 hl ; ils passèrent à 110 000 h1 en 1712 et à 143 000 en 1726. Dès cette époque, la Feitoria pratiquait à Porto cette politique de coupages, de corrections et de bonifications qui fut désignée sous le nom de **façon anglaise**, et que le négoce londonien pratiquait couramment, sur le modèle hollandais, depuis les temps de crise de la Ligue d'Augsbourg. En l'absence des « clarets » bordelais, il avait fallu mettre les autres vins importés au goût du jour. Or celui-ci changea assez rapidement, à la fin du XVIIe siècle, à moins qu'il ne faille accuser le négoce d'avoir travaillé à le faire changer. Le « claret » était un vin léger et peu coloré. Jusqu'en 1688, on ne lui opposait que les vins speciaux de Madère, de Grèce et de Malaga dont l'Angleterre ne recevait que de petites quantités. De 1688 à 1700, le goût anglais se porta vers les vins noirs et forts, tout à l'opposé des vins français. Aussi la Feitoria de Porto demanda-t-elle aux viticulteurs de l'Alto Douro de produire des vins colorés. Avant de les embarquer, on leur ajoutait un peu d'eau-de-vie, soit environ I2 à 15 l par pipe de 550 l, ce qui n'était pas considérable. De plus, la coloration était parfois foncée à l'aide d'un extrait de baies de sureau séchées que l'on récoltait dans la région, sur les plateaux granitiques.

C'est ce Porto que s'habituèrent à boire les Anglais. Ses plus fidèles consommateurs étaient les membres de la gentry anglaise, ceux en particulier qui militaient dans le parti tory et fréquentaient ses coffee houses.

Face à ce concurrent, le « claret » bordelais était en position défavorable. Exclu du marché anglais, de 1688 à 1697, et chargé par la suite de droits de douane élevés, il avait quelque peine à retrouver sa clientèle d'autrefois. Les relations commerciales, renouées en 1697, parvinrent à se maintenir en 1703, quand la guerre reprit. Les Anglais ne remirent pas en vigueur le blocus instauré pendant la guerre de la Ligue d'Augsbourg. En particulier, ils tolérèrent les importations directes de France en Ecosse. D'Edimbourg, de Glasgow, les vins français gagnaient l'Angleterre par cabotage. Nous savons, par les dossiers de l'Amirauté de Bordeaux, que les exportations furent tant bien que mal maintenues de 1703 à 1710. A cette dernière date, une trêve de fait rendit la liberté aux échanges franco-anglais.

Les Bordelais n'en profitèrent qu'assez peu pour leurs vins. D'une part, les droits d'entrée en Angleterre étaient élevés, d'autre part, la place était prise par les vins espagnols et plus encore par les nouveaux vins portugais. Une seule voie, mais combien étroite, restait ouverte, celle des Grands Vins de haute qualité.

Elle avait été tracée, à titre d'essai, pourrait-on dire, avant la crise de 1688-1689, par M. **de Pontac**, propriétaire du Haut-Brion. Quoiqu'il fût président à mortier au Parlement de Bordeaux et qu'il disposât de revenus considérables, M. de Pontac avait le goût des affaires.

Il vendait ses vins en Angleterre, ce que nous confirment les carnets de Samuel Pepys. Peu après 1666, M. de Pontac envoya l'un de ses fils à Londres pour y fonder une maison de commerce. C'était à la fois une épicerie fine, une taverne de haut rang et un restaurant pour gourmets. On y consommait et on y vendait du vin de Haut-Brion. Très vite, il y fut apprécié. **John Locke**, le philosophe, fréquenta cette maison. Il y rencontrait ce brillant exilé qu'était Saint-Evremond. Nous savons que ce dernier était passionné de vin d'Ay et qu'il contribua à faire connaître le vin de Champagne en Angleterre. John Locke s'intéressa davantage au Haut-Brion et, lors d'un séjour sur le continent, il se rendit à Bordeaux et visita en 1678 le domaine. Ce qui nous vaut une description de ce vignoble et, aussi, pour la première fois, la mention d'un cru associé à un sol particulier, celui des **Graves**. Locke s'en informe et il est très surpris d'apprendre que les sols voisins, « en apparence les mêmes », ne donnent pas, tant s'en faut, de si bons vins.

Cette première promotion commerciale des meilleurs vins de Bordeaux faillit sombrer corps et biens lors de la crise de 1688-1697. Et cela d'autant plus qu'à la mort du président de Pontac, en 1682, la succession resta indivise et qu'elle fut mal gérée. Le plus grave fut que, de 1692 à 1695, le vignoble subit quatre années catastrophiques. Ce sont des années de misère. Toutes les récoltes furent perdues. La Bruyère, Vauban et les rapports des intendants sont éloquents à ce sujet. Pour les vignobles extra-méditerranéens, il s'agit d'un désastre sans précédent dans l'Histoire. A Bordeaux, il fallut faire venir des vins du Languedoc, par le canal du Midi, pour les besoins de la Marine. Il n'était plus question, on le comprend, de vins de qualité. Nous avons à cette époque le détail des comptes du château Haut-Brion. On n'y trouve aucune mention de vins exportés, ce qui souligne la gravité de la crise. Dès la paix de Ryswick, en 1697, on songea à nouveau aux ventes en Angleterre. L'expérience antérieurement acquise n'était pas oubliée. Les d'Aulède, seigneurs de Margaux et co-seigneurs de Haut-Brion, par alliance matrimoniale, reprirent la tradition des Pontac. Deux autres châteaux médocains vinrent aussitôt à la rescousse : il s'agit de Lafite et de Latour aux mains du Président de Ségur.

En Gironde, l'atmosphère était favorable à de telles entreprises. Les deux premières décennies du XVIIIe siècle furent pour Bordeaux une époque de grande activité et de prospérité. La fondation de la Bourse du Commerce (1709) et celle de l'Académie nationale des Belles-Lettres, Sciences et Arts de Bordeaux (1712) où le jeune **Montesquieu** fait ses débuts en 1716, cinq ans avant de publier les **lettres persanes** (1721), témoignent de l'essor économique et intellectuel de la grande cité girondine. Autour des membres du Parlement de Bordeaux, grands propriétaires-viticulteurs, une nouvelle société se constitua dont l'élégance et la distinction ne le cèdent en rien à celle de Paris, au temps de la Régence. Dans les maisons des grands personnages de Bordeaux, on prend l'habitude de tenir table ouverte. Les conversations des salons se poursuivent à la salle à manger au cours de repas où figurent les dames. L'esprit le plus délié et le goût le plus fin sont à l'honneur, autour des tables magnifiquement décorées où brillent des porcelaines et des cristaux.

A nouvelles coutumes, nouveaux vins. Les notables bordelais se préoccupent, au début du XVIIIe siècle, de servir à leurs hôtes des vins fins, des vins de châteaux, récoltés sur des terroirs privilégiés, des vins que l'on a fait vieillir en barrique et qui ont été mis en bouteille. Ont contribué à cette oeuvre féconde les grands propriétaires girondins, les négociants bordelais et les commerçants britanniques. Si la part qui revient à chacun de ces groupes est difficile à attribuer, le résultat n'est pas contestable. Aux nobles et notables, grands propriétaires, revient le mérite d'avoir su choisir les meilleurs sites de terroir.

La chance a d'ailleurs voulu que l'oeuvre de regroupement des parcelles, qui s'effectua au XVIIe siècle autour des sièges de seigneurie, ait eu pour conséquence la constitution de domaines rassemblant les meilleures graves à vignes. Sur ces terroirs privilégiés, on fit un choix judicieux de cépages nobles et on leur appliqua empiriquement, mais de façon méthodique, un régime sévère : taille courte et fumure réduite, ce qui revenait à sacrifier le rendement au profit de la meilleure qualité possible.

La vinification fut améliorée dès que l'on sut stériliser, par des mèches soufrées, les cuves et les tonneaux. Dès lors, le vin pouvait vieillir. On apprit à régler cette opération délicate en multipliant les soutirages et en pratiquant le collage au blanc d'oeuf. Ainsi clarifiés et logés dans des fûts de chêne neuf, ces vins acquirent les qualités propres aux Grands Vins. Au dernier stade de ces opérations le négoce joua un rôle de premier plan. Le plus souvent, les négociants prenaient les vins en charge dans leurs chais des Chartrons et veillaient au vieillissement.

Les dégustateurs et courtiers pouvaient comparer les vins ainsi « élevés » et ajuster les soins qu'il était nécessaire de leur donner. On procédait aussi - et nous avons quelque peine à l'admettre aujourd'hui - à des mélanges à la manière vénitienne et hollandaise, on dira bientôt à « l'anglaise ». Des vins forts importés de la vallée du Rhône et aussi de l'Espagne mediterranéenne servaient à remonter les vins du Bordelais quand, à la suite d'un été mouillé, ils se révélaient un peu trop faibles. Dans certains cas, on leur ajoutait aussi un peu d'eau-de-vie. Tout cela, avec discrétion et en vue de soutenir la qualité des vins exportés.

Dans ce domaine, la nécessité avait fait loi. Au cours de la grande crise des années mauvaises de 1692 à 1695, le Midi languedocien avait été moins touché que les pays de l'Ouest par les intempéries. Or, par le canal du Midi, récemment ouvert, on pouvait importer des vins de Montpellier. Ce qui fut fait. L'Hermitage avait été lui aussi sollicité, à la fois par Bordeaux et par Paris. La réputation des vins de la vallée du Rhône se fit à cette époque. Comme les vins français ne suffisaient pas à la demande, il s'y ajouta ceux de Benicarlo (entre Valence et Tarragone). Pendant tout le XVIIIe siècle, à Bordeaux comme à Londres on garda la coutume, en mauvaise année, de faire appel à l'Hermitage et à Benicarlo pour les vins de renfort. On voit par là que la relation Grand Vin-terroir que nous exprimons par le mot **Cru** ne s'est pas imposée tout de suite. Il y a fallu quelques tâtonnements et on imagine bien qu'une **manière française** aurait pu s'instaurer à cette occasion. Elle aurait été d'autant plus fâcheuse que ce même danger menaçait aussi les Grands Vins sur la place de Londres.

Les vins de Bordeaux ne pouvaient y surclasser ceux d'Espagne et du Portugal qu'avec l'appui du négoce anglais. Au début du XVIIIe siècle, il était plus facile de vendre des vins de Bordeaux à Dublin ou à Leith que de les diriger sur Londres. L'Angleterre et la France étaient en guerre, mais Irandais et Ecossais n'avaient pas lieu d'être « patriotiquement » hostiles aux vins français. Ils les réexportaient en Angleterre. Par un heureux concours de circonstances, à Londres, les Grands Vins de Bordeaux, arrivés en contrebande, furent bien accueillis parce qu'ils furent capables de tenir tête aux vins de Porto et ensuite de les surclasser sous la dénomination de **New French Claret**. Nous trouvons, dans les textes anglais, la double indication des ventes des crus bordelais nommément désignés et des transactions sous une appellation commune qui les regroupe, le New France Claret. Tout ceci, au cours des années 1702-1710. Mais la grande époque du lancement des Grands Vins de Bordeaux se situe dans la décennie suivante. Au point que, dès 1716, les services de l'Amirauté de Bordeaux mentionnent eux aussi, explicitement, les expéditions de tonneaux. C'est donc que la tradition est déjà bien établie. Elle ne devait jamais faiblir dans le quart de millénaire qui a suivi.

Il reste qu'à ce sujet les documents anglais devancent de douze à quatorze ans ceux des archives bordelaises. On ne peut mieux souligner la part du négoce anglais dans cette aventure. Nous en verrons un autre exemple à propos du Champagne. Importateurs, les marchands de Londres étaient aussi des stockeurs et par là même ils devinrent « éleveurs » des vins et ne se privèrent pas quand ils le jugeaient nécessaire, de faire quelques mélanges « à l'anglaise », à moins que ces coupages n'aient été réalisés à leur demande, côté française, avant l'embarquement. Reconnaissons-le : ces pratiques auraient pu conduire aux pires perversions de type vénitien. Fort heureusement, il n'en fut rien parce que, à l'opposé, par la mise en bouteille, le négoce anglais se fit un devoir de garantir l'origine et l'authenticité des meilleurs crus girondins. Par la bouteille on remonta au tonneau. En effet, il n'aurait servi à rien d'avoir pris toutes ces précautions au stade de la bouteille si, auparavant, le tonneau n'avait pas été surveillé de très près, le marchand londonien engageant sa responsabilité - et sa réputation - à ce sujet. Le mérite fut grand, chez les maîtres du négoce anglais de prendre ainsi, résolument, le parti de soutenir les Grands Crus bordelais. Il y a tout lieu de croire qu'ils y furent conduits pour des raisons « publicitaires ». Dans les journaux de l'époque les annonces faisaient fureur. Les négociants avaient intérêt à fonder leur propagande sur des noms que les acheteurs pouvaient retenir. Encore fallait-il qu'à un nom connu répondît un produit sans reproches. Dans son propre intérêt, le négoce anglais valorisa les Grands Vins de Bordeaux sous un nom de cru. Quand l'habitude fut prise, on y resta fidèle, ce qui conduisit à identifier terroir, château et Grand Vin.

Fort de la confiance qu'il inspirait, le négoce anglais trouva le moyen d'accroître son rôle et d'augmenter ses marges en passant du tonneau d'importation à la bouteille de vente au détail. Bouchée et scellée, celle-ci avait non seulement l'avantage de conserver le vin mais encore de parfaire sa bonification et de garantir l'origine. Cette pratique, qui devait confirmer la réputation des Grands Crus bordelais, s'imposa d'autant mieux qu'au même moment le vin pétillant d'Ay, désormais vendu sous le nom de **Champagne**, était lui aussi - et il n'y avait pas d'autre solution - vendu en bouteilles.

Encore fallait-il avoir du verre à un prix raisonnable. Depuis peu, les Anglais en disposaient, du fait de leur rapide croissance industrielle. Des immigrés italiens introduisirent les techniques vénitiennes en Angleterre, au début du XVIIe siècle. Pour sauver ce qui restait de forêts dans le pays, en 1615, l'autorité royale avait interdit de brûler du bois dans les fours des verriers. Il s'était institué aussitôt de nouvelles fabriques sur la houille. Elles eurent d'autant plus de succès que, vers 1650-1660, les privilèges des maîtres-verriers furent supprimés.

Le modèle des bouteilles à gros corps et à long col - celles qu'adoptera Dom Pérignon - est défini en 1662 dans un brevet de **Henry Holden** et **John Colenet** qui les fabriquent en série. Munies d'un bouchon de liège importé de Catalogne, elles servent à la garde du vin ou de la bière. Ajoutons que, vers 1675, la technique du verre fut rénovée par **Georges Ravenscroft** qui mit au point le fondant à l'oxyde de plomb. Il obtint à bas prix de magnifiques cristaux. On vit alors partout se multiplier les verreries. Diversifiant leur production, elles livrèrent, les unes des produits de luxe du « style Anne », les autres des millions de bouteilles bon marché. Des verriers anglais vinrent s'établir en Argonne et travaillèrent pour le Champagne. A Bordeaux, dès 1723, un verrier irlandais, **Mitchell**, s'installa aux Chartrons.

Gloire de l'industrie anglaise à la fin du XVIIe siècle, la verrerie fournissait à point nommé tous les récipients et contenants nécessaires à l'élevage des vins et a leur distribution. Ce phénomène se trouva lié a d'autres données économiques et sociales, le fond du tableau étant constitué par l'extraordinaire croissance de l'Angleterre à cette époque.

Les historiens anglais insistent sur cette exceptionnelle promotion des nations britanniques. Qu'elles aient pu en même temps accueillir le **Champagne**, susciter le **Porto**, encourager le **Sack de Jerez** et le **Hock rhénan**, tout en mettant à la mode **les New French Clarets**, n'est-ce pas la preuve d'un très remarquable et conquérant dynamisme ? Saint-Evremond et les verriers nous ont fait mettre en parallèle les Grands Vins de Bordeaux et les **Sparkling Wines** d'Ay.

5 LE MARCHE DE PARIS : LES CHAMPAGNES ET AUTRES VINS FINS

A la fin du XVIIe siècle, la région viticole des coteaux de la Champagne d'**Epernay** à **Reims** et d'**Avenay** à **Vertus**, ne constituait pas encore un vignoble à forte densité de ceps. Les plantations s'avançaient dans la vallée de la Marne, vers Château-Thierry et Dormans où elles étaient à bonne portée de Paris. Cependant, autour de Reims, les vignobles étaient encore clairsemés. On a fait grand mérite aux **Brulart de Sillery** d'avoir été les « princes des vignes » de la Champagne. Ils auraient oeuvré avec obstination à Paris pour faire connaître les vins d'Epernay. Saint-Evremond, leur ami et leur client, se chargeant de la propagande à Londres. N'oublions pas cependant que, jusqu'en 1690-1695, les vins dont ils se font les champions ne sont encore que des vins ordinaires et que **Fagon**, le tout-puissant médecin de Louis XIV, leur est hostile.

Il nous faut situer ce personnage et dire aussi quelques mots du comportement de son patient, le Grand Roi, en matière de boissons. Celui-ci reste, jusqu'à la fin de cet interminable règne, un homme des années 1650-1660. Si le Duc de Saint-Simon est bien informé - et on sait que, pour les dernières années de Louis XIV, il va, dans ses Mémoires, jusqu'au plus petit détail - le vieux roi n'a jamais « usé de nulle sorte de liqueur non pas même de thé, café, ni chocolat ». C'était un très gros mangeur et il étonnait toujours les personnages admis à le contempler durant ses « dîners » par l'invraisemblable quantité de mets qu'il ingurgitait. Mais il buvait surtout de l'eau et ne prenait qu'assez peu de vin. « Jamais il n'en avait bu de pur en aucun temps ». Le vin de Bourgogne que lui recommandait Fagon était coupé « avec la moitié d'eau ».

Jean-François de Troy, «Le déjeuner d'huîtres» (Musée de Chantilly).
Le champagne fait son apparition dans les repas fins.

C'est en 1693, à la Toussaint, que **Gui-Crescent Fagon**, médecin et botaniste célèbre, très bien en cour auprès de Mme de Maintenon, devint le premier médecin du roi. Il était l'exact contemporain de Louis XIV et lui survécut pendant trois ans (1638-17718). Sa thèse sur la circulation du sang, en 1664, avait fait grand bruit et, en médecine, il passait pour un moderniste. Partisan de la saignée, il recommandait à ses malades qui se gavaient de nourritures échauffantes, de se purger souvent et aussi de boire beaucoup d'eau ou de tisanes de plantes afin de « s'éclaircir le sang ». Il était hostile aux boissons exotiques, aux alcools, aux vins blancs. C'est pourquoi il déconseillait les vins de la vallée de la Marne acides selon lui, ce qui ne devait être que trop exact lors des années pluvieuses. Seuls les vins de la Côte de Nuits et spécialement ceux de Vosne trouvaient grâce devant lui. Encore fallait-il qu'ils soient « usés » (donc vieux) et coupés d'eau. Si l'on songe que Fagon a dominé la Cour d'une manière absolue pendant vingt deux ans (1693-1715), on conçoit qu'il ait représenté, à lui seul, un véritable freinage à l'évolution des idées et des moeurs en matière de boissons. **Madame de Sévigné** reste, elle aussi, dans le « parti des anciens » comme nous avons pu le noter. On comprend que, par réaction, dans ce domaine comme dans beaucoup d'autres, la Régence ait suscité une explosion d'attitudes nouvelles. Elle assura, à la Cour, le succès de comportements qui avaient déjà triomphé à Bordeaux et à Londres mais aussi à Paris dans les milieux à la mode.

Revenant à la Champagne, nous sommes aisément convaincus que sa viticulture était en difficulté vers 1695 et qu'il fallait, d'une manière ou d'une autre, trouver quelque moyen d'assurer la nécessaire promotion de ses vins. C'est ici qu'intervient **Dom Pérignon**. Passé dans la légende, il domine cette époque. Non pas qu'il faille attribuer à ce seul personnage l'oeuvre entière que représente la création des vins pétillants. Il est bien évident que le négoce d'Epernay y a tenu une place importante et sans doute même prépondérante. Aux côtés de Pérignon, il y a certainement eu des dizaines de responsables qui ont, comme lui, expérimenté les diverses formules de préparation et de commercialisation des vins du nouveau style. Mais le détail de cette histoire ne nous est pas connu et, ne prêtant qu'aux riches, nous sommes conduits à reporter sur Dom Pérignon le mérite des innovations qui ont fait du modeste **vin blanc d'Ay** le « vin du Régent » puis le « vin du Roi » (Louis XV), c'est-à-dire le moderne **Champagne**.

Plus curieux, comme l'a fort bien montré André L. Simon, c'est que les premiers Champagnes pétillants ont été préparés à Londres. C'est l'un des succès notables de la « manière anglaise » qui, vers 1665-1685 était encore, le plus souvent, dans la plus discutable tradition de la « manière vénitienne ». On importait à Londres des vins de la Champagne. Ils arrivaient en fûts et on les mettait en bouteilles après avoir ajouté divers ingrédients et épices tels que la canelle ou le clou de girofle et surtout du sucre ou des mélasses. Moyennant quoi le vin de **Sillery** ou d'**Ay** fermentait à nouveau et devenait pétillant.

L'engouement suscité par les « Sparkling Wines » fut tel que l'on songea à en fabriquer dans le pays d'origine. Encore fallait-il avoir de bonnes bouteilles de verre, du modèle anglais « patenté » en 1662, et des bouchons de liège tels qu'on les employait couramment à Londres. Les unes et les autres ne deviennent communs à Reims et à Epernay que vers 1695-1700.

Les Champenois n'étaient pas familiers de la « façon anglaise ». Et sans doute avaient-ils quelque répugnance à la pratiquer. Ne pouvait-on pas obtenir des vins pétillants naturels ? Il est admis de nos jours, mais sans preuves formelles, que les viticulteurs et négociants de la région d'Ay et Dom Pérignon à leur tête, avaient observé que, dans les bonnes années, leurs vins, dont la fermentation se faisait lentement, devenaient des vins mousseux et pétillants, si on les mettait en bouteilles, quatre ou cinq mois après les vendanges. Il ne s'agissait là que de réussites occasionnelles et sans intérêt commercial. Le mérite de Dom Pérignon aurait été de se consacrer au développement rationnel de ces expériences en vue d'une valorisation commerciale des vins de la région.

Contemporain de Louis XIV (1638-1715), il eut, comme le Grand Roi, un long « règne ». Son autorité s'exerça sur les affaires de l'**abbaye d'Hautvilliers** dont il fut l'intendant de 1668 jusqu'à sa mort. Son premier rôle fut de restaurer le temporel de cette abbaye, fort négligé depuis un siècle. Elevé dans l'esprit de la Contre-Réforme, il était plein de zèle. Considérant qu'on ne fait un bon monastère qu'avec de bonnes recettes, il s'attacha à l'amélioration des vignobles de l'abbaye établis sur les meilleurs coteaux qui dominent Ay. Ce faisant, il restait dans l'esprit de son temps où l'on voit les notables regrouper les terres de leurs domaines pour en améliorer l'assiette et en faciliter la gestion.

Par chance, Dom Pérignon avait aussi vocation d'expert viticole. Il était préoccupé des meilleurs soins à donner à la vigne et des meilleurs traitements à appliquer aux vins, le tout pour la plus grande gloire de son abbaye. Dans un premier temps, jusque vers 1685-1690, cette politique n'allait pas au-delà de la tradition viticole locale qui se bornait à livrer au commerce de bons vins blancs, honnêtes et marchands. Or, à cette époque, ils se vendaient assez mal. Aussi les marchands d'Epernay avaient-ils entrepris d'expédier, sur le marché parisien, quelques paniers de leurs bouteilles de vins pétillants. Ils eurent beaucoup de mécomptes : le verre était cher, nombre de bouteilles explosaient et nombre d'autres n'avaient pas de mousse, ce qui ruinait le crédit des fournisseurs.

Dom Pérignon allait se consacrer pendant trente ans à l'amélioration des pratiques de la champagnisation. Dégustateur hors de pair, il savait faire son choix des vins qui deviendraient pétillants. Suprême talent, il mit au point l'art des coupages qui donnent la meilleure combinaison, ni trop faible, ni trop explosive, de vins mousseux. Il apprit aussi à déterminer le meilleur moment, en février ou en mars, pour la mise en bouteille. Bien en cour, auprès des marchands d'Epernay, il travailla avec eux à perfectionner le bouchage. On passa ainsi du bouchon de bois entouré de filasse de chanvre au bouchon de liège forcé, à la façon anglaise, dans le col de la bouteille.

Faut-il fixer une date pour l'aboutissement de cet ensemble d'améliorations dont le Champagne est en grande partie redevable à Dom Pérignon ? De très bons résultats sont acquis vers 1695-1698, juste après la crise des mauvaises années de 1691-1694. Toujours est-il qu'à Londres, en 1696, un « Physician » **George Hartman** donne à ses compatriotes des recettes de la « façon anglaise » qui permettent d'obtenir des Champagnes « aussi bons que ceux qui sont importés ». Les premiers succès de vente à Paris datent aussi de cette époque. En fait, il faut attendre la période d'euphorie économique qui va de 1710 à 1720 et dont la Régence marque l'apogée pour que soit définitivement assuré le succès du Champagne. A la même époque, les ventes en Angleterre se multiplient. Nous le savons par les comptes de **Lord Hervey**, grand amateur de vins sur la Place de Londres. Ne nous dit-on pas également que la « guerre en dentelles » que fut la guerre de Succession de Pologne (1733-1738) vit se faire l'échange, au siège de Philippsbourg, en 1735, entre officiers français et autrichiens, de cent bouteilles de Champagne contre vingt bouteilles de Tokay ?

Toutefois, jusqu'en 1740-1750, la production des vins pétillants était encore limitée. On voit alors se fonder les maisons de commerce qui deviendront célèbres sous les noms de **Ponsardin-Veuve Clicquot** et de **Moët**. En 1825, **Chandon**, gendre de Moët, achètera la célèbre abbaye d'Hautvilliers, c'est-à-dire l'héritage viticole de Dom Pérignon. De cette première et encore modeste « belle époque » qui prélude à celle de 1900, le symbole nous est donné, vers 1750, par le tableau célèbre de Jean-François de Troy, peintre à la mode, d'une scène de genre : Le Déjeuner d'huitres (musée de Chantilly). Le personnage central n'est autre qu'une bouteille de Champagne du modèle Dom Pérignon. Le bouchon saute au plafond et chacun d'admirer, avant la dégustation.

On voit par là que, dans la nouvelle vie de société, Paris a fait siens les vins d'Epernay. Ceux de Bordeaux y arrivent un peu plus tard. On note que **Montesquieu**, plus que d'autres, a favorisé cette entrée des Grands Vins girondins dans la capitale. Viticulteur et expert, Charles de Secondat joua un rôle prescripteur en faveur des vins de Bordeaux. De même **Alexandre de Ségur**, propriétaire de Lafite et de Latour, séjournait volontiers à Paris, vers 1745-1755 (il meurt à cette dernière date). Il ne manqua pas aussi de faire apprécier ses propres vins par ses amis parisiens. On dit même qu'il lui en coûta une fortune. Du moins avait-il été gratifié, par Louis XV lui-même, du titre prestigieux et envié de « Prince des vignes ». Le maréchal de Richelieu, duc de Fronsac, fut nommé gouverneur de Guyenne en 1758. Faisant alterner les devoirs de sa charge à la Cour et les obligations de ses fonctions de gouverneur à Bordeaux, il ne manqua pas de recommander à Louis XV, aux courtisans et aux financiers les Grands Vins du Médoc. Il vécut assez long temps - jusqu'en 1788 - pour assister à leur plein succès à Paris. On doit reconnaître que, pour les Bordelais, le marché principal des Grands Vins girondins était à Londres et que celui de Paris tardivement ouvert venait seulement au second rang. Dès lors le succès du Champagne ne se démentira pas.

On l'a vu de manière exemplaire pour le Porto, une appellation ne réussit pas à durer si un effort de moralisation et de discipline n'est pas imposé au plan interprofessionnel. L'Histoire montre qu'il existe en matière de vins une spirale infernale : le succès developpe la notoriété et celle-ci provoque les abus, (ou des falsifications de toute nature) et la recherche de rendements. A cet égard la situation du champagne est très significative : en 1986, c'est probablement 200 millions de bouteilles qui seront commercialisées en France et dans le monde. Ce succès commercial s'accomplit avec un souci de qualité, grâce à une organisation interprofessionelle active et au rôle primordial joué par les grandes marques, vigilantes pour que la qualité progresse tant au niveau de la culture de la vigne que du travail du vin. Les mesures prises, comme le fractionnement des moûts au pressurage, sont essentielles pour obtenir un produit de qualité. La région de champagne est une des rares appellations viticoles où celle-là est imposée.

Parce qu'elle fixe impérativement chaque année le prix du raisin, qu'elle répartit autoritairement la matière première entre les acheteurs, qu'elle promeut la signature de contrats d'achats et de ventes à long terme et qu'elle maintient un certain consensus entre les vignerons champenois et les négociants, l'Organisation Interprofessionelle de Champagne est un modèle du genre.

Le rôle des grandes marques est aussi évident par leur dynamisme commercial en France et à l'étranger, par le prestige qu'elles ont su créer autour de leurs noms, par le volume des affaires qu'elles traitent (les 10 premières maisons représentent 50% des expéditions de la champagne) elles sont le fer de lance de l'économie champenoise.

On peut s'étonner que les vins de **Bourgogne** n'aient pas eu, à l'époque, une position comparable sur le marché parisien. Il leur a fallu du temps, semble-t-il, pour gravir l'échelle de la qualité. Les auteurs en donnent deux raisons : l'une se rapporterait au goût propre de la clientèle principale, celle de Dijon et de Lyon, de Montbéliard et de la Lorraine. Elle donnait sa préférence aux vins de primeur, de goût agréable, et de prix modéré. Elle n'encourageait donc pas une recherche de la finesse par le vieillissement. L'autre raison tient au fait que la Basse-Bourgogne de Chablis s'était taillé une solide réputation à Paris où ses vins blancs avaient un bon débit. Ils y devançaient ceux de la Côte bourguignonne, rouges et blancs, qui se voituraient sur de mauvaises routes, jusqu'à Auxerre. Trop chers, les vins de la Côte de Beaune et de Nuits n'étaient pas très recherchés dans la capitale qui leur préférait ceux de l'Hermitage et de la Côte-Rôtie.

La mode des vins du **Rhône** apparaît comme une conséquence directe de la grande crise viticole de 1691-1695 et des gelées de 1709. Pour ravitailler la capitale, il avait fallu, à cette époque, faire appel à la vallée du Rhône épargnée par les intempéries. Les vins arrivaient par voie d'eau à Belleville-sur-Saône, transitaient par la route de

Beaujeu jusqu'à Pouilly-sur-Loire, puis gagnaient Paris par voie d'eau, en utilisant les canaux de Briare ou d'Orléans. Les meilleurs Beaujolais, des vins de primeur obtenus à partir de l'abondant Gamay, prenaient le même chemin, Paris leur ayant fait un premier succès dès le début du XVIIIe siècle.

La Côte bourguignonne s'inquiéta de ces concurrences. Un grand effort routier fut fait en Bourgogne vers 1750-1760, pour relier la Côte à Auxerre. On améliora aussi les techniques du voiturage, si bien qu'il fut possible d'expédier vers Paris les meilleurs vins du Beaunois et du Nuiton. Dans la deuxième moitié du XVIIIe siècle nous voyons se renforcer le négoce beaunois ; déjà actif, dans les dernières décennies du XVIIe siècle, il devient propriétaire dans les meilleurs **climats** et se consacre à l'**élevage** des vins. On lui doit la définition commerciale des crus de la Côte. Ils apparaissent sous la forme d'appellations locales, dans la deuxième moitié du XVIIIe siècle. Il ne s'agit encore, le plus souvent, que de l'individualisation de quelques secteurs où l'accent a été mis sur la qualité. Vers 1780, dans la vente au tonneau et plus encore dans la vente en paniers de bouteilles, quelques noms émergent précisément, identifiés à d'excellents terroirs : **Chambertin**, **Montrachet**, **Chassagne**. A l'époque, l'oeuvre du négoce n'était d'ailleurs pas parfaite. Plus fréquemment qu'à Bordeaux, on faisait des coupages ce à quoi servaient les vins de l'Hermitage. On ajoutait aussi de l'eau-de-vie pour fortifier les vins, ce qui laissait planer quelques suspicions sur ces appellations encore mal assises de la Côte. La propriété avait aussi ses torts ; elle hésitait entre la quantité et la qualité, entre le Gamay et le Pinot, entre les primeurs et le vieillissement, entre la facilité du proche Beaujolais et la rigueur du lointain Bordelais. En bref, par rapport à Bordeaux, il manquait à la Côte ce sévère contrôle extérieur que constituait le négoce londonien. Il y avait eu des ventes de Bourgogne en Angleterre et les comptes de Lord Hervey les enregistrent au début du XVIIIe siècle.

Comme celles des vins de Florence, à la même époque, elles n'eurent pas de suites, Les New French Clarets l'emportèrent et il faut s'avancer jusqu'à la décennie qui précède la Révolution française pour voir à nouveau les Bourgognes en bonne place à Londres. Encore s'agit-il de Chablis plus que de vins de la Côte. Cependant, en 1787, Thomas Jefferson, de passage en Bourgogne, nous dit son admiration pour les meilleures productions de celle-ci.

On retrouve l'influence décisive du commerce anglais dans la production des vins de Porto et, à un degré à peine moindre, dans le Xérès. Elle apparaît encore dans les nouveaux vins du Rhin, connus sous le nom de Hock, et se manifeste sans équivoque dans le Cognac.

Vers 1780, apparaissent aussi les vins de Marsala, en Sicile. Il s'agit, dans ce dernier cas, d'une pure création anglaise. Pour les vins de Tokay, il faut évidemment faire appel à d'autres influences.

6 LA CRISE DU PORTO : LA PREMIERE « APPELLATION CONTROLEE »

La montée de la production des vins de Porto avait pu s'effectuer en un temps record, à partir de 1675, en raison de ce qu'on pourrait appeler le potentiel viticole de l'Alto Douro. Des terroirs remarquables étaient encore inexploités, mais on connaissait leurs aptitudes. En arrière des hautes collines qui servent de cadre à la ville de Porto, la Meseta ibérique s'élève presque d'un seul jet, à 800-1200 mètres d'altitude. Dans ce massif, le Douro et ses affluents ont entaillé un réseau ramifié de vallées profondes qui s'enfoncent de 500 à 600 mètres dans les schistes. En amont de ces gorges et au-delà de la frontière, les **arribes** du Duero, et en particulier **Aldeadavila**, avaient de bonnes vignes, un marché leur étant ouvert sur les plateaux de la Vieille-Castille. Au contraire, en aval, l'Alto Douro mieux doué qu'Aldeadavila du point de vue climatique, produisait peu de vin, faute de débouchés, la région de Porto se ravitaillant sur place en vins légers locaux, du type **vinho verde**.

Cependant, depuis le XIe siècle au moins, quelques vins forts descendaient le fleuve et on les appréciait à Porto. Le mérite des commerçants hollandais, puis anglais, en relation avec le négoce de Porto, fut de solliciter les capacités viticoles de l'Alto Douro et d'encourager les plantations de vigne. Dans l'arrière-pays surpeuplé et en demi-chômage, en raison de la crise des petites industries traditionnelles, textiles et métallurgie, ce fut une aubaine. Au prix d'un travail colossal, semblable à celui qui s'était fait sur le Rhin, au Moyen Age, les versants schisteux du Douro se couvrirent de murettes et la vigne y fut plantée en terrasses. En un demi-siècle, de 1678 à 1728, ce fut chose faite autour de **Regua**. La fortune de l'Alto Douro n'avait d'égale que celle de la Feitoria de Porto qui équipa ses caves à **Vilanova de Gaïa**. On y stockait les vins de l'Alto Douro avant de les expédier en Angleterre. En 1728, les exportations s'élevèrent à 28.000 pipes de 450 l, soit 126 000 hl. Il n'y a probablement pas d'exemple avant le milieu du XIXe siècle d'une aussi rapide et aussi imposante réalisation de la viticulture.

Menée de Londres, par l'intermédiaire de la Feitoria de Porto, la mise en valeur viticole de l'Alto Douro avait un caractère indiscutablement colonial. On peut la comparer à ce que devait être, deux siècles plus tard, la création du vignoble algérien. Elle avait d'ailleurs la fragilité des entreprises coloniales. Des abus s'introduisirent dans « l'élevage » des vins de Porto. La « manière anglaise » de mettre les vins au goût du public alla jusqu'aux pires malfaçons. Des vins frelatés furent fabriqués dans l'Alto Douro et à Vilanova de Gaïa. On ajoutait de plus en plus de sucre, de piments séchés, de colorants à la baie de sureau, d'alcools de basse qualité. A partir de 1734, devant ces falsifications, la clientèle anglaise réagit. Les brasseurs et les fabricants de gin étaient à l'affût. Ils s'assurèrent le concours des médecins qui dénoncèrent le caractère malsain et dangereux pour la santé des vins de Porto. Très vite, la consommation diminua. En 1756, il ne fut exporté que 12 200 pipes de Porto.

Surtout les prix s'effondrèrent : de 16 livres en moyenne, au cours de la décennie 1730-1740, le prix de la pipe passa à 2 livres en 1756.

Dans l'Alto Douro, ce fut une catastrophe. Les viticulteurs accusèrent la Feitoria où un grand brasseur d'affaires, le Biscayen **Pancorvo**, venait de faire faillite. Aux abois, les propriétaires de vignobles firent appel au tout-puissant Premier ministre du Portugal, **José de Carvalho**, le futur marquis de Pombal.

Celui-ci intervint avec une vigueur peu commune, appliquant à l'Alto Douro et à la Feitoria les principes d'un dirigisme strict, de style colbertien. Il créa la **Compagnie générale de l'Agriculture des Vignobles de l'Alto Douro** qui eut, pour premier principe, de restreindre les surfaces cultivées et de délimiter la zone de production. Des bornes furent plantées qui excluaient de la zone productrice tous les terrains granitiques et tous les plateaux. Désormais, il n'y aurait de vin de Porto que sur les versants de schistes descendant vers le Douro. L'**appellation contrôlée** ainsi définie pour la première fois dans l'histoire de la vigne, fut défendue par une police impitoyable. Des intérêts considérables étaient lésés et il y eut de vives résistances. En 1771, il fallut même employer la troupe pour détruire les entrepôts de vins situés au-delà des bornes de délimitation. Un contrôle de la production était prévu ; les vins de basse qualité étaient dirigés vers les distilleries. On fit la chasse au sureau, qui était accusé de tous les maux : en 1767, cet arbuste fut arraché dans tout le Portugal.

La Compagnie reçut en 1760 le monopole des eaux-de-vie, si bien que le mutage, qui s'était généralisé, put être réglementé. Il fut décidé qu'il aurait lieu à la **quinta** (propriété) avant la pleine fermentation, ce qui revenait à faire du Porto une mistelle dénommée depuis **vin généreux**. Une certaine quantité de sucre était conservée dans le vin, le pourcentage de l'alcool d'addition était précisé chaque année. Progressivement, le rapport de mutage fut accentué. On passa de 40 à 50 l d'eau-de-vie par pipe vers 1735-1740, à 70 ou 80 l vers 1760. Par la suite, le taux de l'alcool ajouté s'éleva au cinquième : une pipe d'alcool pour quatre pipes de moût aux trois quarts fermenté. Le type actuel est ainsi fixé dès 1820.

Le succès des Portos pombaliens fut remarquable. Leur première « belle époque » se situe de 1779 à 1810. Le négoce, c'est-à-dire la Feitoria y avait apporté sa contribution, en instituant les règles de vieillissement, sur le modèle bordelais, dans des fûts de chêne, la mise en bouteilles se faisant à Londres.

Ce régime de contrôle était si bien établi que la suppression de la Compagnie pombalienne en 1834 n'entraîna pas un recul de la qualité. Le négoce eut seulement une position plus forte, d'autant que de nombreuses quintas étaient passées entre ses mains. Par étapes, les limites de la zone d'appellation furent étendues vers l'amont, mais on ne s'éloigna guère des meilleurs sites définis par les versants schisteux.

De même, pour le mutage, on en resta aux formules qui avaient fait leurs preuves vers 1820.

7 LA MONTEE DU SHERRY ET L'AVENTURE DU MARSALA

Une évolution parallèle à celle du Porto s'était faite à Xérès. Le vignoble y était plus anciennement développé que dans l'Alto Douro. Reconquise dès 1264, la ville de Xérès de la Frontera s'était peuplée de couvents qui avaient des vignes hors les murs. C'est sans doute parce que les institutions monastiques accaparaient les terres proches de la ville que les bourgeois de Xérès, voyant les bons vins locaux se vendre à Séville et partir pour l'Amérique, allèrent faire des plantations sur les terres calcaires blanches, encore incultes, de la grande banlieue. Ce fut un succès, les vins étant de bonne qualité. On les faisait porter dans la ville où il fallut construire de grandes **Bodegas**, c'est-à-dire des chais. C'est là que, de façon tout empirique, comme en Vieille-Castille, on s'aperçut que le vin blanc des **albarizas** prenait de la finesse en vieillissant. Dès le milieu du XVIe siècle, Hollandais et Anglais importèrent quelques vins de Xérès. Jusqu'à la prohibition générale des vins français en 1688, ce commerce fut irrégulier et il concernait seulement de petites quantités. Par la suite, les achats des Anglais s'accrurent sous le nom de **Sherry**, forme anglaise de Xérès. Aux côtés des autres vins d'Espagne, d'Alicante, des Canaries et aussi de Barcelone et de Valence, les Sherries eurent une place prépondérante. Du 30 décembre 1696 au 10 mars 1697, les Port Books de Londres étudiés par le professeur **René Pijassou** relèvent l'entrée de 28 arrivages d'Espagne contre 43 du Portugal. Il ne s'agit encore que de vins blancs ordinaires, parfois traités comme ceux de Lisbonne, à la « manière anglaise », une légère addition d'eau-de-vie facilitant le transport.

Pendant la guerre de Succession d'Espagne (1701-1713), les ventes de Xérès eurent à souffrir des hostilités et le Porto prit alors le pas sur les Sherries. Ces derniers reprirent le chemin de l'Angleterre en 1713. Pour se refaire une place honorable sur le marché de Londres, les Sherries, imitant les Médocs, s'orientèrent résolument vers la qualité. Cette montée se fit sans révolution mais aussi sans cette « standardisation » qui fut le trait original des Portos, sous le régime de la Compagnie Pombalienne.

Dans la région de Xérès, il y a à la fois des terroirs variés (plus ou moins calcaires) et des modalités différentes de vinification et de vieillissement, si bien qu'il y a plusieurs Xérès, les uns secs, les autres doux, les uns naturellement très alcoolisés, les autres légèrement fortifiés d'eau-de-vie ; enfin certains sont des vins mutés. Des analyses d'archives seraient nécessaires pour préciser à quel moment les **Finos** dont le vieillissement est très long et se fait à l'air, sous « voile » bactérien, dans de grands fûts de chêne, ont été commercialisés à grande échelle. De même, il faudrait replacer dans le temps le procédé **Solera** de vieillissement ; il a consisté à renouveler par moitié, à l'aide d'un vin plus jeune, un vin vieux qui atteignait le stade marchand souhaité et dont on prélevait une moitié pour la vente.

Au XVIIIe siècle, semble-t-il, les vins mutés prédominent et les Xérès sont assez proches des Portos. Ils ne glisseront progressivement vers le type actuel qu'au XIXe siècle et précisément pour se distinguer des Portos dont le succès croissant porta ombrage aux Xérès, principalement de 1780 à 1830.

Pour participer à la commercialisation des sherries, les Anglais s'installèrent de bonne heure à Puerto Santa Maria et à Sanlucar de Barrameda. Nous y trouvons un Irlandais, **O'Neale**, dès 1724. Viennent ensuite les **Gordon**, les **Garvey**, les **Murphy**, les **Osborne**, les **Byass**. A Xérès, à partir de 1758, un français venu du Béarn, **Haurie**, d'abord associé à Murphy, édifia une grande fortune dans le négoce des vins. Ruinée à l'époque napoléonienne, cette famille passera la main, en 1823, aux **Domecq**, autres Béarnais, dont le chef de file, Pedro, est à la fois allié aux Haurie et associé à une maison de Londres. C'est un autre Pedro, neveu du premier, qui sera le **Fundador** du **Coñac** de Xérès, mais c'est le premier Pedro qui avait eu l'initiative des distillations à échelle la plus large.

Le négoce anglais pouvait craindre à Xérès la concurrence des français, à Porto les empiètements de la Compagnie de Pombal. On comprend qu'à Londres des esprits inventifs aient songé à un troisième centre de production des vins généreux. Il fut créé de toutes pièces, à partir de 1773, dans l'ouest de la Sicile, à Marsala. L'initiative en revient, nous dit-on, à **John Woodhouse**, riche négociant, aimant les voyages, qui repéra dans les environs de Marsala des cépages donnant des raisins très sucrés, le **Grillo** et le **Cuturrato**. Les vins obtenus par les petits producteurs locaux étaient médiocres. Woodhouse eut l'idée de constituer un grand domaine viticole où, pratiquant la méthode de Porto et de Xérès, il préparerait des vins mutés. Son sens des affaires ne lui faisait négliger aucune occasion de bien vendre ses produits : le 18 mars 1800, il négocie une livraison de 500 pipes « du meilleur vin de Marsala » à la flotte de guerre de Nelson, en rade de Malte. Sa réussite amena en Sicile d'autres hommes d'affaires anglais, en particulier **B. Ingham** qui monta une importante firme de vins, de 1800 à 1812, et dont le neveu **Whitaker** devint, par la suite, le « roi du Marsala ». Ses vins généreux se firent une place honorable sur le marché de Londres. On sait qu'au XIXe siècle le **duc d'Aumale** constitua, à Marsala, de très grandes propriétés. La crise phylloxérique devait compromettre l'essor de ce vignoble qui, de nos jours, en dépit d'un bel effort de restauration, n'occupe plus qu'une place modeste dans le monde viticole de la Méditerranée.

L'aventure sicilienne des vins de Marsala a le mérite de nous faire toucher du doigt le style colonial de l'influence anglaise, au XVIIIe siècle, sur le commerce du vin et sur la naissance des Grands Crus. Le marché anglais avait une telle capacité et il disposait de moyens financiers si puissants qu'on ne saurait sous-estimer le rôle de Londres en la matière.

8 LES TENTATIVES DU LANGUEDOC

Dans la Méditerranée du XVIIIe siècle, Marsala fait exception. On peut s'en étonner. Pourquoi les Anglais n'ont-ils pas jeté leur dévolu sur Benicarlo ou sur **Frontignan**. C'est peut-être la conséquence de l'attraction exercée par Bordeaux. Le canal du Midi conduisait leurs vins en Gironde depuis 1692-1695 et de là, ils gagnaient l'Angleterre et les pays du Nord - voire l'Espagne du Nord-Ouest - sous leur forme originelle pour le Frontignan, en coupage pour le Benicarlo.

Le port de Livourne et les régions viticoles qui l'entourent, de la Cinqueterre au cap Corse et de la Toscane à l'île d'Elbe manquèrent aussi l'occasion de s'élever au rang de Porto ou de Xérès. Et cependant le temps des guerres de la fin du règne de Louis XIV, de 1688 à 1713, fut pour Livourne une « belle époque ». Son port jouait alors le rôle d'un entrepôt des vins. Il en expédiait en Angleterre où ils étaient connus sous le nom de **Florence Wines**. Peut-être venaient-ils pour une part du Languedoc, en particulier de Frontignan, et de l'Hermitage.

Toujours est-il que l'expansion des exportations de Livourne fut passagère et que les vins de Florence se raréfièrent à Londres, à partir de 1730. Les vignobles de la Cinqueterre ne trouvèrent pas dans cette prospérité de Livourne l'occasion d'une renaissance, et le **Chianti** n'en obtint pas une promotion comparable à celles qui, à l'époque, furent assurées à Xérès et à Porto.

En Méditerranée occidentale, nous constatons une carence assez comparable du côté des eaux-de-vie, dont Barcelone et plus encore Montpellier furent des centres de grande production, mais sans atteindre, comme Cognac, le niveau des produits de haute qualité. En Languedoc, comme en Catalogne, le premier grand essor de la viticulture commerciale se produit au cours de la période des guerres de la seconde moitié du règne de Louis XIV, de 1688 à 1713, et il a pour fondement la production des eaux-de-vie, beaucoup plus que celle du vin. Livourne servait de relais, quand les conflits militaires faisaient obstacle aux relations directes. Sète et Barcelone expédient de cette manière, dans l'Europe du Nord, les alcools que les Hollandais et les Anglais ne peuvent se procurer directement en Guyenne et dans les Charentes.

C'est qu'en effet la consommation s'est accrue. Dans les armées, aux effectifs sans cesse grossis, les cantinières en titre, le tonnelet à la hanche, multiplient les distributions. Les grandes intempéries de 1692-1695 ayant réduit la production viticole du sud-ouest de la France, on a fait appel aux pays de la Méditerranée nord-occidentale, ce qui a déchaîné une extraordinaire « fureur de planter », dans les bassins des environs de Barcelone et, plus encore, sur les croupes et collines proches de Montpellier. Aigues-Vives devint alors un grand centre de distillation et Sète un port de stockage. Il expédiait l'eau-ardente par le canal du Midi, vers Bordeaux, et par mer vers Livourne ou vers l'Europe du Nord. Pour réduire le volume des eaux-de-vie, on leur fit subir une seconde distillation qui donnait du **trois-six**. Dans tout le Languedoc, la vigne était si agressivement conquérante que l'intendant s'inquiétait. Il avait peur que la province manquât de grains. Aussi le décret en Conseil du Roi, daté du 5 juin 1731, qui interdisait toute nouvelle plantation de vigne, visait-il surtout le Languedoc. Ses effets furent réduits. On renonça pour un temps à planter des vignes dans les terres à blé, mais on en couvrit les collines cailloutteuses à la faveur des exemptions qui furent accordées. Les chiffres des exportations du port de Sète, à la veille des guerres de la Révolution (1791), en portent témoignage ; elles s'élèvent à 41 000 hl d'eau-de-vie et à 164 000 hl de trois-six, ce qui correspond à une très grosse production de vin ; on peut l'estimer à un million d'hectolitres environ.

Le premier grand vignoble du Languedoc, celui du XVIIIe siècle, est fils du commerce de l'eau-de-vie. Il s'agit déjà d'une « production de masse ». Au XIXe siècle, celle-ci cédera la place à celle des vins courants, sans que Montpellier - et Barcelone pas davantage - ait donné son nom à une **fine** de qualité. Ce destin devait être réservé à Cognac.

9 NAISSANCE ET SUPREMATIE DU COGNAC

D'abord diffuse, dans tout le sud-ouest de la France, la production des eaux-de-vie se concentra, à la fin du XVIIe siècle, dans la région des Charentes. L'**Aunis** et la région de **Saint-Jean-d'Angely** qui s'étaient déjà spécialisés dans cette fourniture furent alors dépassés par la moyenne Charente et, plus particulièrement, par la **Champagne** de Cognac. Bon pays, traditionnellement producteur de céréales et de vin, elle fut sollicitée d'accroître sa production viticole, en raison des besoins de la marine et du port de Rochefort, créé par Colbert, au cours des années 1666-1680. On planta partout les vignes en amont de Saintes jusqu'à Jarnac. Derrière les Hollandais, premiers importateurs, les Anglais, venant à la rescousse, y multiplièrent leurs achats d'eau-de-vie. Les contacts étaient facilités par les familles protestantes dont quelques-unes, versées dans la papéterie angoumoisine, étaient d'origine flamande.

L'engouement des marchands nordiques pour les brandevins de Cognac ne peut s'expliquer qu'en fonction d'une qualité reconnue de ces eaux-de-vie. En effet, les bad spirits abondaient : eaux-de-vie de grains du Nord ou trois-six importés de la Méditerranée et doublés d'eau, sans parler des guildives et rhums coloniaux. Nous ne savons pas de façon sûre à quel moment les acheteurs étrangers observèrent que la Champagne de Cognac donnait de meilleurs brandevins que les autres pays. Nous ne savons pas non plus à quel moment la bonification que réalise le vieillissement en fût de chêne neuf fut pratiquée sur le plan commercial. Tout cela se passe entre 1688 et 1702. Aucune difficulté pour imaginer que l'on ait fait vieillir ici ou là des eaux-de-vie, et que l'on ait constaté qu'elles avaient gagné en finesse, en bouquet et en goût. A la différence du vin, l'eau-de-vie se conserve sans difficulté. Sur place, en Champagne, des propriétaires ont pu faire cette expérience et des négociants anglais ou hollandais ont pu en tirer la conclusion que le vieux brandevin de Cognac était un produit supérieur, et de beaucoup, à une eau-de-vie jeune et anonyme venue de n'importe où. Les deux données, terroir et vieillissement, sont liées : le bouquet propre aux **Fines Champagnes** n'apparaît qu'en fonction des années de fût. L'accord se faisant, à ce sujet, entre propriétaires et négociants, on pouvait aussi convenir de majorer les prix, ce qui fut fait.

Restait à administrer la preuve que les choses se sont bien passées de cette manière. Comme pour les Grands Vins des Graves et du Médoc, et aux mêmes dates, elle nous vient du commerce anglais. De 1702 à 1710, dans les ventes aux enchères qu'annonce la Gazette de Londres, nous trouvons à six reprises des ventes par dizaines de tonneaux de **Old Cognac Brandy**, ce qui nous donne, à la fois, les plus anciennes dénominations de cru, sous le mot **Cognac**, et l'attestation des pratiques de vieillissement. De plus, nous avons les prix. Tandis que les brandevins sans origine qui arrivent de Guyenne, du Languedoc, de Catalogne, etc., se vendent 7 livres la barrique, le Old Cognac Brandy se négocie à 8,5 ou 9 livres. Confirmation de cette prééminence du Cognac nous est donnée en 1722 par **Savary** dans son Dictionnaire du Commerce où est cité un mémoire du Charentais Ricard. On y précise que les eaux-de-vie de Cognac sont les plus estimées sur la place d'Amsterdam : elles valent 9,5 livres la barrique, tandis que celles de Nantes, Bordeaux et Bayonne ne trouvent preneur qu'à 7,5 livres.

Cette supériorité manifeste allait être encore accrue, au cours du XVIIIe siècle, par un meilleur choix des terroirs et par de meilleures techniques de distillation et de vieillissement ; le tout, sous la direction d'un négoce avisé qui consolide ses positions dans la ville de Cognac. Nous voyons là se fortifier l'association féconde d'un terroir spécialisé, aux qualités reconnues, d'une technique éprouvée, et d'un commerce organisé. Comme pour nous apporter une attestation supplémentaire de la notoriété de ces faits, en 1715, un négociant britannique, originaire de Jersey, **Martell**, vient s'installer à Cognac. Il n'est pas besoin de souligner la portée historique de cet événement. Comme pour lui donner la réplique, en 1723, à **Jarnac**, est fondée la maison **Ranson et Delamain**. Cette tradition se renforce en 1763 quand un autre, Anglais, **Hine**, se fixe à Jarnac, et qu'en 1765, **Hennessy** prend place, à côté de **Martell**, à Cognac.

Le montant total des exportations d'eau-de-vie vient nous confirmer la position privilégiée de la viticulture charentaise. De 1718 à 1738, La Rochelle a expédié, en moyenne, 50 000 hl par an. En 1753, on arrive au total de 80 000 hl. On assiste ensuite à une légère régression : en 1760, La Rochelle en exporte seulement 53 000 hl. Le relais est pris par Tonnay-Charente et Rochefort qui en exportent 56 000 hl en 1728 et 180 00 hl en 1791.

La réputation des eaux-de-vie de Cognac était si unanimement reconnue, à la fin du XVIIIe siècle, que certains commerçants n'hésitent pas à faire venir des eaux-de-vie d'Espagne et de Montpellier pour les ajouter, en coupage, à celles de Cognac et les exporter sous ce nom. Il y avait là un péril. Aussi les commerçants de Cognac et de Jarnac s'engagèrent-ils en 1791 à ne faire commerce que d'eaux-de-vie « de **Saintonge** et d'**Angoumois** ». On le voit, l'**Aunis** était exclu. Une région de production était délimitée. Comme à Porto, elle allait constituer, avant la lettre, une **appellation contrôlée**. Un terroir et un nom, une spécialisation viticole, des techniques de distillation et de vieillissement, des assemblages entre vieilles eaux-de-vie et eaux-de-vie plus jeunes, une profession commerciale organisée pour la défense d'un produit, ce sont déjà là toutes les caractéristiques modernes d'un Grand Cru dont nous suivons la constitution de 1702 à 1791. Elles confèrent au Cognac une supériorité qui ne se démentira plus. Les quantités produites sont d'ailleurs assez abondantes pour que, dans les autres régions viticoles du sud-ouest de la France et un peu plus tard en Languedoc la distillation se réduise à n'être plus qu'un modeste complément de la production et du commerce des vins, ce qui conférera à Cognac un quasi-monopole des eaux-de-vie de qualité.

Faut-il faire une exception à cette règle pour l'**Armagnac** ? On s'était mis à planter des vignes et à distiller des vins au XVIIe siècle, dans la Gascogne gersoise. Comme dans les autres pays aquitains, on y produisit des eaux-de-vie que les Hollandais venaient acheter. Trois régions furent amenées à se spécialiser dans cette nouvelle viticulture : le **bas Armagnac** d'**Eauze**, la **Ténarèze** de **Vic-Fézensac** et le **haut Armagnac** de **Condom**. Ces trois « pays » n'étaient jamais parvenus à produire du vin à une échelle permettant la commercialisation faute de débouchés, les transports par terre étant trop onéreux. La distillation leur avait offert une chance au XVIIe siècle. Le bois du « brûlage » et le merrain des futailles existaient sur place dans le bas Armagnac et en bordure des Landes, de Gabarret à Barbaste. Au prix de charrois qui n'étaient pas trop dispendieux pour des eaux-de-vie, on pouvait atteindre les ports de Mont-de-Marsan, au sud-ouest, et de Lavardac-Port de Lannes, au nord. Cependant, l'Armagnac ne réussit pas au XVIIIe siècle « l'opération qualité » qui fit la fortune de Cognac.

Il ne se constitua pas à Eauze, Condom et Vic, un puissant négoce capable de régler la production, le vieillissement et l'exportation. Mont-de-Marsan et Lavardac ne furent pas non plus des centres professionnellement organisés. Les principales affaires se traitaient à Bayonne et à Bordeaux. Un commerce aussi distendu ne pouvait pas faire triompher la notion de cru. Elle n'apparut pas, à beaucoup près, de façon aussi nette qu'à Cognac. Jusqu'à une époque récente, l'Armagnac en supporta malheureusement le préjudice. Aujourd'hui encore l'Armagnac n'occupe pas sur le marché français et à l'étranger la position qui devrait être la sienne. Compte tenu de ces handicaps, c'est une politique de communication mieux ajustée qui pourrait le sortir de cette demi-impasse.

10 LE TOKAY ET LES VINS LIQUOREUX

A la fin du XVIIe siècle, vingt ans après les heures sombres du siège, **Vienne** est devenue la grande métropole de l'Europe centrale. Sa croissance se poursuivra au cours du XVIIIe siècle. Le prestige et le faste de la Cour impériale, le développement des activités commerciales en font, à bien des égards, la rivale de Paris, bien que sa population soit sensiblement moindre. Comme Paris, Vienne a des vignobles dans sa proche banlieue. Sur les premiers contreforts des Alpes et sur les collines du bassin de Vienne, on récolte de petits vins blancs que les Viennois vont boire, le dimanche, chez l'habitant. **Grinzing** et **Nussdorf** étaient les plus réputés de ces centres de production et de consommation.

Les Turcs chassés de Hongrie, les forteresses de Presbourg et de Buda sont les bases marchandes de la reconquête économique et du repeuplement des plaines hongroises. A ces villes et aux pionniers de la colonisation, il fallait du vin. **Tokay** allait le leur fournir. Les origines de ce vignoble remontent au XIIIe siècle. Des vignerons italiens avaient alors introduit la culture commerciale de la vigne sur les versants et piémonts méridionaux des hautes collines volcaniques et calcaires qui dominent les vallées du **Bodrog** et de la **Tisza**, au nord-est de la plaine hongroise. La ville de Tokay et vingt-huit villages se partagent les terres à vignes, pierreuses, bien exposées au soleil, entre 120 et 250 m d'altitude.

A la fin du Moyen Age, Tokay, qui ravitaillait les centres miniers des Beskides et les villes de Galicie, était le plus oriental des vignobles d'Europe centrale. Les attaques des Turcs provoquèrent son déclin au XVIe et au XVIIe siècle, mais la victoire de Jean Sobieski et de Charles de Lorraine, en 1683, devant Vienne, sonna l'heure de son réveil mais aussi celle de sa renommée. De ses campagnes militaires en Hongrie, la noblesse polonaise garda le goût des vins de Tokay et on sait qu'elle buvait ferme au XVIIIe siècle. Le **Grand Frédéric** et **Voltaire** exprimaient cet état de choses en disant : « Quand Auguste - le roi saxon de Pologne - buvait, la Pologne était saoûle, » L'allusion ainsi faite aux vins de Tokay concernait, le plus souvent, des vins ordinaires. Ils étaient entreposés à Cracovie et à Breslau, avant d'être distribués à la clientèle noble et bourgeoise des régions voisines.

La cour d'Autriche s'intéressa aussi aux vins de Tokay. Jusqu'en 1683, elle avait fait appel à ceux de l'Alsace, mais l'annexion définitive de cette province par Louis XIV l'incita à se tourner vers Tokay. La Maison de l'empereur s'y fit attribuer des biens considérables qui sont restés en sa possession jusqu'en 1918. Les principales familles princières pratiquèrent la même politique, faisant choix, comme l'empereur, des terroirs les mieux situés. Des travaux soignés améliorèrent la culture de la vigne et la préparation du vin dans ces vignobles modèles dont les produits acquirent très vite une haute réputation. Les meilleurs de ces vins n'étaient pas directement commercialisés, mais la cour de Vienne en assurait une assez large distribution parmi les officiers et courtisans. Par contre, les familles princières avaient partie liée à Tokay, à Buda et à Vienne avec le négoce. Elles livraient en fermage certains de leurs domaines à des hommes d'affaires, spécialistes des vins fins dont ils organisaient la collecte, le vieillissement et la vente. Celle-ci s'étendait à toute l'Europe centrale. Le succès ne s'en démentit pas jusqu'à la crise phylloxérique.

Un type particulier apparaît alors, celui des vins **passerillés**. On prétend que ce fut par accident que les vendanges furent retardées lors de l'invasion du pays par les Turcs, ce qui fit découvrir les vertus de la **surmaturation**. Si elle était exacte, cette légende ferait remonter à 1683 les premiers vins fins de Tokay. On admet cependant qu'ils ne furent vraiment bien préparés que 20 ou 30 ans plus tard, vers 1710. Toujours est-il qu'au siège de Philippsbourg, en 1735 on pouvait en échanger contre du Champagne. On nous dit aussi que ces vins firent partie des moyens diplomatiques, largement employés de 1720 à 1740 par l'empereur Charles VI qui voulait assurer la succession d'Autriche à sa fille Marie-Thérèse. Quelques années plus tard Voltaire sensible aux renommées du jour, chantait les louanges des Grands Vins de Hongrie.

Si l'on retient les lignes essentielles de cette histoire, on se trouve conduit à faire du Tokay le chef de file des vins liquoreux. Le cépage principal, le **Furmint**, et la méthode de surmaturation dite **aszu** pouvaient être employés ailleurs. Quoi de plus simple que d'ajouter dans chaque cuve de moût un certain nombre de paniers (**puttonyes**) de raisins passerillés et pratiquement secs, du fait de la pourriture noble ou de l'exposition sur claies au soleil. Ce que l'on ne pouvait imiter, c'était les terroirs pierreux de Tokay et aussi la puissante organisation des vignobles impériaux et princiers. Ces dernières conditions firent du Tokay l'un des plus grands vins d'Europe, de 1720 à la crise phylloxérique.

Des imitations du Tokay, on en trouve un peu partout, à partir de 1750-1760. Et d'abord dans la vallée du Rhin, où s'est produite, au XVIIIe siècle, une assez vigoureuse renaissance de la viticulture, ce que reflètent les importations de **hock** en Angleterre. Nous le savons aussi par Thomas Jefferson, qui visita la région en 1788, afin de faire provision de boutures - il s'en procura deux cents - pour faire des essais de plantations dans son domaine virginien de **Monticello**.

Mêmes expériences et mêmes succès dans le Jura où les « vins de paille » du cru d'**Arbois** sont réputés depuis deux siècles. En Italie, la région de Vicence et de Vérone adopta partiellement la méthode aszu dans la mise au point de ses meilleurs **Soaves** (blancs) et **Valpolicellas** (rouges).

C'est sans doute **Sauternes** qui, dans ce domaine, a

obtenu, mais assez tardivement, les meilleurs résultats. De l'époque « hollandaise », au XVIIe siècle, Sauternes avait gardé la vocation des vins blancs. Il s'agissait alors de vins ordinaires et ils l'étaient encore, de même qu'à Montbazillac, au milieu du XVIIIe siècle, ce que nous vérifions à l'aide des prix de vente au tonneau. Peu à peu, dans les années qui suivent, les principaux domaines, et le **Château d'Yquem** à leur tête, améliorent la production, si bien qu'en 1784 les meilleurs vins blancs se vendent à l'exportation sur la base de 1 800 livres le tonneau contre 2 400 pour les premiers crus du Médoc. C'est Thomas Jefferson qui nous le précise. Au cours de sa visite du Bordelais, en 1787, il a pu constater que le premier des Sauternes était le Château d'Yquem, propriété depuis peu des **Lur-Saluces**.

11 RÉVOLUTION VITICOLE ET TERROIRS DES GRANDS CRUS

Il est bien évident que, dans leur recherche de la qualité, les gens du XVIIIe siècle ont eu conscience d'une relation entre la qualité d'un vin ou d'une eau-de-vie et les particularités du terroir qui les produit. Cependant, cette « prise de conscience » ne pouvait avoir lieu qu'expérience faite, autrement dit une fois la qualité obtenue.

Plusieurs intermédiaires se plaçaient entre le Grand Vin et le terroir et, tout d'abord, les cépages. Les pratiques nouvelles, **mutage, passerillage, champagnisation**, pouvaient aussi masquer l'influence du milieu naturel. A première vue, il ne tombait pas sous le sens que le **vieillissement**, pour un Grand Vin du Médoc comme pour un Cognac, contribuait à révéler, dans le bouquet, les valeurs intrinsèques du terroir producteur. Enfin, il est bien certain que, compte tenu du prestige qui, au XVIIIe siècle, s'attachait spontanément aux degrés élevés de la hiérarchie sociale, on se devait d'attribuer des vertus propres aux grands vignobles des seigneuries du **Médoc**, comme à ceux des biens impériaux de **Tokay** ou des bénéfices monastiques du **Rheingau**. Disons enfin que les sciences géologiques, morphologiques et pédologiques n'étaient pas encore assez avancées pour que la notion de terroir viticole ait pu être clairement définie, antérieurement au XXe siècle.

Cependant certain empirisme pouvait tenir lieu de science. Quand **Pombal** réduit l'aire de production du **Porto** aux versants taillés dans les schistes, excluant les plateaux et le granite, il enregistre le rapport que l'expérience a établi entre la qualité du vin et les terroirs de l'**Alto Douro**. Ces terres à vignes sont en effet très particulières. Il s'agit d'un système de terrasses et de murettes établies sur des pierrailles débitées par les actions froides de l'époque glaciaire. Il se trouve que les vignobles du **Rhin** ont un site de terroir à peu près équivalent et qui est fait, lui aussi, de schistes. Bien sûr, on ne peut négliger l'exposition mais, sur le Rhin, cela revient à dire qu'il faut d'abord que le climat autorise la culture de la vigne qui, à cette latitude, se situe sur les marges de son domaine. Autre terroir, là encore empiriquement défini, celui de **Cognac** dans les terres grises de la **Petite** et **Grande Champagne**. Il faudra attendre les travaux du géologue Coquand, vers 1855-1860 pour définir de façon précise les crus de Cognac. Cependant, dès 1791 le rapport Champagne-Cognac était exprimé en termes modernes, ce que la suite des temps a pleinement confirmé. Par une remarquable analogie, le terroir du vin de **Champagne** (celui de Reims et d'Epernay) est, à quelques détails près, le même que celui du **Cognac**, les versants de craie des croupes de Reims portant des sols aussi riches en calcaire que ceux de Cognac. Les hasards de l'Histoire ont aussi voulu qu'à **Xérès**, les terres proches de la cité fussent aux mains des monastères, si bien que les bourgeois de la ville n'avaient plus le choix quand ils entreprirent de faire de nouvelles plantations de vigne ; seules restaient disponibles les albarizas, terres calcaires blanches, réputées infécondes ; ce furent elles qui donnèrent les Xérès de qualité.

Ne quittons pas les calcaires sans observer que les terroirs de la **Côte bourguignonne** sont faits de coulées solifluées, issues des corniches rocheuses qui dominent les versants ; au bas des pentes les fragments éclatés de calcaire se mélangent aux sables et débris divers. Une circonstance particulière, la fermeture, à Lyon, de la vallée de la Saône par les anciens glaciers du Rhône fait que ces coulées se sont conservées. Il est peu de terroirs viticoles aussi bien définis que celui-là. Nous savons cependant que la pleine conscience de son unité n'a été que récemment acquise, la notion de **clos** (au sens de domaine) ayant longtemps prévalu sur celle de **climat** (au sens de terroir). C'est seulement au cours du XIXe siècle, et d'une façon très progressive, que l'ensemble des versants à coulées de « grèzes » calcaires s'est identifié au domaine des Grands Crus dans le vignoble de la Côte bourguignonne.

Même localisation, précise mais partielle, en **Bordelais** : les Grands Crus du XVIIIe siècle sont sur des **graves**, mais toutes les graves ne portent pas de Grands Crus. Interviennent, ici, les notions de topographie, de drainage, d'âge des graves, de présence et de nature des sables mêlés à ces graves. Sauf à observer qu'il s'agit de sols maigres, produisant peu, la notion de cru et plus encore celle de très **grand cru** était à l'époque très difficile à saisir, d'autant qu'à Saint-Emilion par exemple il y a des Grands Crus sur des calcaires ou sur des sables associés aux calcaires. Aussi a-t-il fallu attendre les toutes récentes décennies pour préciser les notions de terroir viticole dans ce secteur.

Elles pouvaient paraître complexes, sur des sites comme ceux de l'Hermitage et de la Côte Rôtie, de Tokay et des environs de Vérone, qui associent au moins deux sortes de roches, granite et calcaire ou calcaire et matériaux volcaniques, sans oublier que l'exposition y joue, comme sur le Rhin, un rôle primordial. De là le caractère global des dénominations anciennes, qui mettaient rarement l'accent sur la notion de terroir. Plus souvent, elles identifiaient les vins avec les centres de négoce qui avaient organisé l'exportation. Noms de port : Bordeaux, Porto, ou de ville : Beaune, Tokay, Cognac, Xérès. Les noms de pays n'apparaissent qu'assez tard pour le Champagne comme pour le Médoc, et le mot Bourgogne, on l'a vu, était imprécis, s'appliquant aussi bien à Auxerre qu'à Beaune. Plus incertaine était la dénomination fondée sur le cépage qui pouvait être planté en divers sites : la Verneccia se perdit et aussi la Malvoisie. Les noms de cépage ont repris leurs droits dans les pays rhénans (et plus tard en Californie), ce qui ne va pas sans inconvénients. Dès le départ, en Bordelais, les Grands Vins furent définis et dénommés par le « **château** ». A l'usage, cette pratique s'est révélée très sûre, mais il y a trop d'unités à compter et à classer ; une initiation aux hiérarchies des vins girondins s'avère indispensable. Seuls les grands amateurs, il est vrais de plus en plus nombreux peuvent y prétendre, le grand public se fiant surtout au négoce. De toute manière, on le voit, il faut se garder de tomber dans l'anachronisme et prendre soin de ne pas reporter trop loin dans le passé des notions de qualité s'identifiant selon des normes rigoureuses avec les particularités des terroirs. Tel qu'on peut le définir aujourd'hui, le sens qui s'attache au mot **ceps** n'est encore que très discrètement perçu au XVIIIe siècle. Rien d'étonnant à cela, étant donné que la qualité des vins ne s'affirme que par étapes à cette même époque. Le négoce en était le principal promoteur. Il lui suffisait de la faire apparaître au travers d'un nom d'origine, ville ou port d'expédition. Sous le couvert de ces dénominations il s'est d'ailleurs produit de très curieuses substitutions dont Bordeaux nous offre un exemple. On l'a vu, il s'était constitué en Gironde, au Moyen Age et au début des Temps Modernes, une aire de viticulture privilégiée et ceci pour des raisons de situation mais également pour des raisons historiques. Les édits, lois ou arrêts anglais puis français qui avaient délimité le Bordelais viticole faisaient bénéficier celui-ci des diverses protections qui constituaient le « **Privilège** ». Or il se trouve que le domaine des croupes de graves et des coteaux calcaires qui produisent aujourd'hui les Grands Vins coïncide, si on n'y regarde pas de trop près, avec le « Privilège » de Bordeaux. On voit bien comment l'on peut passer de celui-ci à ceux-là et comment ce transfert autorise toutes sortes d'anticipations, en particulier celle qui fait remonter la qualité des vins de Bordeaux à « la plus haute Antiquité ». Il peut aussi couvrir toute sorte de déviations, la moins acceptable étant celle qui dénie au terroir une influence quelconque sur la qualité et rapporte celle-ci aux seules activités des hommes.

Il s'imposait à nous de formuler le problème à son heure, au XVIIIe siècle, et d'en rappeler les données déjà connues à l'époque où s'accomplit la « révolution des boissons ». Nous retrouverons ces données et quelques autres au début du XXe siècle, lors des « temps difficiles » de la grande fraude. Le législateur s'est alors vu contraint de rechercher du côté des terroirs les fondements de la garantie qu'il voulait accorder aux producteurs de Grands Vins et d'Appellations contrôlées. Ce n'était pas chose facile. Nous aurons l'occasion de le constater mais aussi de préciser, en termes d'agrologie, la définition d'un terroir viticole de qualité.

GRANDS VINS ET TERROIRS A L'EPOQUE CONTEMPORAINE

Tandis que prenait forme, sur quelques terroirs privilégiés de l'Europe, la première esquisse d'une géographie des Grands Crus, la consommation des vins ordinaires se démocratisait. Par la force des choses, elle devait engendrer les vignobles de masse. Cependant le contraste, qui nous est devenu familier, entre la mer des vignes languedociennes, pourvoyeuse de vins courants par millions d'hl, et les vignobles rhodaniens ou médocains, de dimension réduite et à faibles rendements mais producteurs de vins fins, n'est apparu que de façon progressive. La révolution viticole de la fin du XVIIe siècle portait en germe ces oppositions. Depuis 1750, elles se sont amplifiées, d'étape en étape, à travers les belles époques et les temps difficiles, les crises et les renaissances.

On songe à un provignage : couchée en terre, la souche médiévale - à racines antiques - a laissé croître deux sarments différents; au sortir du sol, ils ont prospéré et chacun a donné, selon son style propre, des vignes racées ou des ceps prolifiques. Cette double histoire, fertile en rebondissements, nous la suivrons à grands traits et, au risque d'en schématiser le profil actuel, nous la conduirons jusqu'aux plus récents millésimes, afin de voir si, d'aventure, nous ne serions pas entrés dans une nouvelle révolution viticole. Toujours est-il qu'au début de ce siècle, et jusqu'en 1950, on pouvait croire que le vignoble de masse allait l'emporter. Or, depuis une quart de siècle, des temps nouveaux se sont levés. Ils nous ramènent irrésistiblement vers la qualité

1 LA DEMOCRATISATION DU VIN

A l'opposé de l'étonnante montée des Grands Vins, à vocation aristocratique, telle que nous venons de l'observer au XVIIIe siècle, il s'est produit, à peu près dans le même temps, un élargissement de la consommation des vins ordinaires dans les milieux populaires. On avait déjà vu des phénomènes de ce genre préfigurer le développement des vignobles de masse de l'époque contemporaine. L'Allemagne rhénane, à la belle époque, de la fin du XIVe au début du XVIe en avait donné une première ébauche. Il en alla de même, au XVIIIe siècle, dans l'Espagne du Nord, quand la **Navarre** et la **Rioja** virent s'augmenter le nombre et les moyens de paiement des buveurs de vin du Guipuzcoa et de la Biscaye, alors en plein essor économique. C'est aussi ce qui se passa en **France**, dès la fin du XVIIe siècle, dans l'Orléanais. La croissance de Paris était alors si rapide qu'en raison de la crise de 1692-1695 les vignobles de l'Ile-de-France ne suffirent plus au ravitaillement des tavernes de la capitale. Comme la Champagne et la Basse-Bourgogne s'orientaient vers la qualité, il fallait couvrir les besoins croissants d'une masse considérable de soldats, de petits marchands et d'employés de toute sorte qui voulaient boire du vin, mais qui ne pouvaient le payer à un haut prix.

C'est dans ces conditions que le vignoble de l'Orléanais prit l'aspect d'un vignoble de masse, au cours de la période qui va de 1695 à 1730. Les prix s'étaient élevés pendant les années pourries et déficitaires de 1692 à 1695. De nouvelles facilités de transport vers Paris étaient offertes aux vins de la Loire, par l'ouverture du canal d'Orléans qui doubla en 1692 le canal de Briare, cependant que des travaux sur le Loing et sur la route directe d'Orléans à Paris amélioraient le trafic. La surproduction n'était pas à craindre, la ville d'Orléans s'étant acquis une réputation nationale, dans la vinaigrerie. Tous les vins qui menaçaient de ne plus être marchands étaient achetés par l'un des 200 vinaigriers de la ville. Chaque année, de 20 000 à 30 000 pièces de vin étaient ainsi transformées en vinaigre.

Mais de plus, Orléans s'était fait, dans les dernières décennies du XVIIe siècle, une spécialité de la distillation des vins. Sous le nom d' « eaux-de-vie d'Orléans », on vendait à Paris des quantités croissantes d'esprit-de-vin, ce qui contribuait à absorber, le cas échéant, les excédents d'une bonne récolte. Dans ces conditions, tous les espoirs étaient permis aux viticulteurs de l'Orléanais. Aussi la « fureur de planter » fut-elle générale, à partir de 1695. La terrible gelée de 1709 ne l'atténua pas. On vit les terres à blé sacrifiées à la vigne, dans le Val et dans le sud-ouest de la Beauce jusqu'à Blois. En 1731, quand le Conseil du Roi interdit les nouvelles plantations, le mal était fait. Toute la région proche d'Orléans s'était transformée en un vaste vignoble, dont la prospérité se prolongea pendant tout le XVIIIe siècle.

Une certaine défaveur pesait sur les vins d'Orléans dont on disait sans citer de texte qu'un décret ou règlement en avait interdit la présence sur la table du roi. La faveur des Princes et des Grands allait alors aux vins d'Epernay avant de passer à ceux de Bourgogne. Plus tard, elle fit retour aux vins devenus pétillants de la Champagne, en attendant l'arrivée des Grands Vins de Bordeaux. En fait, les rôles étaient partagés, les vins de l'Orléanais et leurs succédanés, le vinaigre et l'eau-de-vie d'Orléans, occupaient les degrés inférieurs de l'échelle des goûts parisiens, cependant que le Beaujolais prenait place, à quelques degrés au-dessus, aux côtés des meilleurs vins de la région parisienne. Dans une certaine mesure, la ville de Lyon, dont la population et la fortune vont croissant au XVIIIe siècle, trouva dans le Beaujolais l'équivalent de cette sorte de vignoble de masse que fut l'Orléanais pour Paris. La métropole rhodanienne pouvait faire appel aux petits vignobles de sa proche banlieue, à ceux de la vallée du Rhône et, avec plus de facilité encore, grâce à la Saône navigable, à ceux de la Côte bourguignonne, du Chalonnais et du Mâconnais. S'offrait ainsi toute une hiérarchie de productions viticoles, le Beaujolais y trouva sa place, au niveau inférieur et moyen, une partie des meilleurs vins de ses vignobles partant pour Paris. Tous les pays miniers et métallurgiques en Lorraine, en Haute-Marne, en Périgord et, plus encore, les régions charbonnières devinrent, dès la fin du XVIIIe siècle, des centres de forte consommation de vin. Il en est ainsi de Brioude, d'Aubin, de Carmaux, d'Alès, du Creusot-Blanzy où le vin est fourni par la Limagne Marcillac, Gaillac, le Languedoc, la Côte chalonnaise, en attendant que, pour le plus grand de ces bassins, celui de Saint-Etienne, l'on puisse faire appel au Languedoc en utilisant les voies ferrées.

2 LES TERROIRS PRIVILEGIES DE LA PRODUCTION VITICOLE

On a pu et on peut toujours se poser la question des tenants et des aboutissants de la qualité et mettre notamment l'accent sur les aspects humains de la viticulture qui méritent d'être soulignés. C'est ce que fait **R. Dion** dans son **Histoire de la Vigne et du Vin en France** (1959). Il fait la part la plus grande au climat au détriment du terroir. Le véritable pays de la vigne serait celui du soleil, de la lumière et de la sécheresse d'été, c'est à dire le monde méditerranéen. Par comparaison les pays de l'Europe du Nord-Ouest seraient climatiquement « marginaux ». Cette analyse que nous rejetons établissait la primauté du climat et elle peut aujourd'hui encore conduire certain à considérer que le sol n'a plus guère d'autres rôles que de soutenir l'action du climat.

Tout ceci a été fort bien compris, de nos jours, par les viticulteurs californiens et, avec eux, par les professeurs et techniciens de Davis (Université de Californie). Dans leur pays, on l'a déjà noté, à cause de l'influence refroidissante du Pacifique et de l'action des vents d'ouest, le climat du secteur côtier est trop frais pour la vigne. Celui de la plaine intérieure, sous régime continental, est trop chaud et trop sec. On peut irriguer, et on ne manque pas de le faire, mais les vins obtenus sont trop alcoolisés et trop lourds. On se borne là à produire des raisins de table, des raisins secs, des vins de « dessert » et aussi, en grande quantité, grâce à de copieux arrosages, des vins ordinaires, très moyens et préparés industriellement.

Récusant la notion de « marginalité » que l'on a voulu attribuer à l'Europe viticole du Nord-Ouest, les Californiens prennent leurs références climatiques en Bourgogne et dans le Bordelais. Comme ils ont, sur de courtes distances, toute une hiérarchie de climats, ils font choix, dans les cinq groupes de leur classification, de ceux qui se rapprochent le plus des modèles européens du nord-ouest pour leur production de vins. Ils ont ainsi obtenu d'excellents résultats à **Napa**, **Sonoma**, **Salinas**, **King City** et **Santa Maria**. En raison de quoi, on n'est pas éloigné de penser, à Davis et dans certains états-majors de grandes entreprises viticoles de Californie, que les bons vins se font avec de bons climats, de bons cépages et de bons techniciens. De là à imaginer que, dans les prochaines décennies, la « terre promise » de l'ouest américain produira, et en grandes quantités, les meilleurs vins du monde, il n'y a qu'un pas. Sur les rives du Pacifique il semble bien qu'on soit fermement déterminé à faire ce pas et sans beaucoup tarder.

Il s'agit là d'une illusion viticole de plus qui prend momentanément d'autant plus corps que des propriétaires de châteaux et des négociants du Bordelais ont investi dans ces vignobles californiens ajoutant ainsi un crédit illusoire à cette entreprise.

La Californie produit d'excellents vins. C'est un fait et il convient de rendre hommage au sérieux et à la patience de ces Wineries et à leur volonté de créer et de respecter des traditions.

Le problème n'est pas dans cette tentative de créer de Grands Vins, mais dans la manière de decréter qu'ils sont grands dès lors qu'on a des moyens, grâce à une position prépondérante sur le marché international des vins, de fixer un prix à la bouteille extrèmement élevé, qui devient, à son tour, la justification de la qualité.

Ce phénomène de formation de prix « inversée » qui s'analyse en termes de positionnement qualitatif par les prix est, au bout du compte, dangereux pour le monde des vins comme pour les vins dans le monde. Non pas parce qu'il menace les positions acquises par les grands vins des terroirs privilégiés, le Bordelais notamment, mais parce qu'il esquisse l'entrée du « produit vin » dans un univers marketing habile mais pernicieux, comme en témoignent les « enseignes » latinisantes, à la manière Saint-Emilionaise ou Pomérolaise du siècle dernier, de ces « crus » du type Dominus. Ceci est à oublier. Rendez-vous dans 20 ou 30 ans, pour juger, au delà des modes, ces vins qui brillent surtout par la « copy strategy » de leurs publicitaires et dont le « reason why » est fondé, ce qui est scandaleux, sur le prix établi, hors demande et hors marché.

Il est remarquable que dans toutes ces perspectives les terroirs viticoles ne soient à peu près pas pris en compte. On peut s'en inquiéter en un temps où l'on s'efforce de définir, de délimiter et de défendre des crus classés. Cependant il n'y a pas lieu de beaucoup s'étonner de cette carence quand on sait dans quelles directions la recherche agrologique a été orientée depuis deux siècles. Les progrès de la pédologie ont été d'abord liés à ceux de la géologie, ce qu'enregistraient fort bien les trois excellents volumes de la **Géologie agricole** de **Rissler** en 1883-1889. Par la suite, on a découvert et utilisé les travaux de l'école pédologique russe. De 1929 à 1936, **Agafonnof** a été en France leur propagateur. On s'est ainsi mis au jour de la **pédologie zonale** et de ses **horizons étagés**. Mais dans tous les cas, on a perdu de vue la notion de **terroir** et celle de **site du terroir** qui sont fondamentales quand il s'agit des vignobles de qualité!

La vigne n'est pas une plante annuelle à courtes racines superficielles comme le blé ou la pomme de terre. C'est un arbuste de longue vie (50 à 80 ans), aux racines profondes. Si elles le peuvent, celles-ci s'enfoncent à quatre ou cinq mètres dans la terre. S'agissant d'agrologie viticole, il faut donc considérer à la fois le sol, le sous-sol et les données de la topographie, ce par quoi se définit, globalement, le **terroir**. Dans cette composante à trois éléments, deux points de vue sont à examiner : la capacité de production et le cycle de l'eau au cours de la période végétative, d'avril à octobre.

Depuis deux siècles, les chefs de culture nous font savoir que la vigne redoute **le poison de l'eau**. Qu'est-ce à dire? Qu'il faut aux ceps un sous-sol profond, pénétrable, aéré, bien drainé et sain. Chaque année, au printemps, il se forme un très grand nombre de petites racines nouvelles. C'est la première manifestation de reprise dans la vie de la plante. Elle conditionne la seconde qui est le départ de la végétation extérieure des ceps. Si dans le sous-sol, les eaux hivernales stagnent, s'il y a imbibition des différentes assises du terrain, cette double mise en train du cycle végétatif se fera dans les plus mauvaises conditions. Mais de plus, en été, quand le sol s'assèche, la vigne doit opérer en profondeur pour trouver l'eau et les éléments chimiques qui lui sont nécessaires. Si le faisceau des petites racines nouvelles ne s'est pas bien formé au printemps, il ne sera pas à même de jouer en été le rôle qui lui incombe. L'expérience a montré que c'était alors et dans ces conditions que la production viticole pouvait atteindre les plus hauts niveaux de la qualité, celle-ci étant fille du sous-sol.

Pour qu'il en soit ainsi, il faut qu'un drainage profond soit assuré à chacun des plantiers de vignoble. Il faut donc que le sous-sol soit perméable et que le « site du terroir » comporte de bonnes pentes. C'est pourquoi les croupes de graves du Médoc et les versants de pierrailles calcaires de Chablis mais aussi les dos de terrain crayeux de la Champagne et les terrasses schisteuses du Rhin sont de bons terroirs viticoles.

Et ceci d'autant plus que les qualités physiques de ces sols et de leurs sous-sols les assurent au mieux contre la versatilité du climat. Est-il trop sec et alors les racines profondes défendent les ceps contre les périls de la dessication. Est-il trop mouillé et alors la perméabilité et le drainage profond évitent l'imbibition et ses dangers.

Mais il faut pour tout cela des vignes vieilles, bien enracinées et, pourrait-on dire, entraînées à la lutte contre les excès du climat. Les vignes jeunes encore mal armées ne peuvent s'adapter ainsi aux diverses circonstances adverses que leur impose le climat. C'est un fait reconnu que jusqu'à l'âge de huit à dix ans elles ne peuvent donner de Grands Vins.

Il y a une autre raison à cette déficience : les vignes ont été trop bien soignées dans leurs jeunes années ; il a été nécessaire de leur donner une forte fumure de base pour assurer une « bonne prise », laquelle conditionne l'avenir du plantier. Mais le raisin récolté donne un vin médiocre et il ne faut pas le faire entrer dans la cuve des « Premiers » ; souvent même il faut renoncer à l'incorporer à celle des « Seconds ». On saisit là toute l'importance de la deuxième qualité que requiert un bon terroir viticole et qui concerne sa capacité productrice : le sol doit être maigre et assez pauvre pour laisser le premier rôle au sous-sol. Il faut que la vigne, ne trouvant pas dans les assises de surface, tout ce qu'elle pourrait souhaiter pour prospérer, soit contrainte et forcée de s'adresser aux assises du sous-sol où ses racines profondes puiseront la « sève » qui fera le Grand Vin. Selon la formule consacrée : « la vigne doit souffrir pour produire ». En conséquence, pour qu'elle produise bien, elle ne doit produire qu'assez peu. De là les mérites de ces sols pauvres que sont les **graves girondines**, les **pierrailles bourguignonnes**, les **débris schisteux** de la Moselle et du Rhin. Et, surtout, il ne faut pas corriger cette maigreur naturelle par des fumures. La vigne serait alors par trop tentée de rechercher tout ce qui lui convient dans les horizons de surface. Elle produirait davantage mais ce serait aux dépens de la qualité.

On le savait fort bien en Médoc, avant la crise phylloxérique : un contrat d'abonnement du **Château-Latour** précisait que l'on fumerait chaque année deux hectares de vigne sur les quarante du domaine ce qui donne une fumure tous les vingt ans. Il était également prescrit qu'on ne replanterait au plus qu'un hectare de vigne chaque année ce qui assurait le vieillissement d'ensemble du vignoble. Il s'agissait là de très anciennes pratiques. En 1787, les courtiers et propriétaires avaient pris soin d'en informer **Thomas Jefferson** en visite dans le Bordelais. Le futur président des Etats-Unis avait relevé dans ses **Carnets** les trois points principaux d'une viticulture de qualité : **vignes vieilles, sols maigres, peu de fumures**.

Il faut bien convenir que la mise en vigueur de ces principes exige non seulement de la rigueur et des sacrifices mais qu'elle va à contresens de toute l'agronomie de progrès dont les **Physiocrates**, les **François de Neufchâteau** et les **Mathieu de Dombasle** furent en France les initiateurs. Plus encore, il est bien difficile à des agronomes modernes, au sortir de leurs écoles, et à des Californiens qui ont toujours eu sous leurs yeux les terres fécondes dont ils ne se lassent pas même encore de vanter les hauts rendements, de se plier à cette règle de production archaïsante qui voudrait que l'on ne fasse rien, bien au contraire, pour porter la production d'une terre cultivée à son plus haut degré. Pour le blé, on est passé de six ou huit quintaux à l'hectare à quarante cinq, et à soixante ; pour le maïs, on est allé de quinze à quatre vingts quintaux. Faut-il se résoudre, pour la vigne, à faire exception et s'en tenir aux vingt/vingt cinq hectolitres traditionnels, tout au plus aux trente/trente cinq hectolitres que prescrivent les règles de l'« Appellation contrôlée » au lieu des quatre vingts à cent ou cent vingt hectolitres qu'il serait si facile d'obtenir ? En **Californie**, montrant le texte de Jefferson à des spécialistes de la viticulture, nous avons pu voir en quel état de désolation se trouvaient réduits ces bons esprits : fallait-il récuser un glorieux président de l'Union ; fallait-il contrecarrer la merveilleuse fécondité de la terre californienne dont **Vancouver**, l'explorateur, avait donné, dès 1794, une description enthousiaste, constamment rappelée depuis lors ? On voit le paradoxe : la Californie sera-t-elle contrainte de rechercher, chez elle, des sols médiocres - il y en a - pour faire des vins de qualité alors qu'elle dispose, à profusion et sous de très bons climats, de meilleures terres à vigne, pour ce qui est des hauts rendements en hectolitres ? Se résoudre à produire peu, quand les Grands Vins se vendent à de hauts prix, voilà qui exige également beaucoup de sang-froid dans les vieux pays viticoles. Fallait-il renoncer, dans les années 1970 et 1980, à mettre des engrais pour passer de 45 hectolitres à 60 et 70 voire même à 80, quand la clientèle demandait toujours plus de vins réputés et qu'elle ne regardait pas aux prix ? On ne jurerait pas qu'en Bourgogne comme en Bordelais, quelques faiblesses n'aient pas été acceptées au cours des années 70 qui sont des années d'euphorie. On ne se porterait pas non plus garant d'une certaine bénévolence au sujet des vignes jeunes. Quelle tentation que de leur reconnaître de soudaines aptitudes à produire de Grands Vins! Les engrais, la cuvée unique - et ne parlons pas, s'il vous plaît, du sucre de **chaptalisation** - voilà bien les dangers qui menacent les productions viticoles de qualité. Ce sera, historiquement, le très grand mérite de la belle époque de 1851-1883 de n'avoir à peu près pas sacrifié à ces facilités. En cela, elle reste un modèle. Dans l'affolement de la crise phylloxérique on perdit la tête bien des fois. Puisque l'insecte épuisait la vigne, ne fallait-il pas la fumer ? Puisque les vignes vieilles se mouraient, ne fallait-il pas utiliser le raisin des vignes jeunes ? Et un peu de sucre n'était-il pas nécessaire pour assurer à tout le vin du domaine un degré convenable ?

On a dit plus haut à quels malheurs les grands vignobles de qualité furent alors confrontés. La leçon vaut pour tous les temps, qu'ils soient difficiles comme ceux de 1930-1934 ou fastueux comme ceux de 1969-1974 ou 1981-1986. Les règles de la qualité ne se transgressent pas, en viticulture moins qu'ailleurs. Sur le fait des terroirs, elles sont si rigoureuses que l'on pourrait écrire, en détail, la longue histoire des mécomptes qui ont résulté de leur non-observance en collationnant les faillites, les abandons, les arrachages que l'on dénombre dans le seul Bordelais depuis un siècle et demi. Chaque fois que s'est amorcée une période de prospérité, on a planté de nouvelles vignes. Et, chaque fois, il a fallu en laisser perdre les deux tiers ou les quatre cinquièmes parce que l'on était sorti de l'espace limité des bons sites de terroir. Etant donné qu'ils doivent réunir trois ordres de qualités : sols, sous-sol et pente, les terroirs viticoles privilégiés sont peu nombreux et peu étendus. Leur genèse a nécessité la mise en oeuvre de processus morphologiques opérant sur un dispositif structural dans une combinaison réussie. Le Toulousain a d'immenses terrasses de graves mais, à l'exception du secteur de **Fronton** et de **Villaudric**, elles sont couvertes de limon et elles ne sont pas découpées en croupes par l'érosion comme dans le Bordelais. Dans les pays girondins, cette mise à nu et cette dissection des graves ne s'est faite au mieux que dans quelques cantons : **Sauternes, Léognan, Pessac, Pomerol-Saint-Emilion** et en **Médoc**.

Quoi d'étonnant si nous n'avons qu'un nombre restreint de Grands Crus classés dans le Bordelais ? Sur la Moselle et sur le Rhin, il faut des schistes éclatés par le gel à l'époque glaciaire et cela sur des pentes bien exposées. On ne trouve cette heureuse composante que sur de petites surfaces. Il en est de même dans l'**Alto Douro**, schisteux lui aussi, de **Porto**. Mêmes restrictions en **Champagne**, pour les dorsales de craie, sur la **Côte Bourguignonne** pour les coulées de débris calcaires gélivés, descendus des corniches qui assurent l'abri climatique. Dans chaque cas, très vite, on perd l'un des constituants du terroir ou de son site : tantôt c'est la craie qui manque et tantôt la pente, tantôt le sol est trop fécond et tantôt c'est le sous-sol qui n'est pas pénétrable ou qui est mal drainé. L'analyse comparative de tous les grands vignobles de qualité ne laisse pas le moindre doute: on ne fait de Grands Vins que sur un petit nombre de terroirs et les caractéristiques de ces derniers sont si strictement définies qu'il n'y a plus, à l'heure actuelle, à quelques exceptions près que fort peu d'espoir de les étendre à de nouveaux sites.

De divers côtés on se résigne mal à cet état de fait. Plutôt que de terroirs ne s'agirait-il pas de données sociales ? N'aurait-on pas le château d'un côté et donc l'aristocratie foncière, les moyens techniques et financiers, les paysans de l'autre et leurs petites surfaces, leur faible capacité d'investissement, leur manque d'organisation ? Pour mettre un terme à ces inégalités ne suffirait-il pas de renverser les situations acquises en mettant la coopérative de vinification au service des petits viticulteurs dans les régions d'« Appellation contrôlée » ? Ce problème est posé depuis bientôt trois siècles. Il en est question à l'aube même de la naissance des Grands Vins. « La largeur d'un fossé » : ainsi s'exprime le philosophe anglais **John Locke** en visite à Haut-Brion en 1678. Dans des **graves** apparemment semblables ce fossé suffit-il à séparer les plantiers déjà réputés du château de ceux moyens des bourgeois et paysans voisins ? L'enquête agrologique étant faite, la réponse est claire : le **Haut-Brion** a ses 38 hectares de vignes sur les deux collines de **Bahans** et des **Douze** que coiffent de grosses graves garonnaises. Il laisse la moindre part de ce terroir viticole exceptionnel à sa voisine plus modeste, la Mission Haut-Brion. Autour d'eux, il n'y a plus que des sols médiocres faits de sables noirs et d'argiles compactes ou de graviers mal drainés. Les constructions urbaines ont tout recouvert.

Est-ce à dire, après ce bel exemple tiré de Bordeaux, que la prééminence reconnue du terroir minimise le rôle des hommes ? Certainement pas. Leur intervention a été décisive dans le choix des terroirs et, nous l'avons montré, dans toute la politique de recherche d'une production de qualité. Les Pontac à leur tête, les notables bordelais ont créé les « New French Clarets » et les grands négociants de Londres ont assuré leur promotion. C'est chose faite dès 1730-1740. Il a ensuite été relativement facile d'étendre et d'élargir ces premières conquêtes. On a découvert, à chaque génération, de nouveaux terroirs viticoles de haute qualité, on a sélectionné plus sévèrement les cépages nobles ; les techniques de culture, de vinification, de vieillissement ont été perfectionnées dans un esprit de rigueur et de refus de toutes les faiblesses. Tout ceci empiriquement, mais avec une belle constance. On arrive ainsi aux glorieuses réussites de la « belle époque » de 1851 à 1883. Triomphe alors l'heureuse combinaison des meilleurs terroirs et de l'action des hommes la mieux soutenue pendant un siècle et demi.

On ne peut que rendre hommage à ces efforts et aux résultats obtenus, mais on perdrait le sens de l'oeuvre ainsi accompli si on se refusait, comme on l'a fait parfois, à mettre en avant et au tout premier plan, la valeur propre, les traits spécifiques et l'étendue restreinte des **terroirs viticoles privilégiés**. Les progrès accomplis depuis un quart de millénaire n'autorisent-ils pas d'autres développements de la viticulture de qualité ? Très certainement. Et tout d'abord on peut appliquer les meilleures techniques, celles des châteaux de premier rang, à de moyennes et petites exploitations qui disposent de bons terroirs. C'est ce qui a été fait sur les sept hectares initiaux et inégalables de Petrus à Pomerol, superficie qui a cependant été portée dans les dernières années à plus de 11 ha.

Dans la Bourgogne du Beaunois ou du Nuiton, on pourrait citer des clos encore plus modestes qui obtiennent des résultats remarquables. Cependant, ce sont là, d'une certaine manière, des tours de force. Il est bien difficile d'éliminer les terrains de seconde zone quand on n'a que de petites surfaces. Il n'est pas si simple d'avoir une forte proportion de vignes vieilles quand on ne dispose que de quelques hectares et d'autant moins qu'une gelée (en 1956 à Pomerol), ou une crise, peuvent mettre les plantiers en mauvais état sur l'ensemble de la propriété. La coopérative pourrait, certes, prendre à son compte, dans de bonnes conditions techniques, la vinification et le vieillissement. Mais tous ses membres ont-ils de bons terroirs et des vignes vieilles ? Sont-ils tous prudents du côté des engrais ? Consentent-ils tous aux rigueurs des nécessaires sélections ? On le leur souhaite. Et on en connaît en 1987 un très remarquable exemple, à Saint Emilion avec l'**Union de Producteurs**, que dirige **Jacques Baugier**. En imposant des disciplines et des efforts exceptionnels pour produire de grands vins c'est aujourd'hui la coopérative viticole qui en France montre l'exemple. Mais pour l'heure et sur chacun de ces points n'est-on pas assez loin du compte ? On en a assez dit pour faire voir que la montée de la qualité n'avait pu se faire, en matière viticole, qu'en fonction d'une prise de conscience de la notion de **terroir privilégié**, même si, au niveau du grand public ou du côté de l'agronomie générale, un important décalage avait pu être observé entre la pratique et les opinions reçues. En un mot, les choses se sont faites avant d'être dites, si bien, qu'aux époques récentes, le retard à rattraper a exigé non seulement une ample réflexion mais aussi une révision critique d'affirmations mal fondées, en dépit de leur large vulgarisation. En fait, c'est aux crises qui se sont répétées depuis 1885 que l'on doit d'être revenu à une meilleure compréhension du rapport terroir-qualité, même si bien des tentatives ont été faites pour trouver des explications dans un sens opposé. Il est d'ailleurs satisfaisant pour l'esprit de penser que, dans sa complexité, le problème ainsi posé nous fournit un bel exemple d'interférence entre les phénomènes de civilisation et des données du milieu naturel. Satisfaisante aussi cette observation que, pour en juger, nous avons sous la main pourrait-on dire, deux périodes privilégiées de 1956 à 1974 et de 1981 à 1986 qui ont renouvelé et exalté la réputation universelle des Grands Vins.

Des hauts sommets, à nouveau atteints même s'il faut prendre en compte les périodes difficiles de 1975 et de 1984, on peut mesurer le chemin parcouru depuis la « révolution des boissons » de la fin du XVIIe siècle. A cette époque, les vignobles français auraient pu sombrer dans la médiocrité ou même disparaître, corps et biens, sous les coups d'un blocus édicté par les « Puissances maritimes ». L'heureuse naissance des Grands Vins et des liqueurs de marque rendit possible un renversement de la conjoncture ; une nouvelle fortune était promise à la viticulture dans la mesure où elle avait choisi la qualité. Le vignoble a certes connu de multiples vicissitudes, mais, devant le péril, la ténacité des sociétés rurales viticoles, la compétence du négoce « éleveur », le bon goût des amateurs l'ont emporté. Cette solidarité des trois groupes sociaux intéressés a été décisive ; on lui doit la floraison des « belles époques », les crises étant dues au fléchissement de l'un des trois partenaires. C'est ce que l'on observe au temps du phylloxéra et du mildiou pour le premier, à celui de la fraude pour le second et au moment où se lève le vent de la prohibition pour le troisième.

Rappelons cependant que l'histoire récente de la vigne et du vin, dont on a vu à quel point elle fut mouvementée au cours du dernier quart de millénaire, s'inscrit sur le fond de tableau d'une antiquité de légende qui sut donner au vin un inaltérable prestige. Ne cherchons pas trop à savoir quels étaient les intentions, mobiles et pensées de ceux qui ont divinisé **Bacchus**. Observons seulement qu'une tradition profondément humaniste a été par là même fondée et qu'elle a traversé les siècles. La réprobation dogmatique de l'Islam et la prohibition puritaine de 1920 ne pouvaient rien contre elle, l'injuste condamnation du vin suscitant une réaction de fidèle soutien. En Espagne, ce sera la vigoureuse impulsion donnée à la viticulture de la **Vieille-Castille** par les chrétiens qui entendent ainsi s'opposer aux musulmans. Aux Etats-Unis, les temps mesquins de la prohibition ont provoqué le choc en retour des faveurs actuellement accordées, de l'autre côté de l'Atlantique, aux vins de qualité.

Au cours des siècles, il nous faut aussi faire leur part aux larges adhésions qui furent génératrices d'un commerce prioritaire. Nous les découvrons, non seulement dans les pays producteurs comme l'Allemagne rhénane, les marchands de Cologne gagnant à la cause du vin les villes de la Hanse, mais plus encore dans les sociétés économiquement avancées des pays non producteurs de l'Europe du Nord pour qui les vignes appartiennent à un monde lointain, de type colonial. Les bourgeois flamands du XIIIe siècle, dont **Henri Pirenne** nous rappelle l'étonnante réussite commerciale, avaient pris l'habitude, chez eux, de boire régulièrement du vin : **burgensis qui ad hospitium vinum bibere solet,** nous dit un texte de 1246. Après eux, toute l'Europe du Nord, l'Angleterre en tête, se fit un devoir et une gloire d'encourager le grand commerce des vins gascons. Les Hollandais y ajoutèrent celui du brandevin.

Ces initiatives relèvent de groupes vigoureux dont les membres restent le plus souvent anonymes. Au contraire, lorsque nous arrivons à l'étape décisive du passage à la qualité, des individualités marquantes apparaissent. Est-ce seulement parce que, plus proches de nous, ces aventures nous sont mieux connues ? Toujours est-il que nous avons des noms à avancer : **Pontac, Saint-Evremond, Dom Pérignon, Montesquieu, de Ségur** et aussi **Pombal, Domecq, Woodhouse.**

Disons que c'est là une caractéristique de notre époque qui a besoin de héros et de vedettes. Nous y sommes entrés au cours de la première décennie du XVIIIe siècle, quand le commerce de Londres a individualisé, dans les vins de Bordeaux, les principaux représentants du New French Claret. Tout le système hiérarchisé des crus classés nous vient en droite ligne de cette initiative. La même pente a été suivie au temps de la fraude quand les grandes marques ont tenu à se détacher d'un générique à leurs yeux galvaudé : pas du Cognac mais du Hennessy, pas du Champagne mais de la Veuve Clicquot.

Leur prestige allait loin. Sur les hauts plateaux du Mexique, de 1910 à 1920, au plus fort de la guerre civile des Pancho Villa et Venustiano Carranza dont on sait les fins tragiques, on ne fusillait jamais un général vaincu sans lui offrir « el favor » d'une coupe de Viuda, **Veuve Clicquot** ou d'une copita de « Brazo armado », c'est à dire du **Cognac Hennessy**. Sous une forme heureusement plus anodine, nous retrouvons cette même ligne de force dans le **B. and B.** des Américains.

Par les noms, on passe aux terroirs. Une dégustation n'a son plein sens que si elle peut se situer dans un environnement de géographie et d'histoire : d'une part les sols, graves ou calcaires, de l'autre l'oeuvre séculaire des hommes pour produire des vins ou des liqueurs de qualité. Nous aimons savoir sous quels cieux ont mûri les raisins qui ont donné un **Clos Vougeot** et à travers quelles traditions de la **rège** et du chai un grand **Latour** ou **Canon** est venu jusqu'à nous.

Cependant, il faut bien dire que plus nous cherchons à serrer de près le mystérieux rapport du terroir et du bouquet, plus nous sentons qu'il a ses racines au fond des âges. Remontant jusqu'à Salomon et jusqu'à Noé, jusqu'à Hésiode et jusqu'à Homère, les hommes sont reconnaissants au vin d'avoir été présent depuis plus de trois mille ans aux grandes heures des civilisations occidentales. Ils savent aussi gré aux Vins fins de s'identifier, depuis un quart de millénaire, à une société élégante et distinguée dont l'Europe occidentale a créé le modèle au Siècle des Lumières. Pourquoi, de nos jours, ne demanderait-on pas aux divers degrés des produits viticoles: V.D.Q.S. et A.O.C., Grands Crus classés et Grandes Liqueurs, de hiérarchiser nos espérances d'un mieux-vivre qui, tout comme la culture de la vigne, s'étendrait au monde entier ?

3 LA PRÉÉMINENCE DES TERROIRS DANS LA PRODUCTION DE VINS : L'EXEMPLE BORDELAIS

Le climat et le terroir

Quels meilleurs exemples pourrions-nous prendre pour évaluer l'importance respective des éléments relatifs au terroir et au climat que la **Californie** des chaînes côtières, celle des **Coast Ranges** et le Bordelais. Cette comparaison est pleinement justifiée d'autant plus que la première a souhaitée se poser en rivale, dans les années 70 du second. Dans les deux cas, les régions productrices de vins se localisent à proximité d'un immense océan, **l'Atlantique** pour le Bordelais, le **Pacifique** pour la Californie. La différence se marque par un décalage en latitude considérable : 800 à 1 000 kilomètres; le **Haut-Médoc** est juste au nord du 45° parallèle, cependant que Napa Valley, l'un des bons terroirs viticoles de la Californie, se situe un peu au nord du 38° (nord-est de la baie de San Francisco). Or, les spécialistes de Davis ont pu établir que, d'avril à octobre, le total des «degrés-jours» comptés au-dessus de 10 degrés, était à peu près le même à **Bordeaux** et à **Saint Helena**. Comment se fait cette égalisation, à première vue singulière ? Elle résulte du refroidissement que le courant froid de Californie, longeant les côtes américaines, du nord vers le sud, fait subir à la région des Coast Ranges, mais aussi du réchauffement que les eaux chaudes du **Gulf Stream** et de la **dérive nord-atlantique** opèrent sur toutes les côtes de l'Europe de l'Ouest. Jouant en sens inverse, les deux phénomènes conduisent à une équivalence climatique entre le Bordelais et Napa Valley.

De cette mise en parallèle, nous retiendrons que les deux climats sont exceptionnels, chacun à sa manière. De l'un à l'autre, il y a cependant des différences, qui permettent de mieux préciser la personnalité du climat viticole girondin. Les eaux froides du Pacifique déterminent une anomalie climatique à influence courte sur le continent voisin. On passe, sur quelques dizaines de kilomètres au long d'une même vallée (Salinas), du climat de l'artichaut à celui de la vigne non irriguée et à celui des cultures méditerranéennes d'un pays très chaud et très sec, où il faut arroser tout au long de l'été. C'est comme si Saint-Pol-de-Léon, en Bretagne, Pauillac, en Médoc et Valence dans le Levant espagnol se trouvaient sur le parcours d'une petite heure d'automobile dans une même plaine.

Par comparaison, les trois pays viticoles de Cognac, de Bordeaux et de l'Armagnac, étalés sur des distances trois fois plus grandes, nous apparaissent comme équivalents, à de très légères nuances près, du point de vue climatique. C'est que le Gulf Stream et la dérive nord-atlantique exercent une influence longue sur le climat de l'Europe qui se trouve ainsi adouci, régularisé et réchauffé dans une zone qui s'élargie vers l'intérieur des terres. Ainsi uniformisé, ce climat est favorable à la vigne. Il faut y regarder de très près, ce qui n'est pas le cas en Californie, pour faire apparaître les petits avantages et les petits inconvénients de tel ou tel secteur en matière de viticulture. Qu'on le veuille ou non, on se trouve ainsi conduit, sinon à minimiser, du moins à contenir dans de strictes limites la part que peut avoir le climat dans la définition d'une région viticole comme dans un classement qualitatif des vins qui y sont récoltés.

La seconde remarque préalable concerne ce que l'on doit appeler **l'optimum climatique de la vigne**. Prenons le **Médoc** : il produit de grands vins. Faut-il considérer que son climat correspond à l'idéal que l'on peut souhaiter pour la vigne ? Sur la basse Dordogne, en vignoble de palu, le climat girondin autorise, à peu près sans exception d'une année à l'autre, de très gros rendements en vins de consommation courante, soit 120 à 150 hectolitres à l'ha, parfois même davantage. Ce n'est évidemment pas l'abondance que recherchent les responsables des châteaux Bordelais. Au contraire, ils s'en méfient, tout comme le législateur qui limite impérativement la production autorisée dans les Appellations d'Origine Contrôlées. Sauf exception, la grande abondance d'une récolte est synonyme, dans les grands crus, d'un modeste millésime. Il reste que le climat girondin est un peu trop favorable à la vigne. Fort heureusement, la *maigreur* du sol corrige d'une manière quasi automatique la *bonté* d'un climat quand il entraine une trop grande facilité de production, au cours des années climatiquement optimales pour la vigne.

Au demeurant, la relation du climat et de la production viticole de qualité ne s'établit pas en ligne directe. On vient de le dire, elle passe par le correctif du terroir, ce qui ne manque pas d'accroître le rôle de ce dernier. L'avantage climatique du Bordelais se situe en réalité sur un autre plan : on sait qu'un grand vignoble représente de très gros investissements, tout particulièrement dans les Grands Crus Classés. Les vignes jeunes n'entrant pas en ligne de compte. Un délai de dix à douze ans est à prévoir avant de récolter des vins de qualité. Un climat excessif met en péril le capital de base si un coup de froid ou une forte grêle dévaste les jeunes plantiers. De plus, les vieilles vignes qui font la valeur d'un domaine sont les plus fragiles : en cas de gel ou de grêle, ce sont les plus durement touchées. Les secteurs privilégiés du vignoble se trouvent menacés et, avec eux, le meilleur niveau de la production de qualité.

Ce que le Bordelais demande d'abord au climat, et ce dernier lui est généralement favorable, c'est avant tout de ne pas être le «bourreau de ses vignes». Or, l'expérience montre que, sur une longue période, les séries moyennes annuelles des types de temps du Médoc sont les plus indulgents de toute l'Aquitaine. Les intempéries, au sens propre de ce mot, qui est synonyme de nuisances climatiques y sont généralement bénignes. Cette particularité première du climat étant reconnue, l'art du vigneron consiste à solliciter de son mieux le cours annuel du temps atmosphérique, de telle manière que le terroir puisse conduire la production vers la qualité. C'est là le sens des façons culturales, de la taille, des pulvérisations anticryptogamiques et, préalablement, de la disposition et de la densité des règes et des ceps. Tout ira pour le mieux si le climat veut bien distribuer des étés chauds et secs, des automnes ensoleillés et prolongés. Dès lors comment ne pas être tenté d'attribuer le mérite principal des réussites viticoles ainsi obtenues au climat, c'est-à-dire à cette heureuse succession de belles journées, notamment entre juillet et septembre. On assiste certaines années au déroulement de ce que l'on pourrait appeler la *norme supérieure*, celle qui, sans efforts ni soucis, donne de bons millésimes. Le chef de culture est ravi de ces parcours sans histoire, mais, inquiétudes mises à part, il sait également se satisfaire d'une moins bonne performance de l'été, pourvu que l'automne soit généreux. C'est ce que l'on put voir en 1972 et en 1985. Depuis qu'il est parfaitement équipé pour la lutte contre le mildiou et l'oïdium, et qu'il sait qu'on le préviendra à temps des pulvérisations à faire, il peut même tenir pour négligeables des phases humides en juin et juillet. Autrefois, elles le terrorisaient par leur répétition; en 1930-1931-1932, par exemple, elles furent désastreuses. De nos jours, il suffit que le mois d'août et la première quinzaine de septembre veuillent bien assurer la compensation nécessaire et forcer un peu le degré de chaleur; on arrive alors, à de bonnes vendanges, en dépit d'un été trop arrosé en juillet.

Ce que redoute le viticulteur Bordelais, ce sont les écarts de conduite d'un climat qui, sortant de ses normes, se refuse à lui donner l'une ou l'autre des séries atmosphériques moyennes qu'il est presque en droit d'attendre; au printemps, la douzaine de belles journées qui évitent la «coulure» ou du moins la réduisent à des proportions acceptables; en été, les cinq à six semaines de chaleur sèche qui forcent la vigne à nourrir le raisin des meilleurs sucs tirés du sol et du sous-sol; en automne, les quinze à vingt jours de douceur lumineuse qui assurent de bonnes vendanges. Si, tout au contraire, des pluies répétées et abondantes en fin du mois de mai et au début de juin tombent sur la fleur, une partie de la «promesse» se trouve perdue. Ce n'est pas trop grave quand il y a seulement un cépage plus précoce ou plus tardif qui se trouve atteint. On enregistre alors un déficit significatif de récolte, mais la qualité n'en souffre pas trop. La situation s'aggrave si la «coulure» se répète, ce fut notamment le cas en 1984, année qui affecta les Merlots du Libournais. On n'a plus alors qu'une «petite espérance» et, de plus, les irrégularités de la floraison rendent plus fragile l'ensemble de la production. Il devient difficile de la conduire à bon port. On ne parvient que rarement à rattraper la belle unité de maturation que l'on peut souhaiter pour faire de bonnes vendanges.

L'étude du climat ne saurait s'abstraire de considérations historiques. Nous avons pu nous en persuader en procédant à l'analyse des documents d'archives. Ils montraient que, s'il y a de sérieuses inquiétudes chez les viticulteurs girondins au sujet du climat, elles sont moindres en Médoc que dans les autres régions du Bordelais. S'agissant de la qualité des vins, au travers des millésimes successifs, les textes anciens prouvent aussi que le Médoc est ordinairement l'un des secteurs les plus favorisés de l'aire viticole Girondine.

Tout ceci ne nous autorise pas à conclure qu'en matière de grands vins le climat apporte une autre réponse que celle de sa propre variabilité enregistrée par les hauts et les bas des récoltes. Dans les meilleures hypothèses, la succession des types de temps annuels ne peut que libérer les possibilités propres à chacun des terroirs. La preuve en est que, de nos jours où la viticulture est bien armée, le plus grands crus, parviennent à faire de bons vins, même lorsque le climat boude à longueur d'été, comme ce fut le cas à plusieurs reprises. En définitive, c'est à des services exceptionnels du climat : **gel, grêle, coulure, pourriture**, qu'il faut attribuer les mécomptes occasionnels du vignoble. La chance du Haut-Médoc, c'est que, sur le long terme, ils sont moins dommageables que dans le reste du Bordelais.

Après avoir souligné ce côté «négatif» du climat, il faut aller plus loin dans l'analyse du terroir. Ceci afin de préciser comment celui-ci corrige jusqu'à un certain point les inévitables excès ou faiblesses du climat, tout en jouant un rôle propre qui est de fournir aux ceps les moyens de réaliser une production de qualité. Nous disons bien le **terroir**, et pas seulement le **sol**, car il s'agit de prendre en compte, sous tous ses aspects, le comportement des vignobles de Grands Crus au cours de l'année viticole. Ce comportement est certes fonction du dessin de la courbe climatique, mais, pour une bonne part, c'est au travers de la réaction du terroir que la vigne l'enregistre, si bien qu'en définitive ce n'est pas du climat puis du sol qu'il s'agit, mais de la combinaison des vertus propres d'un **terroir déterminé** et du **cycle climatique** de l'année considérée.

Ce qui nous amène à préciser que le *climat* est un phénomène régional, tandis que le *terroir* est strictement local, et qu'il commande seul la hiérarchie des qualités. Par là se trouve démontrée, à l'évidence, la double nécessité de l'étude détaillée des traits originaux de chaque terroir entreprise depuis 20 ans par l'**Université de Bordeaux** et de l'analyse comparative qui est indispensable. Nous savons que si, pour le climat, il s'agit seulement de nuances, dans le domaine des terroirs les différences se multiplient en même temps que les hiérarchies s'accusent. C'est cette mise en évidence qui fait apparaître la position privilégiée des terroirs du Bordelais.

Terroirs et qualité

Dès le milieu du XVIIIème siècle, la mutation s'est

opérée, et le Bordelais est passé du **privilège juridique** au **privilège agrologique**. Peuvent seuls produire des vins de qualité, tels qu'on les accueille, au prix fort, sur les marchés, les terroirs formés de croupes de graves qui s'égrènent du Sauternais au Haut-Médoc et, un peu plus tard, de Saint-Emilion à Pomerol. S'y ajoutent les terroirs calcaires à Barsac, à Fronsac et à Saint-Emilion.

On a perdu de vue ce changement fondamental des données de la viticulture girondine, parce qu'il y a, en gros, une sorte de superposition spatiale entre le **privilège historique** et la **province agrologique**. C'était le plus souvent à Saint-Macaire ou à La Réole que s'achèvait, vers l'amont, le domaine protégé par les édits, lois et décrets favorables aux Bordelais : c'est à Langon ou à Saint-Macaire que commence le modelé d'érosion des nappes et terrasses de graves par quoi se définit aujourd'hui le Bordelais des Grands Crus. A l'heure actuelle, seule la donnée agrologique est en question. On ne saurait définir des «appellations d'origine contrôlée» qu'en fonction des terroirs.

Il a fallu, dans le Bordelais, une assez longue prise de conscience du phénomène. Si un grand nombre de Crus sont déjà classés dans les dernières décennies du XVIIIème siècle, c'est seulement au XXème siècle, pour lutter contre la fraude, que l'on éprouvera le besoin de délimiter les zones d'appellation et de les identifier avec des terroirs. Oeuvre de longue haleine, l'établissement de cette relation entre l'agrologie et la qualité n'est pas encore arrivé à son terme, en raison des interpénétrations qui ne peuvent manquer de se produire entre le fait naturel qu'est le terroir et le fait humain que constituent les structures agraires, les modalités de la production viticole et les techniques de vinification. Cependant, plus on avance dans le cours du XXème siècle et plus ce rapport entre les terroirs et la hiérarchie qualitative des vins se trouve précisé. Il faut rappeler ce qu'ont été «les ambiguïtés au départ», autrement dit la confusion entre les données historiques et les données naturelles, pour bien saisir la notion de terroir viticole et pour comprendre qu'elle n'a été prise en considération que tardivement et d'une manière progressive.

Aujourd'hui, on peut expliciter en clair et fonder pour le Bordelais les hiérarchies de classement des crus girondins et des appellations de la Gironde, en connaissance de cause. Ceci signifie que certaines appellations doivent être réhabilitée et certains Crus situés à leur vrai niveau.

Sols et terroirs

Il ne faut pas confondre le **sol** et le **terroir**. Le sol des agronomes se définit par la composition des matériaux constitutifs de la couche arable. On en précise la texture, c'est-à-dire la composante des divers matériaux qui le constituent, ce qui veut dire la manière dont les divers éléments du sol s'associent en agrégats, le coefficient de fertilité, autrement dit la proportion des éléments qui conditionnent la production agricole.

Tout ceci peut être observé sur le terrain et, mieux encore, analysé dans un laboratoire. On a alors des termes de comparaison entre les divers sols d'une région, le Bordelais en l'occurrence. Saisissant les deux bouts de la chaîne, on peut opposer les sols squelettiques et infertiles des Landes faits de «sables noirs» quartzeux, assez fins, aux sols épais, argilo-calcaires, appelés «terreforts», qui couvrent les versants où affleurent les molasses dans l'Entre-deux-Mers, le Libournais et le Blayais. Ceux-ci sont les plus fertiles du Bordelais. Egalement fertiles, les sols à texture fine, argilo-limoneuse, des palus en bordure de la Gironde, de la Dordogne d'aval et de la basse Garonne ont besoin d'être drainés. Plus maigres sont les graves sableuses et à galets quartzeux si largement étalées dans le Bordelais, le long de la Garonne-Gironde et de l'Isle-Dordogne, mais aussi sur les lisières sud-ouest de l'Entre-deux-Mers et dans quelques secteurs du Blayais ou des confins Bordelais. Sans doute faut-il distinguer ici entre les «vieilles graves» argilo-sableuses et relativement «grasses» des hautes nappes éloignées des vallées et les «graves jeunes», sableuses, des terrasses moyennes proches de la Garonne et de la Dordogne. Il est de fait que les grands vins et tout d'abord les meilleurs crus de vins rouges sont récoltés sur des graves intermédiaires qui se situent entre les nappes culminantes et les terrasses moyennes. Il s'agit de graves maigres occupant des croupes assez hautes; Pessac, Margaux, Saint-Julien, Pauillac, appartiennent à ce niveau, ainsi que Pomerol et une partie de Saint-Emilion.

Cela étant tous les grands crus girondins ne sont évidemment pas sur des graves. Il y en a à Saint-Emilion et à Barsac sur des calcaires. Encore faut-il préciser qu'il s'agit en réalité de sols minces argilo-sableux, ou plus épais et sableux, reposant sur des calcaires. On peut aussi avoir des crus de haute qualité sur des versants abrupts de terrefort à Saint-Emilion par exemple, parfois même sur des argiles foisonnées comme à Pomerol. Mais ces exceptions ne vont pas contre la règle qui donne quantitativement la prééminence aux graves dans les pays girondins pour la très grande majorité des vignobles producteurs de grands vins.

Quelle graves ? Du piémont pyrénéen de Saint-Gaudens et Pamiers, jusqu'à La Réole, nous avons la plus belle série de terrasses de toute l'Europe. Elles sont faites de graves pyrénéennes, à quoi s'ajoutent, sur le Tarn et l'Agout, les graves issues du Massif Central méridional. Or, il n'y a pas là de vignobles réputés. C'est que ces terrasses sont intactes et en grande partie couvertes de limons fins, ce qui donne des terres battantes, les boulbènes. On peut y cultiver la vigne, elle produit seulement des vins courants. Au contraire, à partir de Langon, les nappes et terrasses de graves ont été ruinées par l'érosion. Elles sont divisées en croupes plus ou moins arrondies, et elles ne portent pas de limons. Là se sont établis les grands vignobles de qualité du Bordelais. Les terroirs qui les portent se définissent à la fois dans leur topographie, leur sol et leur sous-sol. D'abord, des croupes de graves, ce qui veut dire des terrains bien égouttés qui ne retiennent pas les eaux. Ensuite, des sols maigres, faits de graves sableuses ou plutôt sablo-argileuses. Enfin un sous-sol sain et pénétrable qui peut être constitué par des graves sableuses perméables, des calcaires, des argiles. Les combinaisons ainsi réalisés ont plusieurs avantages : d'abord celui d'offrir un ensemble sol et sous-sol assez maigre pour que la vigne y souffre à produire et donne de petites récoltes, gage de qualité; de plus, un terrain pénétrable et sain, dans lequel les vieilles vignes celles qui font le grand vin ont pu faire descendre leurs racines à 4 ou 5 mètres de profondeur; en troisième lieu, un terrain à grande perméabilité dans lequel l'eau ne séjourne pas, ne stagne pas, même en profondeur; en même temps que l'eau, l'air y circule, si bien que l'assèchement du sol est rapide. La vigne doit lutter pour s'adapter à cette dessiccation; c'est là une condition primordiale pour que l'on ait, en petite quantité, de bons vins.

Ces définitions nous font toucher du doigt le «privilège agrologique» des pays girondins. Pour une agriculture intensive, céréalière ou fourragère, leurs terrains de graves sont pauvres et trop facilement asséchés. Pour la vigne, ils sont tout simplement remarquables si l'on songe à la qualité. La grande chance du Bordelais c'est avant tout d'avoir ces terroirs. Ce qui lui a permis de produire des grands vins, mieux encore de fournir le modèle des terroirs viticoles qui, les premiers, ont donné des vins fins, susceptibles de vieillir, rendant ainsi possible les vinifications de plus en plus soignées qui sont à l'origine des plus hautes productions viticoles de notre temps.

Pour définir le Bordelais viticole nous sommes obligés d'élargir notre enquête aux pays voisins - en poussant des pointes jusqu'aux Pyrénées et jusqu'au Massif Central, afin d'apporter des solutions aux trois problèmes que posent les croupes de graves du Bordelais, à savoir : Pourquoi y a-t-il tant de graves dans le Bordelais, et si loin des montagnes ? Pourquoi les graves s'y présentent-elles en croupes, ce qui fait leur valeur viticole, et non pas en nappes et terrasses horizontales ? Pourquoi y a-t-il dans ces graves des hiérarchies, c'est-à-dire du meilleur et du moins bon, le meilleur se trouvant réduit à une centaine de sites de terroirs vraiment privilégiés parmi lesquels on voit émerger les meilleurs ?

On concevra aisément que le problème ainsi posé demande que soit préciser en l'isolant la notion de terroir. S'agissant de la qualité des vins, des chevauchements s'étaient constamment produits. On voyait intervenir à côté du terroir et au-dessus de lui des notions sociales : un grand vin ne serait-il pas seulement un vin de château, quels que puissent être les terres en culture ? Ou bien on accordait la priorité au climat : le soleil ne fait-il pas le vin ? On en oubliait d'observer qu'il brille également pour tous dans un même canton.

Mais si l'on s'attache au seul terroir, les objections affluent. Les graves ne sont-elles pas les mêmes partout ?

Ici, l'histoire intervient. Dès le XVIIème siècle, les meilleures croupes de graves ont été reprises aux censitaires, dans le but de constituer des domaines aussi bien pourvus que possible en terroirs de graves du premier choix. C'est un fait que, bien souvent, il n'est resté aux mains des paysans que les laissés pour compte. Trois siècles de cette politique ont abouti à concentrer presque toutes les bonnes terres viticoles entre les mains des propriétaires de Grand Cru. Dès lors, **«the width of a ditch»**, dont parle **John Locke**, vient séparer les graves d'une croupe réunissant toutes les qualités requises pour une production de grands vins de celles qui, occupant un ensellement, se trouvent défavorisées parce que le drainage s'y fait mal, ce qui les pénalise d'indiscutable manière.

Faut-il entrer dans les particularisme de l'histoire géologique et géomorphologique du Bordelais viticole, pour arriver jusqu'à l'explication des différences et des hiérarchies qui apparaissent dans les graves. Parce qu'ils s'en tenaient, le plus souvent, au sol pris en lui-même, les agronomes ne sont pas arrivés à la notion de terroir et aux rapports du sol, du sous-sol, de la topographie et du cycle de l'eau. De leur côté, les géologues se sont bornés à replacer les graves dans la succession des séries stratigraphiques qui font l'objet habituel de leurs études. Dans cette voie, le très estimable ouvrage d'**A. Fabre** sur les terrains de revêtement du Médoc, ne fait que prendre la suite de sa thèse principale, tout à fait remarquable, sur les terrains tertiaires. L'auteur ne s'est pas soucié de la relation graves-viticulture, car, la question était en dehors de ses préoccupations scientifiques. Pour ce qui nous concerne au premier chef, le modelé des croupes de graves, A. Fabre n'y a pas prêté attention. Les phénomènes d'érosion qui ont élaboré le relief médocain ne l'intéressait pas. C'est pourquoi l'étude d'ensemble des graves viticoles devait être reprise. Il faut aussi l'élargir à tout le Bordelais si l'on veut répondre aux trois questions qui ont été posées ci-dessus. Par leur modelé en croupes, les graves girondines forment une remarquable **«province géomorphologique»**. Il faut en analyser les traits d'ensemble. On y gagnera de pouvoir comparer les sites de terroir réputés de Sauternes, de Léognan, de Pessac, de Pomerol, de Saint-Emilion et de Fronsac, avec l'ensemble du Médoc. En d'autres termes, c'est toute la carte des Grands Crus Girondins qui peut-être mise en question par la notion de terroir.

Toutefois, l'affaire n'est pas simple car elle met en oeuvre des phénomènes de transport et d'érosion dont nous n'avons plus l'équivalent sous les yeux. Elle fait aussi intervenir une chronologie dont la mise au point s'est effectuée par étapes dans le cadre d'une géologie du Quaternaire de plus en plus enrichie de phases et de crises. Pour que chacune y trouve sa place, il a fallu convenir que le Quaternaire avait eu, en durée, une extension beaucoup plus grande qu'on ne l'avait imaginé tout d'abord. On lui accorde actuellement 1,8 million d'années, au lieu des 200 000 ou 300 000 ans jugés autrefois suffisants pour englober la suite des événements qui s'inscrivent dans cette ère géologique.

Cette présentation élargie de «l'histoire» quaternaire des graves girondines est indispensable si l'on veut dégager les traits spécifiques du Bordelais viticole. Contrairement à ce que l'on pourrait imaginer, les graves girondines ne sont pas la simple «suite» des graves garonnaises du Toulousain, du Bas-Quercy, de l'Agenais et du Marmandais. Elles sont dans l'ensemble plus vieilles. Leur masse principale est venue directement des Pyrénées (à travers les Landes), et ceci antérieurement à la constitution du réseau garonnais. Puis, tandis que s'édifient les belles terrasses étagées de l'amont, en Gironde, la **destruction érosive** va de pair avec **la construction alluviale**. Dans le Bordelais, on est en présence des «ruines» d'un système alluvial, tandis qu'au-delà de La Réole un admirable dispositif en nappes hiérarchisées a pu se conserver à peu près intact. De ce fait, on a d'un côté, à l'aval, des croupes de graves, et c'est tant mieux pour la vigne, cependant que, de l'autre, on a des plaines où les graves sont couvertes de limons, ce qui ne saurait convenir à une production viticole de qualité.

On le voit, il faut partir d'un fait d'observation : l'existence trois fois séculaire des Grands Crus. Notre analyse se fonde en premier lieu sur l'examen de la carte des sites de terroirs qui portent des vignobles réputés. Elle se développe ensuite par l'étude comparée des terroirs ainsi définis. On en précise l'origine et la mise en place avant de passer aux modalités de l'élaboration du modelé uniforme des croupes de graves ce qui conduit à une hiérarchisation des terroirs viticoles. Dans les classements, on le verra, on va du «passable» et de «d'assez bon» au très bon et à l'éminent. On comprendra ainsi le pourquoi de la hiérarchisation, mais plus encore la singularité du Bordelais viticole.

Château Corbin, Grand Cru classé à Saint-Emilion.

4 DEFENSE ET ILLUSTRATION DES GRANDES APPELLATIONS DU BORDELAIS A PARTIR DES TERROIRS

Ces appellations doivent-elles être défendues ? Le législateur les a reconnu et les syndicats des appellations en assurent depuis le début du siècle la double défense, à l'extérieur en luttant contre les tentatives de fraude et à l'intérieur en imposant la définition et le respect des disciplines de production. Ce qui doit être défendu, c'est la vocation du Bordelais à ce pluralisme d'appellations unique au monde. Chacune à ses caractéristiques propres, une typicité que ses vins expriment. C'est l'immense mérite des courtiers Bordelais que d'avoir sans cesse pris en compte, jusqu'à la singularité, cette notion d'appellation. Les **Lawton**, nous restituent, sans aucune lacune depuis 1740, leurs appréciations et leurs cotations en fonction des appellations ou des «paroisses» d'origine des crus.

Cependant c'est tout autant de conquêtes que de défense qu'il s'agit aujourd'hui. Ne faut-il pas admettre de nouvelles appellations dans l'élite du Bordelais viticole ? Il existe dans cette région une dynamique certaine.

Pour les Crus comme pour les appellations aux côtés des «valeurs sûres» depuis 1855 on peut recenser des «valeurs montantes» sur des terroirs très sûrs et des expériences originales sur des terroirs un peu à l'écart ou qui n'avaient pas encore «parlé». Sans compter que certaines régions qui furent «le berceau» de la qualité au 18e avaient été injustement oubliées ou connurent des déclins. Enfin des châteaux se situant au firmament de la qualité, sont de fait des Grands du Bordelais alors que leur appellation a été tenue, où s'est tenue, à l'écart de tout classements. Cela revient à dire que la délimitation de la qualité en terre Girondine n'a pas été définitivement arrêté par les classements du siècle dernier. Ceci signifie aussi que les classements effectués au sein de certaines appellations, comme à Saint-Emilion, sont incomplets dès lors que l'aire considérée est définie par des limites communales et administratives au lieu de l'être par des limites géo-morphologiques incontestables.

CLIMENS, PREMIER CRU CLASSE DE SAUTERNES REPRESENTE AUJOURD'HUI L'EXCELLENCE.

En 1975, dans le cadre d'une étude sur les terroirs de graves du Bordelais, les géographes morphologues de l'Université de Bordeaux III concluaient très simplement : «...nous sommes avec Château Climens dans la perfection des vins blancs». L'exposé des motifs qui fonde un tel jugement au plan de l'agrologie des terroirs, est extrêmement intéressant à rappeler tant ici, dans cette douceur de vivre Sauternaise, tout «parle» avec simplicité. Les fondements de la qualité et l'origine des Grands Vins en région Sauternaise pourraient s'illustrer très heureusement à travers la seule Histoire de six siècles de Climens.

Des archives locales à la fois intactes et précises permettent de la reconstituer, génération par génération, hectare par hectare. Climens est à la fois le fruit d'une donnée permanente, la qualité du terroir liée à la géographie du Sauternais, le résultat, achevé d'une longue évolution, révélée par son Histoire. On sait que le marché Anglais, notamment Londonien, s'est toujours intéressé aux vins de Château Climens : il y a à cela une raison ou plutôt une logique. En effet, au milieu du 15e siècle, la Maison qui dirige le domaine sur la commune de Barsac prend le nom de son propriétaire, l'anglais J. Climens. Car si le cru de Climens porte, nous le verrons, un éloquent témoignage sur l'origine des Grands Vins dans le Bordelais, il permet aussi de suivre l'Histoire de cette région dès le chapitre «la vie quotidienne en Aquitaine au temps de l'occupation anglaise». On note que la viticulture y a déjà une place de choix. A partir de 1480, les Roborel, Sieurs de Climens, ont une position importante au sein de la Prévauté de Barsac. Cette famille marie l'une de ses filles, Mathilde, au jeune Climens. Celui-ci avait reçu en 1462, en cette époque de privilèges commerciaux, la charge de l'octroi taxant le navire qui avait chargé les vins à Bordeaux. C'est la fameuse branche de cyprès, dite «coutume de Royan»,

Une authenticité architecturale, une ancienneté viticole depuis le 15e siècle, la marque de l'occupation Anglaise et une tradition de gentilhommes campagnards, des Roborel dès 1438 à Lucien Lurton aujourd'hui, caractérisent château Climens, Premier Cru Classé de Sauternes en 1855.

qu'accorde donc, après paiement J. Climens aux navires qui remontent la Gironde pour charger des vins.

Plus tard, la famille des Roborel de Climens renforce sa notabilité aux 16e et 17e siècles en jouant un rôle à Bordeaux notamment avec Guilhaume Roborel de Climens, avocat à la Cour, Procureur du Roi de la Prévauté de Barsac qui conforte la puissance de cette famille en Sauternais. Ceci se marque aussi par le développement viticole du domaine agricole de Barsac qui produit des vins blancs comme des vins rouges. «... ceux de la Maison de Climens ont la meilleure estime de la région et à Bordeaux» rapportent des acheteurs chartronnais qui se plaignent au passage de ne pas en recevoir en «quantité suffisante» pour leurs marchés étrangers. Tout au long du 18e siècle, les tonneaux de Climens partent vers l'Angleterre où ils obtiennent des prix élevés qui placent les vins du domaine des Roborel, parmi les quatre principaux vins du Sauternais.

C'est à la fin de ce siècle que la maison de Climens ne considère plus seulement le domaine viticole comme un simple élément de prestige familial mais procède à une véritable restructuration foncière de l'ensemble du vignoble pour promouvoir encore la qualité, grâce à une extension de la superficie et un meilleur choix des parcelles.

Au début du 19e siècle, la production moyenne dépasse fréquemment 70 tonneaux. Le «Crû de Climens», dénommé à l'époque «Climenz-Lacoste», fait partie, de ce fait, des cinq plus grandes propriétés du Sauternais. Sous le règne de la famille Lacoste on replante et on modernise. Grâce à ces efforts, les courtiers Bordelais placent Climens au rang de Premier Crû dans la «liste» du classement en 1855.

Plus tard, Alfred Ribet qui avait acheté le domaine en 1871 eut la satisfaction de recevoir, lors de l'Exposition Universelle des Vins de 1878, la médaille d'or pour le Bordelais dans la catégorie des vins blancs.

La notoriété de Climens était désormais bien assise, à l'égal d'Yquem, et sa qualité de «Premier Crû» reconnue en cette fin du 19e, par tous les courtiers de la Gironde comme par les acheteurs anglo-saxons, au premier rang desquels les Anglais.

Climens fut donc, sur plus de quatre siècles, l'œuvre de quatre familles de propriétaires : les Roborel, du 15e siècle jusqu'au début du 19e, les Lacoste, les Ribet puis les Grenouilhau. C'est ce patrimoine remarquable qui est échoit en 1971 à Lucien Lurton lorsqu'il achète Climens. Il le prend en charge, armé de quelques certitudes et d'une ambition à un moment où les vins blancs de Sauternes avaient sensiblement perdu la faveur du public et n'avaient pas encore acquis celle des investisseurs.

Certitude que l'Histoire ne peut mentir parce qu'un Grand Cru classé est d'abord le résultat d'une certaine durée au cours de laquelle s'expérimentent et se sélectionnent les meilleurs procédés de culture et de vinification sur les parcelles les plus aptes. Cela est aussi vrai en Sauternes qu'en Médoc.

Certitude aussi qu'un grand terroir ne peut tromper. Certes, au premier abord un médocain trouve en Sauternes un paysage différent, un produit nouveau, des vins blancs, et des traditions agraires et viti-vinicoles très originales. Qui y a-t-il de commun entre un Brane-Cantenac et un Climens ? En vérité, l'essentiel : un terroir de graves.

Climens est en effet sur un site de terroir de construction alluviale du Mindel. C'est dire que les actions hydro-éoliennes furent d'envergure, la plate-forme calcaire stampienne mise à nue et karstifiée et les dépôts de graves et de sable détruits. On observe qu'il reste de très gros galets qui parsèment les plantiers des vignobles. A la fin de la crise mindélienne, les vents assurèrent un remblaiement partiel en tapissant la dalle calcaire de sable grossier. Un très bon support calcaire perméable, un sol de sable parsemé de galets : il y a bien là de quoi soutenir un très Grand Cru, Climens.

Simplicité et douceur sauternaises.

Le puits de Climens alimente en eau le Château.

Aujourd'hui Climens est à même, avec d'Yquem, de «tirer» et de hisser encore l'appellation pour accentuer ce nécessaire retour en grâce des Grands Blancs liquoreux auxquels seuls les très grands amateurs de vins accordent la place qu'ils méritent. Cette mise à l'écart est très injuste surtout si l'on veut bien se souvenir des raisons qui y ont conduit : certains gastronomes, ou réputés tels, ignorant que les vins, les Grands plus particulièrement, ont une valeur par eux-mêmes, avaient considéré que les Sauternes, s'inscrivant mal en accompagnement des mets, étaient d'un intérêt discutable. C'était commettre un contre sens majeur : la qualité d'un Grand Vin, à l'égal d'un objet d'art, ne tient telle pas à sa faculté d'exister par lui-même sans justification aucune et, en l'occurence, sans support gastronomique ?

A cet égard l'arrivée de Lucien Lurton dans l'appellation Sauternes en 1972 peut-être, quelque soit la modestie très profonde de ce Médocain, jugée comme un apport essentiel au développement des crus de Barsac. Comment oublier que cet homme de terroir, de vigne et de vinification apporte trente ans d'expérience c'est-à-dire d'observations et de démarches empiriques viti-vinicoles. Pour originales qu'elles soient, comparées à celles des vins rouges et du Médoc, les pratiques Sauternaises ne peuvent que s'enrichir auprès du propriétaire de Climens.

Ce dont on peut être certain c'est que ce n'est pas cette heureuse influence Médocaine qui modifiera les disciplines de rendement en vigueur dans les vins blancs liquoreux tant Lucien Lurton a montré par l'obsession de la qualité qui est la sienne qu'une viticulture moderne ne devait jamais déroger aux règles les plus traditionnelles du sacrifice, celui que l'on consent de façon absolue pour les mauvaises années comme pour les vignes jeunes dont les vins sont toujours impitoyablement rejetés.

Il faut aussi savoir confesser notre admiration pour les vins de Sauternes qui sont peut être la forme la plus achevée de la distinction viticole. Aussi la présence de Lucien Lurton à Climens et en Sauternes est plus qu'un symbole ou la simple rencontre de deux exigences. Si la prédestination existait, elle trouverait à nos yeux ici la plus logique des manifestations.

AU COEUR DE POMEROL ET AU PREMIER RANG DU BORDELAIS : CHATEAU CONSEILLANTE

Cru majeur du Bordelais château La Conseillante mérite à tous égards une distinction de «Premier» de Pomerol. Cette qualité de «Grand Cru» acquise au long de plus de deux siècles d'Histoire ne doit rien au hasard. Depuis 1720 et à travers une destinée exceptionnelle, ce château pomerolais apporte aussi un essentiel et triple témoignage sur l'origine des Grands Vins en Gironde et à Pomerol.

Le premier nous renseigne et permet de dater la prise de conscience très précise que ses propriétaires avaient, au milieu du 18e siècle, de la valeur viticole et financière de leur domaine. Le second témoignage qu'apporte ce cru, dirigé actuellement par Francis et Bernard Nicolas, permettra de montrer qu'en dépit d'une notoriété récente, elle date en vérité du 19e siècle. Il existait au 18e siècle de Grands Vins à Pomerol, peu à peu reconnus comme tels et aux premiers rangs desquels se plaçait déjà le «Crû de Conseillan». Le troisième enfin permet de mesurer l'ampleur du génie viticole, que tous ses propriétaires déployèrent ici.

Ceci revient donc à dire que le passé très riche de La Conseillante fonde bien l'excellence contemporaine de ce cru. Il joua un rôle décisif dans la Révolution Viticole Saint-Emilionnaise et permettrait, presque à lui seul, de répondre à la difficile question : «Comment naissent les Grands Crus?»

Le point de départ est donné par «une Femme d'affaires» Libournaise, dotée d'une très forte personnalité, Catherine Conseillan. En plein siècle des Lumières cette femme a un profil et des convictions voltairiens. Elle est d'ailleurs sa très proche contemporaine et décède en 1777, soit un an avant le gentilhomme de Fernay. S'étant enrichie grâce au commerce, notamment dans le négoce du fer et des ancres, elle estime aussi que «l'agriculture est le premier des arts nécessaires» et acquiert, vers 1730, un domaine agricole à Pomerol, celui de Belair-La Pipaude. Elle décide de spécialiser la propriété dans la production viticole. Elle inaugure cette tradition qui voulut par la suite que les crus portassent le nom de leur propriétaire et rebaptisa le domaine «Conseillante» ou «La Conseillante» marquant bien ainsi l'implication personnelle qui était la sienne autant que la fierté que lui inspirait cette nouvelle activité viticole.

Le nom s'impose rapidement au point que la carte de Belleyme, publiée un peu avant la Révolution Française mais dont les minutes furent établies vers 1760, fait déjà figurer «Conseillante» au Nord «du Cheval Blanc et de Dominique». Elle entreprend la construction d'un petit château, réaménage les chais et organise la commercialisation des vins avec le négoce Libournais.

Un «temple» du vin à Pomerol : les chais du «crû de Conseillante».

A cette époque, en dépit des prix déjà élevés qu'obtient le cru, les vins de Pomerol ne sont pas encore connus, ou plutôt reconnus, par les courtiers. Cependant Catherine Conseillan, comme le montrent ses courriers et son testament, réalise bien, probablement avant tous les autres propriétaires, qu'au milieu d'affaires précaires et de biens plus ou moins durables son domaine viticole de Pomerol représente une valeur sûre, c'est à dire d'avenir. Contrairement à beaucoup d'autres, elle en organise méticuleusement la destinée. Sans enfants, elle établit dès 1760 un très long testament chez son ami et voisin Isambert, notaire à Libourne et propriétaire de Fazilleau (l'Evangile). Le document énumère sur plusieurs pages les legs qu'elle attribue à tous les membres de sa famille en ayant soin de n'oublier personne et précisant bien ce qui revient à chacun. Tout ceci n'a qu'un objectif : faire que sa nièce préférée Marie Despujol, en sa qualité d'«héritière générale et universelle», devienne seule propriétaire du domaine et que celui-ci échappe ainsi au démembrement qu'entraînerait une indivision. Il est à noter que cet objectif, à travers les dévolutions successorales aux familles Fourcaud, Princeteau et Nicolas, des origines à nos jours, a toujours été respecté. Ainsi le cru ne connut aucune période de décadence, chaque génération apportant on le verra sa propre contribution.

Dès lors, on peut se demander dans quelle mesure l'appellation Pomerol, petite dernière du Libournais, aurait pu connaître une telle montée en notoriété sans un cru stable, produisant des vins de qualité régulière, permettant aux courtiers Libournais de promouvoir l'appellation et obligeant les courtiers Bordelais plus réticents à s'y intéresser ? Il est probable que sans la Conseillante la réponse eut du être négative.

En effet, l'histoire du commerce des vins de Pomerol est remarquablement axée autour du «Crû de Conseillante». Sous le nom générique de «Graves de Pomerol», qui constitue au tout début du 19ᵉ siècle une première dignité, les négociants Libournais comme Fontémoing et Beylot vendent les «vins rouges vieux» de Pascal Fourcaud (Conseillante) et de Savinien Giraud (Trotanoy) à plus de 400 F le tonneau, c'est-à-dire au prix des meilleurs vins de Saint-Emilion, comme ceux de Combret de Milon (à Soutard) de Rayneau (à Sarpe) ou de Rulleau (à Campfourtet, l'actuel Clos Fourtet). Ces tonneaux partent notamment vers l'Europe du Nord et les places de Cologne, Anvers, Rotterdam ou Maestricht. A Bordeaux, les livres de courtage de la Maison Tastet et Lawton confirment la haute qualité de ces Pomerol en précisant en 1820 que «...Conseillante et quelques autres crûs des Graves de Pomerol viennent d'être achetés à 420 F» ce qui était considérable. Significatif aussi, quand on sait combien les courtiers Bordelais, promoteurs des «paroisses viticoles» du Médoc, négligeaient Saint-Emilion, Pomerol et les premières Côtes de Fronsac. Cette omniprésence au 19ᵉ siècle auprès du négoce Bordelais, la Conseillante l'étend grâce à Etienne Nicolas, chef de la fameuse Maison de vins Parisienne (mais sans aucun lien de parenté avec les Nicolas, propriétaires à Pomerol) diffusa systématiquement La Conseillante dès le début de notre siècle.

Le cru doit aussi cette position d'exception aux successeurs de Catherine Conseillan avec notamment le triple apport de la famille Nicolas au plan viti-vinicole à la fin du 19ᵉ siècle. On note d'abord que les frères Nicolas précisent dans l'Edition du Féret paru en 1897 qu'ils ont voulu à tout prix conserver les vignes vieilles, seules capables de donner au vin la qualité qui en avait déjà fait la réputation. Ainsi se trouve reconnu et affirmé au sein de l'appellation Pomerol le vieux principe médocain de la qualité associé à une politique de plantiers à ceps anciens, ce qui suppose, lors des égalisages, l'exclusion du vin des vignes jeunes. Ceci est essentiel car un siècle auparavant les courtiers, tout en reconnaissant la délicatesse et la finesse des vins de Pomerol émettaient quelques réserves quant à leur aptitude au vieillissement.

La deuxième contribution capitale des Nicolas à la promotion d'une viticulture de qualité fut la lutte contre le phylloxéra, maladie de la vigne qui apparut à La Conseillante vers 1875. On pratiqua donc des «applications intelligentes» par l'injection dans le sol de sulfure de carbone et

ceci «sans interruption depuis 1878». Ainsi, le propriétaire Nicolas devint à Saint-Emilion-Pomerol, le pionnier du traitement au sulfure, sauvant ses vignes vieilles dont il pouvait dire en 1897 : «...sur 12 hectares, elles sont saines et vigoureuses». Pour cela, il appliqua aussi aux plantiers le régime de la «fumure triennale» tout en étant extrêmement attentif au respect de rendements raisonnables car précise-t-il, il faut «faire peu pour faire bon». Cette règle fut ici plus qu'ailleurs toujours respectée.

Enfin, le troisième apport des Nicolas n'est pas moins remarquable. Il concerne le drainage. On peut déjà rendre compte du terroir privilégié de La Conseillante en rappelant d'abord les éléments du cadastre. Les 12 hectares du domaine sont mitoyens avec la Dominique, Cheval Blanc, Vieux Château Certan et l'Evangile. Les graves günziennes de la haute-terrasse de Pomerol constituent l'un des plus beaux terroirs du Bordelais. Ces graves anciennes délimitent un terroir, équivalant en tous points à ceux de Margaux, St-Julien, Pauillac et St-Estèphe. Les argiles des vieilles graves donnent une texture idéale pour la vigne, sol et sous-sol ayant une bonne perméabilité et favorisant de faibles rendements. Cependant il fallait qu'un drainage profond soit assuré. C'est ce à quoi s'attachèrent, les responsables successifs de La Conseillante en liaison avec les Fourcaud, leurs voisins, propriétaires de Cheval Blanc. Au prix de travaux considérables, un réseau de drains muraillés et couverts fut organisé d'Est en Ouest selon trois axes parallèles entre Cheval Blanc et La Conseillante.

Qu'il s'agisse des méthodes et des innovations culturales, de la mise en valeur du terroir, des techniques de chais, des pratiques de vieillissement, tout fut mis en œuvre ici, sur la même superficie, au cours de cette histoire multiséculaire pour que «Conseillante» soit un très Grand Cru. Au-delà de la qualité des vins et de ce moment privilégié que constitue une dégustation, «Conseillante» démontre bien qu'un Grand Cru Bordelais est une «construction volontaire» et un jeu de patience et d'imagination quelque soient les aptitudes naturelles de ce site de terroir, pour produire un Grand Vin.

L'héritage qui se transmet ici est d'abord celui d'une «ferveur viticole». C'est bien celle qu'expriment aujourd'hui le Docteur Francis Nicolas, Bernard Nicolas et leurs familles pour tout ce qui a trait à la Conseillante.

La résidence que Catherine Conseillan fait construire vers 1750 pour organiser son domaine, appartient historiquement à la première génération des châteaux viticoles de Pomerol.

LA RIVIERE SYMBOLISE L'EMERGENCE D'UN GRAND CRU ET LA REMONTEE D'UNE APPELLATION : FRONSAC

Château de La Rivière, c'est d'abord un paysage caractérisé par une exceptionnelle harmonie entre l'architecture du domaine, l'implantation du vignoble et un site en rebord de plateau dominant l'un des méandres de la Dordogne. C'est aussi l'un des plus essentiels témoins qui doit venir enrichir l'Histoire des origines des Grands Vins en Gironde.

Sous l'apparence d'un monumental repaire féodal, le château de La Rivière est une très noble construction médiévale, rajeunie à plusieurs reprises, notamment au 18e siècle lorsqu'elle était la propriété du Marquis de Saujon. Comme tous les grands domaines agricole il était à l'époque partagé entre des terres labourables, des vignes et des bois. C'est seulement après la Révolution que son propriétaire Massé de Cormeil, accentuait définitivement la vocation viticole du domaine et entreprenait sa première rénovation. Il devait y en avoir de nombreuses et notamment trois de la plus grande ampleur.

L'histoire du château de La Rivière est, dans le Bordelais viticole, essentielle pour trois raisons au moins : elle illustre d'abord la remarquable aptitude viticole des terroirs de Fronsac à produire de très grands vins ; elle permet aussi de restituer les origines de cette appellation comme le passé très prestigieux de ses vins ; elle légitime enfin la volonté des Fronsac d'appartenir aujourd'hui, c'est-à-dire à nouveau, à l'élite des Grands Crus du Bordelais.

Le site de La Rivière, à mi-hauteur entre les forêts de chênes centenaires et les vignes, est tout à fait exceptionnel : le château est bâti sur un replat, à 49 mètres d'altitude, en contrebas de la corniche calcaire. Celle-ci fournit un fond de tableau de grand style tandis que, de la terrasse du château, on a une vue plongeante sur les vignobles de la Côte. Mais c'est le terroir, le sol et le sous-sol qui font la qualité viticole de ce site tout-à-fait unique l'un des plus beaux du Bordelais. La puissante assise des plateaux calcaires et des Côtes, formés des fameuses molasses sableuses

Face à la Dordogne, un des plus beaux sites du Bordelais viticole : le château de La Rivière, édifié dès le 12e siècle et plusieurs fois remanié. Il est assis sur une «motte» à mi-hauteur entre le plateau calcaire et la côte qu'il surplombe

Fronsadaises et de grès dur, portent les vignes du cru. Cet ensemble est particulièrement favorable à la vigne grâce à des rendements très faibles où les plantiers «souffrent», condition essentielle pour des productions de vins de qualité.

On mesure bien aujourd'hui pourquoi les terroirs de Fronsac constituent l'un des berceaux les plus anciens de la qualité en matière de vin. On sait que, dès le 18e siècle les bourgeois de Libourne rivalisèrent d'ardeur pour y acquérir d'importants domaines agricoles et surtout des vignes en Côtes ou en pied de Côtes. Le Duc de Fronsac y possédait des terrains nobles et des propriétaires viticoles renommés, déjà établis à Pomerol ou à Saint-Emilion, faisaient exploiter leurs propriétés Fronsadaises.

A cet égard, le Château de La Rivière tout en contribuant à fonder une viticulture de qualité, nous apporte par la présence monumentale et séculaire d'un château, déjà la demeure de son propriétaire, la preuve qu'un mode d'exploitation agricole et viticole direct y avait été très tôt mis en pratique. Il est à l'origine, dans le Bordelais comme en Médoc, du concept de Grands Crus. On sait en effet que le système, indirect, des métairies et des bourdieux est responsable du retard, dans le développement, de la viticulture Saint-Emilionnaise et Fronsadaise par rapport à celle du Médoc. Or La Rivière était déjà au 18e siècle un véritable «château viticole» à la manière médocaine. Il est aussi significatif que le Marquis de Saujon au moment où il ne devait plus être en mesure d'assurer la conduite du domaine confiait en fermage à de riches négociants Libournais, les Fourcaud, alors les meilleurs viticulteurs de la région, les terres de La Rivière.

C'est ainsi que les vins de ce terroir privilégié devaient bénéficier d'une grande estime dès la fin du 18e siècle auprès des courtiers, ce que confirment les auteurs comme Alexandre Souffrain dès 1807.

Cependant, la qualité agrologique des terroirs comme l'ancienneté viticole de l'appellation n'épargnent pas à ses meilleurs représentants une certaine mise à l'écart au 19e siècle. En dehors des grands circuits commerciaux Bordelais, un peu ruraux ou trop traditionalistes, les propriétaires devaient succomber à cette douceur de vivre Fronsadaise qui privilégie le calme et la discrétion. Cela leur coûta cher et, pendant près d'un siècle, l'appellation perdait de sa

Les chais en caves souterraines au château de La Rivière : plus d'un million de bouteilles se distribuent dans le plus grand réseau ramifié d'anciennes galeries.

Château de La Rivière, du repaire féodal au grand cru d'aujourd'hui : presque trois siècles d'histoire viticole.

notoriété, le prix des vins devenant modeste à La Rivière comme ailleurs. De plus, on peut penser que la «fureur de planter» de certains propriétaires notamment dans ces zones de Palus, aujourd'hui abandonnées, desservait alors le renom des Fronsac et faisant hélas un peu oublier que leurs Côtes et leurs plateaux calcaires sont parmi les plus admirables du Bordelais viticole.

Quel bilan établir aujourd'hui ? A partir d'un constat évident, la remontée de l'appellation, on peut tracer quelques perspectives à la fois pour Fronsac et pour son indiscutable «Premier», le château de La Rivière.

Celui-ci est à la fois le «phare» de l'appellation et le symbole d'une renaissance. En 1962, Jacques Borie acquiert le domaine consacrant, à la restauration des bâtiments, en véritable mécène, et à la reconstitution du vignoble à la façon d'un pionnier viticole au 18e siècle des investissements considérables.

Avant d'envisager les conséquences de cette politique et de rappeler les conditions d'une réussite, il faut d'abord saluer ici l'engagement d'un homme. Jacques Borie aurait pu beaucoup plus facilement acquérir un cru Saint-Emilionnais ou Médocain, classé ou réputé plutôt que de se lancer dans une telle aventure. Mais la fidélité à ses origines Libournaise, la séduction qu'exerce le site et le paysage de La Rivière ou le besoin de répondre à un vrai défi firent pencher le balancier et exciter l'opiniâtreté de ce nouveau propriétaire. C'est d'ailleurs, les trois derniers siècles en portent témoignage, la chance de la viticulture Girondine de disposer ou d'attirer à elle ces hommes d'exception. Conduits par une déraison momentanée mais nécessaire, car il n'est pas de grande viticulture sans ambition, ils s'engagent sans calculs ni retenue dans la restauration d'un cru. Ceux sont les mêmes qui, 15 ou 20 ans plus tard, parvenus au seuil de la réussite, la leur se confondant à celle de leur cru, font alors preuve d'une étonnante sagesse pour tout ce qui touche au vin : limitation des rendements, mise à l'écart des vignes jeunes, disciplines dans les vinifications, non-commercialisation des «petites années» (c'est le cas à château de La Rivière pour six millésimes depuis 1963).

La promotion de château de La Rivière joua au cours des dernières années un rôle capital dans la montée en puissance de l'appellation Fronsac qu'il faut maintenant situer par rapport aux appellations nobles, voisines ou plus lointaines du Médoc. En dehors du poids des habitudes ou des préjugés il n'y a aucune raison objective à ne pas admettre d'ores et déjà Fronsac dans le «club» des dix grandes appellations Girondines : la morphologie de ses terroirs et la qualité de ses vins l'imposent. Il y a seulement quelques conditions à préciser et il incombe aux propriétaires, comme c'est le cas depuis longtemps à château de La Rivière, de les respecter. Dans ce sens, un classement des crus au sein de l'appellation Fronsac introduirait un ordre et favoriserait sans aucun doute le franchissement d'un pas important vers cette reconnaissance. Parallèlement, s'agissant de Château de La Rivière, un classement futur des crus de la Gironde le situerait à un excellent rang : celui d'un grand du Bordelais.

En évoquant son parcours, discrètement bien sûr, le seigneur campagnard de La Rivière peut écrire à l'un de ses clients, «j'ai connu dans ma vie quelques hauts mais aussi quelques bas retentissants. Mais c'est au vin, quand par exemple je considère mon millésime 1985, que je dois mes plus grandes satisfactions.»

A SAINT-EMILION, DE LA MAISON NOBLE DE FOMBRAUGE A UN GRAND CRU D'AUJOURD'HUI.

L'histoire de Fombrauge nous révèle la lente promotion d'un vignoble. En même temps elle rend compte de la génèse des Grands Vins dans le Saint-Emilionnais. Ce château est tout à fait à part pour des raisons qui tiennent autant à son ancienneté, à la personnalité souvent exceptionnelle de ses propriétaires depuis la fin du 16e siècle, qu'aux rôles que Fombrauge joua, par le passé, à Saint-Emilion. Enfin l'implantation de son vignoble sur plusieurs terroirs spécifiques ajoute à l'originalité de ce cru.

Au milieu du 18e siècle, les deux principaux domaines de la commune de Saint-Christophe des Bardes, La Roque et Fombrauge, appartiennent le premier aux Lavie, le second à Dumas de Fombrauge, conseiller du Parlement de Bordeaux. Ce sont des personnalités de premier plan résidant à Bordeaux et qui se passionnent à la lecture des thèses du Dr. François Quesnay pour tout ce qui touche au développement et à la promotion de l'agriculture. Pour eux c'est la seule activité créatrice de richesses et la propriété foncière est l'objectif et le résultat le plus noble du génie humain.

Le Conseiller Dumas est un membre actif de la «Pépinière», Club Physiocrate Bordelais, créé dès 1760 et qui devient une véritable école d'application pour l'agriculture. Le domaine viticole de l'actuel Château Fombrauge bénéficie dès lors de tous les talents pour que soit assurée sa mise en valeur.

Ceci n'explique qu'en partie le rôle précurseur de Fombrauge à une époque où l'activité agricole à travers les métairies de la région était surtout céréalière. En effet les Dumas de Fombrauge sont très liés à la famille des Canolle, issus de la Seigneurie de Lescours et qui possèdent aussi, à Saint-Emilion, le Cru de Belair.

Dumas va participer avec eux à la création de la première viticulture de qualité à travers le domaine de Fombrauge. Ils mettent en pratique en matière d'encépagement, de travail de la vigne, de sélections de parcelles et de vinification, les techniques les plus modernes et souvent de manière expérimentale. Leur réussite sera exceptionnelle. On note enfin que c'est les Gaudichau, famille de régisseurs de père en fils qui supervisent Fombrauge et Belair. Compte tenu de l'étonnante diversité agrologique du domaine, ils se consacrent pendant plus de 30 ans à des

Le sanctuaire de Fombrauge : les chais. Leurs dimensions témoignent de la superficie importante, 70 hectares, pour une propriété du Saint-Emilionnais.

expérimentations très fécondes. C'est cet empirisme viticole comparatif mené de front sur les deux domaines par les Canolle à Bel Air et les Dumas à Fombrauge - nous appelerions cela aujourd'hui une «fertilisation croisée» - qui devait donner naissance sur des terroirs privilégiés au concept de Grands Vins à Saint-Emilion.

La réussite commerciale alla de pair. Quand on sait que les négociants de la Place de Bordeaux comme Sandiland, Dreuser et Luetkens commercialisent en Angleterre en Hollande et en Allemagne les vins du «Crû de Dumas» dans la première moitié du 18e siècle, on mesure la position très avancée de ce domaine par rapport à Saint-Emilion où, moins de 10 Crus disposent d'une certaine notoriété dans une appellation qui comptabilise, à ce moment là, un immense retard sur les «paroisses» du Médoc. En cela Fombrauge fait exception.

Les analyses de Dumas sont intéressantes à deux égards : d'une part parce que l'occupation de la vigne est à Fombrauge très ancienne. La configuration ainsi que la dénomination du domaine sont précisées dans la carte de Pierre de Belleyme établie par Seguin vers 1750. Dumas note que «la manière avec laquelle nos années se font apprécier par les courtiers nous oblige à ce qu'ils soient (nos vins) le fruit d'une grande rigueur et à ne réserver que les meilleures terres parce qu'ils vieillissent mieux» et il précise même plus loin : «nous les connaissons par les... (le régisseur) et son père... ce sont les terres les moins grasses». Cet esprit de comparaison et la prise en compte de l'aptitude au vieillissement des vins issus de différentes parcelles, sont d'autre part tout à fait remarquables. Ceci montre qu'on avait eu très tôt à Fombrauge l'ambition et les moyens de produire de Grands Vins.

Cette destinée du «Crû de Fombrauge», alors que son appellation, on disait à l'époque des «paroisses», restait dans l'ombre, se poursuit avec Ferdinand de Taffard au 19e siècle qui avec quelques autres propriétaires pilotent l'opération du Comité Viticole de Saint-Emilion pour présenter à l'Exposition Universelle de Paris une «collection» de 36 crus qui obtient en 1867 la Médaille d'Or. On observe qu'à partir de là Fombrauge, jusqu'à la première guerre, sera un des crus de Saint-Emilion qui «passe le plus souvent les frontières», ce dont son propriétaire est tout à fait conscient. Les Taffard, pour leur part, s'attachèrent à mieux adapter l'encépagement de Fombrauge à ses différents terroirs, travail que poursuivit un descendant de Canolle, qui fut un temps propriétaire ici à la fin du siècle dernier.

Cependant à partir de 1900 commence une certaine éclipse de Fombrauge qui sans démériter se replie et ne

Une vue de la Chartreuse de Fombrauge : depuis le 17e siècle la tranquille authenticité d'un grand domaine.

conserve qu'une notoriété locale. Fombrauge apporte ainsi sa part à cette histoire cyclique des grands propriétés du Bordelais. Faut-il rappeler qu'un des grands vignobles des Graves, il n'y a pas si longtemps, ne trouvait pas preneur pour une somme presque dérisoire.

Avec le rachat du domaine par la famille Bygodt en 1936, Fombrauge prend un nouveau départ. La question qui est posée : pouvaient-ils retrouver et en combien de temps la prééminence, elle-même oubliée, qui fut la sienne il y a plus d'un siècle ? Au lendemain de la disparition trop rapide d'Alain Bygodt qui réalisa ici une œuvre ambitieuse et à Saint-Emilion l'une des premières modernisations des chais traditionnels, on peut penser que l'actuel responsable, son fils Charles Bygodt, fut d'abord à Fombrauge un homme de devoir avant d'être, au gré des circonstances, un homme de talent. Peut-être mesurait-il, dans la dure tâche qui l'attendait, que les plus grands du Bordelais viticole avaient eu l'infortune d'y être confrontés. Long chemin semé d'obstacles d'autant plus hauts à franchir que ce domaine, à l'échelle Saint-Emilionnaise, est vaste. Il suffisait, sans diminuer pour autant les mérites de Charles Bygodt, de mettre en pratique ce qu'une intuition des aptitudes viticoles exceptionnelles des terroirs de Fombrauge lui suggéraient, renouant en cela avec la tradition des premiers pionniers Saint-Emilionnais.

Indépendamment de son harmonie, de sa variété et de son originalité topographique et historique (sites paléolithiques, campements fortifiés, carrières, fontaines) ce sont les terroirs qui caractérisent Fombrauge. Ceux-ci sont portés pour partie par le plateau calcaire, en Côte et Pieds de Côtes, sols et profils qui définissent les trois principales familles de terroirs à St-Emilion.

En cela cette propriété réalise une véritable synthèse agrologique des terroirs du Saint-Emilionnais. Les vignes sont portées pour partie par le plateau et les pentes sur la commune de Saint-Christophe des Bardes et sur deux autres communes voisines. L'assise stampienne est presque intacte. Ici se trouve réuni un ensemble de conditions très favorables à la vigne. La présence d'une couche d'argile et d'une texture de limons éoliens siliceux fait que la vigne ne souffre pas à l'excès. Ce que la nature octroie à Fombrauge presque un peu trop généreusement doit être corrigé par les nécessaires disciplines en matière de rendement et de sélection des parcelles. C'est ce qu'impose Charles Bygodt par esprit de rigueur, et parce que la dimension du domaine, exceptionnelle à Saint-Emilion, le permet.

On pourrait penser que le cadran solaire, daté de 1679, planté dans la cour du Château symbolise une continuité multi-séculaire et la patience des hommes de la vigne.

Un paysage viticole exceptionnel : château Fombrauge.

GISCOURS L'UN DES PREMIERS A MARGAUX ET DANS LE MEDOC.

Qu'est-ce qu'un Grand Cru ? Nul doute, si l'on veut apprécier l'ampleur des mutations opérées depuis vingt ans dans les mentalités comme dans la réalité viticole française, que se soit à Giscours qu'il faille se référer.

Ce qui caractérise un Grand Cru, c'est une synthèse complexe entre des éléments rationnels et mystérieux et entre la modernité et la tradition. Seuls un petit nombre de «happy few» y parviennent.

C'est Lucien Lurton, à Brane-Cantenac ou à Climens déterminant empiriquement quelques règles par l'observation de brumes matinales couvrant une croupe de graves.

Ce peut être Thierry Manoncourt qui, à Figeac, «sert» avec obstination ce déterminisme absolu entre les graves du plateau de Pomerol-Figeac et les Grands Crus.

C'est encore à l'échelle Pomerolaise Denis Durantou et le terroir de l'Eglise Clinet qui possèdent, pour l'un, un exceptionnel talent et, pour l'autre, une formidable aptitude à produire de Grands Vins.

Mais c'est à Giscours que l'on trouve l'une des meilleures réponses à cette question : «Comment naissent les Grands Crus ?». Car c'est ici que l'on peut le mieux observer cette combinaison entre les données objectives, celles du terroir, et les données de cette «agrologie construite» qui depuis vingt ans, transforme le domaine. C'est enfin le talent des hommes pour expérimenter, restaurer et transformer.

Le cas de Château Giscours est facile à décrire. Le domaine possède quatre collines : le grand et le petit Pougeaux, Cantelaude et Bel Air. Ce qui veut dire quatre terroirs viticoles de haute qualité. Ils sont faits de graves moyennes et grosses disposées en des croupes à forte pente et par là bien drainées. Le sous-sol consiste, lui aussi, en

C'est à la fois le quai d'Orsay et la rue de Valois du Bordelais viticole : un terroir privilégié en Margaux, un immense domaine, un grand château et le talent d'un propriétaire sont réunis à Giscours pour assurer le rayonnement du Médoc et des Grands Crus du Bordelais dans le monde. C'est la force de cette région que de savoir assurer la relève. Aujourd'hui Pierre Tari (Giscours), hier Alexis Lichine (Le Prieuré et Lascombes) et Philippe de Rothschild (Mouton).

assises de graves mêlées de sables grossiers ; il est aisément pénétrable aux racines des ceps. Ce sont là dans tout le Bordelais des conditions extrêmement favorables à la vigne. Mais de plus, le regroupement de ces quatre terroirs dans un seul domaine où l'on a soixante quinze hectares en production, fait que l'on se trouve en présence d'une unité d'exploitation dont la marche peut être réglée sur le moyen et le long terme, condition elle aussi indispensable, à une production de qualité.

La démonstration que l'on se propose de faire suppose que l'on a explicité au préalable les critères sur lesquels l'analyse se trouve fondée. Cette approche revient à définir et à détailler, à Giscours même la notion de terroir viticole mais aussi à préciser les rapports du terroir et de la production en passant par le climat, les cépages et les techniques viti-vinicoles.

Le Bordelais n'est pas enfermé par son climat dans de semblables corsets. La succession annuelle des types de temps y est «viticolement bonne» à grande échelle. Des Charentes à la Moyenne Garonne et à l'Armagnac, nous avons des hivers doux (sauf accident, en 1956 par exemple) et humides, des printemps précoces, déjà chauds mais bien arrosés, des étés longs et assez régulièrement chauds sans sécheresses excessives, des automnes incomparables dont les belles journées ensoleillées se succèdent au moins jusqu'à la mi-octobre. Point n'est besoin, dans ces conditions, de forcer les analyses dans chaque petit secteur. Elles parviendraient seulement à démontrer ce que chacun sait parfaitement et que dix-sept ou dix-huit siècles de viticulture ont démontré : «Le climat girondin convient partout à la vigne».

Deux remarques s'imposent cependant : tout d'abord, la pénétration profonde de la Gironde dans l'espace bordelais et le va-et-vient constant des courants de marée font que la région comprise entre Bourg-sur-Gironde et Pauillac est en fait la plus favorisée. Un peu plus chaude et un peu moins humide que ses voisines de l'Ouest, elle bénéficie de la douceur océanographique qui n'atteint l'arrière-pays girondin qu'en forme atténuée à Margaux et à Giscours, où on se trouve au centre de ce dispositif et donc au cœur du bon pays viticole. En particulier, on n'a presque rien à craindre des gelées tardives. Ceci au prix de quelques précautions et aménagements.

La seconde remarque a trait à la réaction du terroir face au climat. Celui-ci est, en dépit des remarques précédentes inconstant et, d'une année à l'autre, versatile. Il peut se montrer adverse : au printemps, par des gelées tardives, en été, par des semaines mouillées, à l'automne, par une fraîcheur et une humidité trop précoces. C'est alors qu'il est bon de disposer de terroirs capables d'engager les ceps dans une lutte à fond pour la qualité.

Il faut que, sans exception, ils puissent en sortir invaincus.

Le viticulteur peut aller au secours de ses terroirs. Il peut aérer son secteur en jouant, comme on le fait à Giscours, sur les eaux et les bois ; à lui d'éviter la stagnation de l'air froid au matin clair d'une trop belle journée de printemps.

Il peut aussi creuser des fossés, remonter les graves en «ordos», mettre quelques drains en sous-sol afin d'assurer un meilleur écoulement des eaux lorsque les temps mouillés persistent, au printemps ou en été. Mais ce ne sont là que des palliatifs de courte portée. Si la topographie n'est pas bonne au départ, c'est-à-dire aménagée en croupes ayant de bonnes pentes comme Giscours nous en donne l'exemple on n'y fera à peu près rien d'utile. Un terroir bien doué se défend de lui-même et l'on a à intervenir que dans le détail. Parce qu'il peut se reessuyer et s'égoutter facilement, il supporte allègrement toutes les sautes d'humeur du climat. Sauf catastrophe, bien entendu.

A droite «les fermes» de Giscours.

Si Giscours est exemplaire, c'est grâce aux mutations opérées la plus essentielle étant le creusement de deux étangs (le dernier sur treize hectares) pour améliorer le micro-climat de Labarde et favoriser un meilleur drainage d'une partie de la propriété. La modernité de Giscours, c'est d'accueillir ou de solliciter l'examen de tous les experts dans les disciplines qui peuvent concourir à une meilleure mise en valeur du domaine. C'est aussi de mettre en œuvre leurs conclusions, qu'il s'agisse des méthodes culturales ou des vinifications, ou encore de pièces d'eau à créer et à cet égard le nom d'Enjalbert, modestement, n'y est pas étranger.

Aujourd'hui, sous les Tari, le cru de Giscours n'a qu'une assez lointaine ressemblance, avec ce qu'il était du temps du banquier Pescatore propriétaire au 19e siècle. Dans ces conditions, le classement de 1855 est un constat : celui effectué par les courtiers de l'époque à propos des vins et de la propriété de Giscours et c'est tout ! Car, depuis, s'est écoulé un siècle et notamment les années 60-70 qui permirent d'intégrer la plupart des innovations de l'ampélologie moderne.

Dans le cadre choisi de Giscours, il y a tout lieu de penser que chacun comprendra d'instinct, mais aussi par raison, que ce qui lui est offert au travers d'un grand vin, c'est toute l'heureuse rencontre de l'œuvre séculaire de quelques lignées d'hommes de goût et de quelques terroirs que la nature avait exceptionnellement privilégiés.

DAUZAC, RENOUE AVEC LA TRADITION DES GRANDS PIONNIERS VITICOLES.

La configuration au sein d'une appellation de la hiérarchie des crus, fut-elle celle de Margaux, n'est jamais complètement figée. Si aujourd'hui et ceci depuis plus de 15 ans, les grands domaines ne connaissent plus, comme par le passé, ces longues périodes de décadence, inversement certains évoluent jusqu'à un point de qualité, les techniques viti-vinicoles actuelles aidant, qu'à priori on ne pouvait déceler.

En cela Château Dauzac est exemplaire à un double titre, parce qu'il a traversé plusieurs périodes de relatif abandon pendant presque un siècle et qu'il est depuis 10 ans l'heureux bénéficiaire d'une campagne de restauration et de transformation afin que son domaine se situe au meilleur niveau de l'appellation Margalaise.

Evoquons d'abord le terroir : celui de château Dauzac est tout à fait typique de ce modelé «insulaire» de graves mindéliennes, assez largement disséquées, à faible altitude et qui caractérisent les meilleurs vignobles Médocains. Il suffit à identifier, à coup sûr, la présence d'un grand cru, comme à Giscours et à La Lagune, ses voisins. C'est grâce à ce modelé propre aux terroirs privilégiés que l'appellation Margaux peut justifier pleinement sa situation de «forteresse de la qualité» dans le Bordelais.

L'implantation de la vigne peut être datée, avec certitude, du début du 18e siècle avec la carte de Claude Masse. Cependant on observe qu'il faudra un siècle pour que les croupes de graves soient dévolues à la viticulture de manière systématique. A ce titre, c'est indiscutablement J.B Lynch, propriétaire en Pauillac de «Batges» qui est le créateur, à Dauzac, d'un domaine moderne. Avant lui, les archives de la Gironde en témoignent, les terres de Dauzac faisaient partie, au 13e siècle, de la Sauvetée de Macau, dépendance de l'Abbaye Sainte-Croix de Bordeaux. Ce n'est naturellement pas par hasard que le Comte Lynch créa ce domaine mais bien grâce aux aptitudes viticoles de ce terroir qu'il avait parfaitement identifié. Il s'attache à sélectionner et à définir les meilleures parcelles sans pour autant les mettre toutes en culture. Et c'est là que réside l'un des traits les plus originaux de ce vaste domaine : des hommes de qualité s'y sont succédés avec, on va le voir un sens aigu de l'innovation en matière ampélographique. Pourtant, jusqu'à une date récente aucun d'eux ne tira pleinement partie du «potentiel viticole» de Dauzac ! Car dans cet immense domaine, 120 ha situés sur les bords de la Garonne, dans la commune de Labarde, les bons terrains n'étaient pas tous mis en culture. A l'heure où en Médoc et

Les chais de Dauzac, parmi les plus grands du Médoc, illustrent les exigences viti-vinicoles des propriétaires.

Château Dauzac.

ailleurs, certaines propriétés s'étendent de manière parfois excessive sur des franges contestables et quelques terres un peu grasses ou trop sableuses, Dauzac peut s'agrandir sur des parcelles incontestablement aptes, c'est à dire agrologiquement sûres.

Plus tard au 19e siècle son propriétaire N. Johnston, qui possédait en outre, en Saint-Julien, Ducru Beaucaillou laissa surtout son empreinte en tant que novateur. C'est ici que les savants Bordelais Ulysse Gayon et le botaniste Alexis Millardet procédèrent sous la houlette du régisseur de l'époque, Ernest David, aux essais, grandeur nature, du fameux mélange « cupro-calcique » mis au point pour lutter, avec succès, contre le mildiou. La « Bouillie Bordelaise » est ainsi née à Dauzac en 1885. Elle sauva son vignoble et par la suite ceux du Bordelais. Une stèle, édifiée en 1985, en célébra le centenaire.

Bénéficiant, dès les années 1805-1810, de la considération et de bonnes appréciations des courtiers, le domaine fut retenu par le classement de 1855, en bonne place il est vrai, entre les Lynch et d'Armailhac, mais seulement dans les « Cinquièmes Crûs ». Comparé à l'agrologie du terroir, au nord-est de Giscours, ce rang est modeste et s'explique par le fait que les cotations n'étaient pas à un niveau justifiant, à l'époque, un rang de Troisième ou de Quatrième. Surtout le classement était antérieur à l'arrivée de N. Johnston à Dauzac. Il faut reconnaître qu'en 1855 ce domaine traversait encore une période défavorable. Le Comte Lynch décéda en 1834 et les Johnston n'en firent l'acquisition qu'en 1862. Pendant ces 30 années, château Dauzac n'était plus aussi suivi, ce qui explique son rang lors du classement de 1855.

En quittant ce domaine 50 ans plus tard, cette dynastie de négociants Bordelais le confièrent à des propriétaires qui à nouveau, ne furent pas en mesure de consacrer à Dauzac les efforts nécessaires. Ce fut comme dans beaucoup d'autres propriétés médocaines le début d'une éclipse qui se doubla, hélas ! d'un évident abandon ! Destin fréquent dans le Bordelais que cette participation aux « Belles-Epoque » et aux décadences ! Tout était à refaire. C'est ce qu'entreprirent depuis 1978 les Chatellier qui entrèrent à Dauzac avec l'ambition de servir le cru et firent preuve ici d'un certain esprit pionnier afin d'aller plus loin dans la mise en valeur de ce vignoble.

10 ans après, en 1987, un premier bilan peut être établi. Tous les acquis de l'œnologie et de l'ampélologie Bordelaise ont été ici mis en application et investis pour moderniser, adapter et transformer les chais, le vignoble et les conditions de vinification comme le vieillissement des vins. Dauzac a été remis ainsi à son rang. Ceci signifie qu'il est désormais en position d'occuper parmi les grands de Margaux une place à laquelle, depuis la fin du 19e siècle, il n'avait pas été mis en mesure de prétendre : celle d'un Grand Cru majeur, comme le démontrent aussi les dégustations des dernières années.

Car un grand cru est une affaire de propriétaire et ici plus particulièrement. Homme de vin, Félix Chatellier dirige comme son voisin à château La Lagune, un Groupe

Entrée du cuvier et des chais de Château Dauzac en Margaux.

Champenois (les champagnes Abel Lepître, de Saint-Marceau et Georges Goulet notamment). Il s'est probablement fié à son intuition des aptitudes viticoles de Dauzac et laissé tenté par les défis et les obstacles que représente la remise à niveau d'un cru médocain. Sa réussite fut jugée possible, dit-on chez ses voisins, dès lors qu'il apparut qu'il s'enracinait à Dauzac et vivait cette aventure avec l'inévitable passion néo-Médocaine qui préside aux grands desseins margalais. Des investissements importants : un cuvier ultra-moderne avec 22 cuves inox, un contrôle automatique des températures, un chai climatisé, l'un des plus grands des Médoc, et des plantations sur des terres qui reurent un drainage. Pour cela il fallait aussi accepter de réels sacrifices, et montrer une volonté sans faille pour opérer des sélections rigoureuses. C'est ce qui illustre l'arrachage de vignes en pleine production, mais qui étaient sur des porte-greffes qui ne favorisaient pas l'obtention du niveau de qualité recherché. Tels sont les ingrédients de ce travail de pionnier viticole. Afin de pouvoir, sous formes de dividendes, lire avec une certaine satisfaction, très précisément 100 ans après, cette appréciation formulée par Nathaniel Johnston en 1886, dans la 5ème édition du Feret, «Bordeaux et ses vins» paru en 1887 : «Château Dauzac : cet excellent vignoble produit des vins de plus en plus recherchés». La boucle étant ainsi très heureusement bouclée l'année 1987 peut être l'année d'un centenaire de Dauzac : celui de la qualité retrouvée et, par rapport au 19e siècle, dépassée.

NAISSANCE D'UN GRAND DU MEDOC : CHATEAU CLARKE.

C'est en 1976 que nous visitâmes pour la première fois avec quelques étudiants géographes les sites des terroirs de ce domaine bien connu des géo-morphologues en raison du fameux «dôme évidé de Listrac». C'est en effet une zone témoin qui rend parfaitement compte de la formation des sols des vignobles Bordelais alors qu'il n'est pas aisé en Médoc d'établir la limite entre les graves pyrénéennes anciennes et les graves garonnaises plus récentes. Fort heureusement le dôme de Listrac illustre, de manière contrastée, ce double apport, l'un à l'ouest l'autre à l'est. Sur ce terroir original il apparut qu'il y avait là sans doute au plan viticole «un coup à jouer».

Déjà à cette époque la personnalité du propriétaire des lieux, Edmond de Rothschild, qui transforma d'abord dès 1973 cette terre médocaine en vaste chantier, alimentait un certain mystère. Car cet investisseur bien au fait des choses du vin, il possède une participation significative de château Lafite, aurait pu choisir une voie plus simple en acquérant un de ces grands crus classés en 1855 qui, chaque année, s'offrent aux appétits ou aux illusions des groupes financiers qui achètent des propriétés dans le Bordelais. Or dans les années 70 rien ne signalait cet ancien vignoble à l'attention. Certes on observe que l'occupation de la vigne était très ancienne. A l'origine c'est une famille irlandaise émigrée à Bordeaux, les Clarke, qui créerent, au 18ᵉ, un domaine qui prospéra plus tard sous l'impulsion de Tobie Clarke. Quant au château Peyrelevade, qu'Edmond de Rothschild a remembré avec Clarke, il disposait aussi d'une bonne notoriété. Dans la fameuse liste de Charles Coks, dite «table alphabétique des crûs les plus célèbres du Médoc et des Graves» parue à Londres en 1846 on trouve naturellement «château Clarke». Le Féret de 1886 les situe en bonne place et précise qu'ils appartiennent l'un aux Saint-Guirons et l'autre aux Redon. Mais à partir de 1950 le cru de Clarke connut un quasi abandon avant qu'Edmond de Rothschild ne l'achetât. Celui-ci eut une certaine intuition des aptitudes viticoles exceptionnelles des terroirs de Clarke. Elles justifiaient une double ambition : celle, en rénovant le vignoble de faire naître un Grand Cru tout en faisant oeuvre de pionnier viticole.

Un nouveau paysage viticole et architectural en Médoc : château Clarke.

Ce qui pouvait apparaître comme une expérience est devenu une indiscutable réussite viticole ce qui ne va pas, en Médoc sans susciter parfois quelques jalousies. Aujourd'hui Clarke a pris une place fondamentale dans le Bordelais au triple plan de l'histoire viticole, de l'agrologie des terroirs et de l'ampélologie moderne.

L'historien et l'Histoire multi-séculaire de l'avènement de la qualité et des Grands Vins disposent avec Clarke de l'exemple contemporain de ce que firent, deux siècles plus tôt et sur d'autres terroirs les Combret de Milon à Soutard, les Canolle à Bel Air les Fontemoing à Canon ou les de Pontac sur les collines des Douze et de Bahans à Haut Brion.

On ne peut éluder le fait que des dizaines d'années sont nécessaires pour créer puis confirmer la valeur d'un grand cru. Mais la lecture des carnets et des Livres de Raison de tous ces pionniers apporte un enseignement précieux. Certes leurs crus sont devenus des valeurs sûres, au fil du temps et de manière incontestée, mais leurs propriétaires ou leurs régisseurs d'alors avaient une claire conscience, avant même que le château connût la notoriété, du fait qu'ils disposaient d'un outil exceptionnel, c'est à dire d'un terroir privilégié. Ces novateurs possèdent en commun un certain goût de l'aventure et quelques traits de non-conformisme. De même à Clarke, le choix d'un terroir étant fait et la conviction de son potentiel acquise, il fallait s'atteler à la définition puis à l'adaptation d'une politique de qualité.

Au plan de l'agrologie des terroirs les «sites» de château Clarke sont uniques en Médoc et doublement originaux. D'abord parce que la dominante calcaire, dont témoignent les nombreux affleurements tertiaires, est extrêmement importante s'agissant d'un terroir médocain. En cela les terroirs de Clarke sont assez proches des types agrologiques St-Emilionnais et Pomerolais. Cette «géologie construite» c'est celle du «Dôme évidé de Listrac» dont dépend l'ensemble du dispositif structural. Un évidement hydro-éolien s'est constitué au pied de l'abrupt de Listrac. On voit affleurer ici toute la série géologique du «dôme évidé» où sont implantés les vignobles de Clarke. La «clairière viticole» de Clarke est protégée des sables du plateau Landais par les talus du Dôme qui à l'ouest se découpent du Nord au Sud et délimitent ce fameux couloir calcaire où sont implantés les vignobles de Clarke. Il s'agit d'un «hiatus remarquable». La seconde originalité qui oblige à parler de «sites» de terroirs réside dans une grande variété sédimentologique. L'assise éocène est constituée de «calcaires de Blaye»; on observe aussi la présence de calcaires à astéries, des marnes de type Saint-Estèphe et des argiles ou mollasses sannoisiennes avec un certain épandage de graves. L'ensemble constitue une exceptionnelle «inversion de relief», celui-ci étant aujourd'hui à l'inverse de sa structure. A la place du dôme il y a un modelé étagé en dépression. Aucun autre terroir dans le Bordelais n'a de telles caractéristiques et il s'agit là d'un modelé unique en Médoc.

Cette variété impose une adaptation de l'encépagement des amendements et des méthodes culturales, parcelle par parcelle, que favorise la mise en mémoire informatique de toutes les données possibles de chacune d'elles.

Le défi et le risque lancé et pris ici était de savoir si sur un terroir totalement singulier, l'ampélographie Bordelaise, la science de la Vigne, pouvait explorer des voies nouvelles tout en y adaptant des recettes confirmées. Deux grandes questions étaient posées par la nécessité d'un drainage extrêmement complet et par la variété agrologique des terroirs.

L'enjeu était de réaliser, compte tenu de l'hydromorphie très accusée de certains sols, des travaux de drainage considérables. Ce fût fait grâce à l'ouverture de 27 Km de fossés et la pose de 47 Km de drains. Mais alors cela ne signifiait-t-il pas que les sols et les sous-sols n'étaient pas parfaitement adaptés à la vigne ? Non car c'est oublier qu'un cru est une «construction», qu'un château est le résultat d'une longue mise en valeur souvent empirique et non la simple exploitation d'une rente de situation naturelle. Ce qu'Edmond de Rothschild à réalisé ici, avec son équipe, c'est un travail très identique à celui qu'accomplirent les Fourcaud-Laussac à Cheval Blanc et à la Conseillante, un siècle plus tôt, en construisant un réseau de drains profonds, muraillés et couverts. En définitive Clarke réalise avec les moyens techniques de notre temps et des outils

d'investigation très sophistiqués la synthèse de la modernité et de la viticulture.

Pour l'encépagement on observe un parti pris : avec 45% de merlot c'est, en Médoc, le taux le plus élevé avec châteaux Kirwan, à Margaux. Ce choix original fut judicieux. A partir de là c'est l'empirisme qui dirigea la mise en valeur du domaine, même si celui-ci s'est doté de tous les outils de mesure et d'analyse. Il est vrai qu'avec 170 ha de terres, on pouvait sélectionner les parcelles après les avoir «fait parler», expérimenter des assemblages, mieux ajuster les rendements, doser les encépagements, et établir une politique de vieillissement. C'est en définitive seulement 60 ha qui sont désormais destinés à la production de château Clarke au sein d'un domaine qui compte 132 ha de vignoble et où se répartissent 145 parcelles parfaitement identifiées.

La création d'un grand cru tout comme par le passé doit respecter des paliers dans l'expérimentation, laisser jouer le temps notamment pour le vieillissement des pieds de vignes même si les moyens actuels permettent d'en gagner au niveau des arbitrages et des choix justes.

Cet esprit novateur se retrouve à Clarke à tous égards y compris dans ce divertissement œnologique que symbolise le rosé de Clarke, obtenu par saignée sur les cuves des rouges et qui rappelle les recherches conduites, au début du siècle, par les Kressmann au domaine familial de la Tour Martillac dans les Graves.

Clarke démontre aujourd'hui que le monde viticole Bordelais n'est pas un monde fini. A l'intérieur de ses frontières qui sont aujourd'hui bien tracées, ce sont celles que définissent les appellations majeures, ils restent encore quelques conquêtes à opérer en matière de création ou de renaissance de vignobles. Leur aboutissement suppose la mise en œuvre de trois données : un calcul, une audace et de la chance. Château Clarke est là en 1987 pour le prouver. Le calcul consiste, sur des bases agrologiques sûres, à mesurer le potentiel d'un terroir; l'audace consiste à imaginer que «l'atypicité» d'un terroir peut aussi favoriser la production d'un grand vin. (voir «la boutonnière de Petrus» au sein de l'appellation Pomerol). Troisième donnée la chance : ce peut être comme à Clarke, le résultat de la synthèse des deux premières ou plus simplement d'une volonté.

Comparée aux investissements lourds réalisés à Clarke, la simplicité apparente de la résidence illustre bien la voie qui a été choisie par Edmond de Rothschild.

Les chais bénéficient à Clarke d'une homothermie parfaite.

LE RENOUVEAU A SAINT-JULIEN DE BRANAIRE

Ce domaine porte plusieurs symboles, certains anciens, d'autres très récents. Pour ne pas être le plus ostentatoire des Saint-Julien, il est sans doute celui qui, à travers son histoire, est l'un des plus révélateurs pour une sociologie viticole du Médoc.

Sa montée actuelle accompagne naturellement celle tout à fait prodigieuse de l'appellation Saint-Julien, richement dotée par la nature grâce à des modelés de croupes de graves souvent parfaits. L'origine des Grands Vins y est bien établie et, dès 1855, le classement que les courtiers Bordelais établissent retient pour cette seule commune neuf crus classés dont cinqs «Second Crûs». Mais il y a un tel engouement, tout à fait légitime du point de vue de la qualité, que l'on peut en, caricaturant, s'interroger sur le fait de savoir s'il y existera encore, au terme des vingt prochaines années, un seul propriétaire «de tradition viticole». Ceci signifierait que «l'exploitation viticole à responsabilité familiale» aurait disparue face aux appétits des investisseurs institutionnels ou des groupes financiers. Ne parle-t-on pas à propos de Saint-Julien - abusivement sans doute de «Texas viticole»? Il faut d'ailleurs reconnaître le fantastique hommage rendu par ces financiers aux générations précédentes de propriétaires et à ceux qui sont aujourd'hui aux commandes : un château viticole, dont la production est par nature climatiquement aléatoire et financièrement précaire devient une valeur refuge pour les multi-nationales.

Les grands amateurs de vin regretteraient seulement de ne plus avoir l'occasion de rencontrer au cours de quelques moments chaleureux ces hommes et ces femmes exceptionnels comme ceux qui entourent Antony Barton (Léoville Barton) les Cuvelier (Léoville Poyferré), Jean-Eugène Borie (Ducru-Beaucaillou) Madame Aymar Achille-Fould (Beychevelle), Jean Cordier (Gruaud et Talbot) ou Henry Martin (Gloria et Saint-Pierre). Ceci dit au-delà de ces éventuelles disparitions, il faut remarquer que le phénomène, s'il se généralisait, ne serait pas nouveau : il appartient à l'histoire et à ses cycles, comme le démontre parfaitement la lecture de l'œuvre monumentale du Professeur René Pijassou. Or c'est dans ce paysage qu'apparait l'originalité actuelle et plus encore future de Branaire Ducru qui effectue dans l'appellation le trajet inverse.

L'histoire de Branaire Ducru, avant que les Tapie et les Tari ne s'y consacrent est en vérité assez sévère. Elle est certe à l'image de l'architecture du château : mesurée, élégante, de bon ton et donc sans agressivité ni ostentation. Ses propriétaires successifs depuis le 18ᵉ siècle possédaient un château et manifestent presque unanimement un très grand respect pour le cru de Branaire. Mais passé l'acte d'achat qui suppose chez ces grands bourgeois un petit moment, très bref, de déraison, ils rentraient dans la norme. Un château viticole était pour eux d'abord, les archives le montrent, une propriété agricole en même temps qu'une

Branaire Ducru.

demeure, et en aucun cas un outil de travail ou le moyen de mener des affaires. Il s'agissait encore moins de s'arc bouter sur des prix en bataillant ferme avec le négoce Bordelais.

Le rang qui lui est accordé en 1855 par les courtiers Bordelais correspond, par sa modestie, - il est désigné **«Quatrième Crû»**, **à cette absence d'ambition et plus précisément à cette distance que le propriétaire d'alors** Louis du Luc, conserve tant avec le milieu du vin Bordelais qu'avec son propre domaine. La notion de mise en valeur reste absente et c'est dans une période de dépression que Branaire-Ducru est vendu en 1898.

Au début du 20ᵉ siècle, son propriétaire, le Comte du Périer de Larsan, député Bordelais, déploie une très grande activité dans le rôle de législateur qui est le sien, notamment en faveur de la répression des fraudes et de la notion d'appellation mais il ne fera pas pour autant de Branaire le temple de la modernité viticole en Médoc.

Cependant, le domaine connut «une belle époque» dans les années 1910-1920 avant d'être vendu très cher à un industriel Lyonnais, M. Mital. Rompant un peu avec cette tradition aristocratique de gentilshommes campagnards, celui-ci ajoutait progressivement à l'éloignement une certaine indifférence dans sa relation avec la propriété. Branaire devait attendre jusqu'en 1952 l'arrivée de ces propriétaires actifs que furent et sont Jean Tapie et ses enfants, puis Nicolas Tari et sa famille pour donner sa vraie mesure. La restauration pouvait enfin commencer et le cru sortir d'une sympathique mais dommageable torpeur. Cette gestion enfin personnalisée donne de spectaculaires résultats et les amateurs de Saint-Julien sont en train de faire connaissance, ou mieux encore de le «découvrir». Avec Branaire-Ducru, Jean Tapie et Nicolas Tari ont accomplit ici l'œuvre d'une vie. D'une certaine manière Branaire Ducru du Luc, l'un des plus anciens domaines du Médoc, est paradoxalement un «nouveau cru» de Saint-Julien ! Sa restauration est au niveau des aptitudes de ce site de terroir, qualité que confirme au premier coup d'œil la dissection des nappes de graves.

En constatant que Branaire Ducru effectue actuellement le parcours inverse de certains Saint-Julien, précisons d'abord, car il devient nécessaire de le rappeler, trois grands types (employant volontairement un terme ancien) de «modes de faire-valoir viticole».

Le premier, c'est l'exploitation directe par un propriétaire qui s'implique totalement dans la conduite de son domaine. Le second est l'exploitation indirecte, la qualité de propriétaire n'induisant pas, ou de moins en moins, une activité viticole qui en fait est déléguée. Dans le troisième cas, totalement différent des deux premiers parce qu'il s'agit de sociétés ou de groupes financiers, la propriété du domaine représente un investissement et, à court ou long terme, une simple opération de placement financier.

C'est la troisième hypothèse qui nous parait menacer le plus Saint-Julien et comporter un risque pour les appellations Bordelaises. Car un cru c'est avant tout un propriétaire : imagine-t-on un instant, à Saint-Emilion un château Canon sans Eric Fournier ou à Saint-Estèphe un Cos d'Estournel sans Bruno Prats ? Evidemment non.

Dans le second cas, être un propriétaire partagé entre plusieurs activités suppose un immense talent. Et à cet égard n'est pas, si l'on ose dire, Eric de Rothschild qui veut. Quant à Goudal, le fameux régisseur de Lafite, il ne dispose pas dans son sillage d'autant d'émules qu'il serait souhaitable, à quelques exceptions près.

Pour toutes ces raisons, la poursuite de cette restauration de Branaire à travers des propriétaires actifs, véritables hommes de la vigne succédant à ces aristocrates «éclairés» du 19ᵉ siècle aux ambitions viticoles modestes pour le cru, est un curieux paradoxe.

Il faut souhaiter que dans le respect de ses traditions, Branaire puisse réaliser pour longtemps l'admirable synthèse que ses vins expriment car il y a une relation, frappée au sceau du déterminisme, entre les hommes et le vin. Ce serait celle, d'une part, d'une tradition de mesure et de bon goût, incarnée par Louis du Luc, le marquis Carbonnier de Marsar, le Vicomte du Périer de Larsan et le Comte de la Tour, et celle, d'autre part, de la modernité initiée par Jean

Tapie et Nicolas Tari et qui doit être poursuivie avec force.

En 1850, l'anglais Charles Cocks écrivait à propos de l'appellation Saint-Julien : «les vignobles sont remarquables par l'excellence de leur produit». Nous dirions aujourd'hui que l'excellence des vins n'est pas donnée quelle que soit l'excellence du terroir, au demeurant condition indispensable.

Longue vie donc à ce grand Branaire enfin parvenu à conjuguer harmonieusement le potentiel viticole d'un grand terroir et la production de Grands Vins. Ce souhait s'inscrit **dans la logique historique de l'appellation et sa réalisation doit avoir valeur d'exemple en Saint-Julien.**

Aux portes de Saint-Julien Beychevelle, à droite le domaine des Fould et à gauche (ci-dessous) Branaire donnent le ton : sobriété architecturale et élégance viticole en Saint-Julien.

LA LAGUNE, EN TETE DES HAUT-MEDOC

En empruntant à la terminologie sportive quelques termes, utiles pour mieux caractériser la position de ce domaine au sein du Bordelais, on peut énoncer que La Lagune est à un double titre une tête de série viticole, à la fois premier dans son groupe, les Haut-Médoc, et peut-être à parité avec les autres premiers. La Lagune figure en effet dans la plupart des «finales» de ces tournois viticoles que sont, à leur manière, les dégustations, les palmarès et les classements où l'on voyait s'affronter les crus tout au long du 19e siècle.

Si l'on se borne à l'examen des apparences, on peut rappeler ce qui était consacré à La Lagune dans le Féret. Pour faire un compte rond, prenons l'édition de 1886 qui précise : «ces vins, très renommés en Angleterre, ont une belle couleur, du bouquet et beaucoup de corps, ce qui leurs permet de se conserver très longtemps...»

A cette première appréciation s'en ajoutent d'autres : «... la production de La Lagune varie entre 60 et 80 tonneaux de vins très estimés... Nous avons dégusté des vins de 1828 qui s'étaient parfaitement conservés après un séjour de près de 40 ans en bouteilles». «Depuis un demi-siècle les excellents vins de La Lagune jouissent en Angleterre d'une très grande faveur... La Lagune peut se vanter d'avoir un caractère distinctif qui ne ressemble à aucun autre et cette originalité suffirait seule à constituer son mérite».

Intéressant témoignage (en réalité la notice communiquée par le propriétaire de l'époque J. Piston) qui prouve le caractère remarquable, estimait-on déjà à l'époque, d'une telle aptitude au veillissement. Tout ceci est significatif mais s'agissant de ce grand Haut-Médoc l'important n'est pas là.

En revanche, en arrivant en Médoc par la route de Bordeaux, on remarque que la topographie entre Caychac et le carrefour des Trois Moulins est uniformément plate. Nous percevons là l'essentiel. La belle colline toute plantée en vignes de La Lagune en est le seul accident notable. Sa dorsale, à 16 mètres d'altitude domine, à l'Ouest une large

A Ludon, l'élégante sobriété architecturale de La Lagune peut être datée du milieu du 18e siècle. Les Lognac firent construire là une des plus belles chartreuses du Médoc, révélant en cette occasion, leurs ambitions et leur remarquable discernement, quant aux aptitudes du «crû Lalagune».

plaine qui ne dépasse pas 9 à 10 mètres. A l'Est, elle descend par degrés vers Ludon, puis dans la Palu.

Tout ce pays plat du Pian et de Ludon est resté inculte et la route traverse des bois de pins. En un mot, le paysage Landais s'avance là jusqu'aux marais Girondins.

La Lagune faisant exception, on saisit aussitôt le rapport qui s'établit entre le modelé applani des terroirs et leurs aptitudes agrologiques sur des graves qui forment le sous-sol, les sables noirs landais ayant saupoudré tous les terrains. Mal drainé et sableux, le sol ne convient pas à la vigne. Que le relief se dégage de quelques mètres, que les sables disparaissent et un vignoble de qualité, comme château La Lagune, a pu se constituer. Tous les fondements d'une analyse des terroirs aptes à porter des ceps et à produire des vins de qualité peuvent être dégagés du seul exemple de La Lagune.

De cette exception on tire la règle. Elle nous fait voir qu'il faut de belles graves et de fortes pentes pour avoir de bons terroirs viticoles mais, de plus, elle nous montre que sur une topographie plane l'invasion des sables noirs s'est généralisée, ce qui compromet irrémédiablement la viticulture. Tandis que l'érosion mindélienne multipliait ses destructions, la contrepartie constructive se réduisait au point de ne nous laisser que de minuscules témoins. Dans l'immense cuvette où se logent les marais nous ne trouvons à peu près pas de graves mindéliennes sauf précisément à La Lagune. Elle représente la forme insulaire la plus remarquable que l'on puisse localiser dans l'ensemble du Bordelais, dominant une plaine d'épandage rissien ce qui laisse évidemment le bénéfice d'un dénivelé. Cela suffit pour que nous ayons là un très beau site de terroir et un Grand Cru. Symbole à sa manière, La Lagune ouvre sur l'une des plus belles régions viticoles du monde : le Médoc.

En pénétrant dans la propriété, l'élégance de l'architecture d'une très belle chartreuse construite au 18ᵉ siècle par la famille Seguineau de Lognac vient couronner la qualité agrologique du terroir.

Pendant tout le 19ᵉ siècle, le cru de La Lagune «possè-

dera», si l'on ose dire, des propriétaires de talent. Vers 1819, le Périgourdin Jouffrey Piston et son épouse acquièrent le domaine et se lancent tous deux dans une viticulture de qualité. Celle-ci accentue la réputation de ce vignoble déjà bien établie à Bordeaux auprès des courtiers Chartronnais. Ceux-ci consacreront La Lagune lors du classement de 1855 en lui attribuant un rang de «Troisième Grand Crû». S'agissant d'un cru situé à Ludon, commune qui n'a pas la notoriété des célèbres «paroisses» Médocaines, c'est une exceptionnelle promotion.

Lorsque les Sèze acquièrent la propriété en 1886, la chartreuse commande un vignoble admirablement bien tenu. Dans notre siècle, La Lagune connaitra un progressif abandon ce qui était, hélas, fréquent en Médoc. Il fallut attendre dans les années 50 l'arrivée du remarquable viticulteur qu'est Georges Brunet pour voir démarrer la restauration du domaine. Quelques années après, le Champenois René Chayoux y entre avec cette passion propre à un homme de la vigne pour conduire à La Lagune de nouveaux aménagements. Avant son décès, il laissera la propriété entre de bonnes mains en choisissant comme successeur son collaborateur depuis 20 ans, Jean-Michel Ducellier, tant à la direction, à Ay, des champagnes Ayala qu'à la tête du cru Médocain.

En l'espace de quelques années, la «Principauté de La Lagune» avait retrouvé sa splendeur d'antan.

Aujourd'hui, la Lagune est incontestablement l'un des crus qui bénéficient de cette immense notoriété qui caractérise un Grand Cru du Bordelais. A ces dons naturels s'ajoute le talent des hommes et ici singulièrement celui d'une femme, madame Boyrie, récemment décédée, qui assuma longtemps la responsabilité de l'exploitation.

La Lagune bénéficie toujours de cotations élévées puisque ses vins se vendent au niveau des Second Crus. Il y a là une concordance très heureuse entre la notoriété du cru et les prix et faveurs du négoce. Jean-Michel Ducellier, l'artisan de cette réussite, devrait être, avec sa modestie coutumière, l'un des propriétaires les plus sereins du Médoc.

L'autre façade de La Lagune.

5 FORCES ET FAIBLESSES DU PRINCIPE DES CLASSEMENTS : CLASSIFICATIONS ET HIERARCHIES

Le terme générique de «*Bordeaux*» est une délimitation territoriale d'une région viticole définie vers 1912. En son sein, seuls quelques sites de terroir sont exceptionnels. Ils ne se réduisent pas seulement à ceux que la «liste des crûs de 1855» avait distingué. Ils ne sont pas aussi nombreux que certaines appellations voudraient le suggérer. La nature des vins produits et les traits agrologiques dominants des appellations du Bordelais permettent, à notre sens, de retenir d'autres appellations qualifiées encore aujourd'hui par certains de moyennes.

A/ HAUT-MEDOC, MARGAUX, PAUILLAC, SAINT-ESTEPHE, SAINT-JULIEN, SAUTERNES.

B/ SAINT-EMILION, GRAVES, GRAVES-PESSAC-LEOGNAN.

C/ CANON-FRONSAC, ENTRE-DEUX-MERS FRONSAC, LALANDE DE POMEROL, LISTRAC, MEDOC, MONTAGNE ST-EMILION, (Saint-Georges et Parsac), POMEROL.

Ces appellations qui méritent de figurer dans un classement contemporain des Grands Vins de Bordeaux se divisent donc historiquement en trois groupes. D'abord le groupe A où sont inscrites les appellations dont certains Crus ont été retenus dans la «liste de 1855». On doit ensuite ajouter le groupe B : c'est celui des appellations qui se sont dotées d'un classement interne sélectionnant en leur sein des Crus. C'est le cas des **Graves** et de **Saint-Emilion**. Celles-ci ont précisé les limites de l'appellation (juridiction de Saint-Emilion) ou «poussé» la notion d'appellations communales (Graves Pessac-Leognan). Un troisième groupe doit être enfin pris en compte : il s'agit des appellations qui ne disposent actuellement d'aucun classement interne comme **Pomerol**, mais aussi **Canon-Fronsac** et **Fronsac**, **Lalande de Pomerol** et **Montagne** (y compris **Saint-Georges** et **Parsac**), l'**Entre-deux-Mers** et pour le **Médoc**, les appellations **Médoc** et **Haut-Médoc** comprenant elles-mêmes la dénomination **Cru Bourgeois** (encore que l'on constate que 5 Haut-Médoc ont été retenus en 1855 et que les responsables de la dénomination «Cru Bourgeois» ont depuis effectué des classifications internes plus ou moins homologuées). Avant d'évoquer le classement des Crus il faut en effet d'abord préciser «l'assiette» de ce classement. Autant la notion de Cru Classé doit être attribuée de manière «strictement restrictive» autant un référencement des appellations dans les années 80, ne doit plus être malthusien.

Dans notre hypothèse de travail le premier et le second groupe ne posent aucun problème ; il s'agit des appellations qui comptent des Crus qui ont été «classés» en 1855 ou qui disposent de classements internes. Seul le troisième soulève quelques difficultés.

Tout d'abord **Pomerol** : cette «appellation phare» ne dispose d'aucun classement et n'en effectuera probablement jamais. C'est une grave erreur à terme. Mais ses propriétaires pensent, actuellement, que Pomerol est aux vins du Bordelais ce que la Principauté de Monaco est à l'Etat français : une enclave riche et privilégiée. Dans un classement une douzaine de Crus s'imposent : la Conseillante, l'Eglise-Clinet, l'Evangile, Gazin, la Croix, Petit-Village, Petrus, Trotanoy, Vieux Château Certan mais aussi Beauregard, Certan-Giraud, Clinet, Lafleur.

Canon-Fronsac et **Fronsac** : c'est l'appellation la plus injustement sous-estimée du Bordelais viticole, car elle possède un terroir des plus privilégiés. Elle amorce aujourd'hui une remontée grâce à quelques Crus exceptionnels aux premiers rangs desquels se situent La Rivière pour Fronsac et les châteaux Canon, Junayme, Vray Canon Boyer, La Dauphine/Canon de Brem pour Canon-Fronsac.

Lalande de Pomerol : en termes de mise en valeur de terroirs, de cotations, de notoriété et de qualité, c'est l'appellation qui a le plus progressé depuis 10 ans. Il faut qu'elle singularise sa personnalité propre et que certains propriétaires évitent d'entretenir la confusion avec Pomerol. Les Crus situés sur les communes de Néac et de Lalande, comme Siaurac, Haut-Chaigneau, La Croix Saint-André, Belles-Graves, Tournefeuille, Perron et Moncets occupent actuellement un très bon rang dans la qualité, au sein du Bordelais.

Montagne Saint-Emilion : longtemps dans l'ombre de Saint-Emilion, cette appellation a une identité agrologique et des productions de qualité, qu'une rémunération plus juste permettra d'améliorer. (Il en va de même pour la micro-appellation de Saint-Georges et de Parsac). Citons Maison-Blanche, les deux Calons, les Laurets (à cheval sur les appellations de Montagne et Puisseguin), la Croix Saint-Georges et Saint-André Corbin.

L'Entre-deux-Mers : il s'agit géographiquement de la plus grande appellation du Bordelais. Surtout connue pour ses vins blancs qu'elle produisait autrefois de manière pléthorique, elle fut pénalisée parce que le public s'était détourné de la consommation de vins blancs. Le regain de faveur de ceux-ci, la qualité des productions de certains châteaux, en vin blanc comme en vin rouge, doit permettre de dégager, à terme, une élite d'une dizaine de Crus sur des terroirs reconnus.

Le Haut-Médoc : certains Crus doivent leur appartenance à la «Presqu'île Médoc», pour reprendre les termes consacrés par Emile Peynaud et Jean Lacouture, leur «montée en qualité». D'abord parce que situés aux limites «administratives» des appellations les plus prestigieuses comme Margaux, Saint-Estèphe ou Pauillac, ils sont souvent territorialement dans une «continuité agrologique» avec ces dernières, d'où des productions de qualité indiscutable. D'autre part, des propriétaires de châteaux en «Cru Bourgeois» ou en Haut-Médoc possèdent aussi des Grands Crus Classés ce qui les conduit à appliquer aux premiers les mêmes méthodes culturales et de vinification. Il y a là un heureux mimétisme dont profitent ces domaines, qui, auprès d'un tel voisinage, apprennent les «belles manières». Ajoutons qu'ils ont souvent des superficies de plus de 50 ha de vignobles ce qui permet, en termes d'investissement, de bien étaler les coûts fixes. La qualité suit même s'il reste, en imposant des disciplines, à sélectionner les meilleurs.

Listrac : quelque peu méconnue, cette très ancienne appellation compte de remarquables châteaux comme les Fourcas et surtout Clarke. Ils s'imposeront de plus en plus au meilleur niveau et au-delà. De même la micro-appellation de Moulis qui dispose d'un excellent terroir où se trouvent les vignobles de Chasse-Spleen, Maucaillou et Poujeaux qui sont en progression.

Quels principes pour un nouveau classement ?

Nous parvenons là aux limites du terrain où sont disposés tous les pièges : quel système de classement, selon quels critères et sur quelles bases ? S'agit-il d'une remise à jour ? Nous pensons qu'il conviendrait de s'inspirer de quelques principes de base, cinq au total.

Principe N°1 : Respecter «la liste de 1855» en considérant que la référence à la mention «Crus Classés en 1855» doit être maintenue. Le fait d'avoir été deuxième, troisième voire cinquième appartient au patrimoine de chacun de ces 85 Crus. Ils doivent conserver cette référence. Ceci signifie déjà qu'il ne s'agira en aucun cas, d'effectuer une mise à jour du «classement de 1855» : il est, il reste.

Principe N°2 : Aucun des «Premiers» de 1855 ne peut être rétrogradé. Le nouveau classement des années 80 doit confirmer leur rang. C'est là leur «logique privilège». Cette absence de Nuit du 4 août est en revanche compatible avec l'adjonction de 8 à 12 Crus aux côtés des Premiers de 1855 et de 1973.

Principe N°3 : D'autres mentions distinguant les Crus doivent être, dans ce classement, ajoutées. Aux côtés de la mention rappelant 1855, figurera la mention du classement, disons de 1989 ? Certains pourront être promus. Exemple et fiction : «Brane-Cantenac, deuxième Cru Classé en 1855, premier Cru Classé en 1989». Inversement, aucun Cru distingué en 1855 par un rang, de 2ème ou de 5ème Cru ne saurait être rétrogradé dans le nouveau classement. Au pire ils conserveront donc leur position. S'agit-il là d'une manifestation réactionnaire d'un conservatisme viticole respectant l'ordre établi. Non car un examen détaillé de la liste de 1855 nous a permis, après un an de réflexion et d'analyse, de conclure, à quelques exceptions près, que le principe même d'un déclassement n'était pas souhaitable.

Principe N°4 : Adoption de la mention «Cru Classé de Bordeaux en 1989» pour signifier qu'il s'agit d'une référence par rapport à l'ensemble du Bordelais et non d'un classement interne à une appellation. La classification pourrait aller soit de Premier à Sixième, soit de Premier à Troisième.

Principe N°5 : Chacun des Crus Classés du Bordelais devra être pris dans la catégorie «Cru Classé» ou «Grand Cru» des appellations retenues. Ceci signifie que les appellations cité plus haut devront procéder à un classement interne. Il existe à cet égard un modèle simple et compréhensible : celui dont bénéficie Saint-Emilion depuis 1954. Initié par **Jean Capdemourlin** et le Syndicat Viticole dans les années 50 ce classement, complété depuis, est exemplaire. Oublions que son renouvellement, en principe décadaire, s'est accompli en 1985/1986 dans une extrême confusion qui a quelque peu discrédité l'appellation. Il a cependant, trois mérites. D'abord celui de dégager une élite avec les premiers (A) et un groupe de 9 premiers (B) Crus Classés. Ensuite d'établir une catégorie «Grand Cru Classé», ici au nombre de 62. Enfin son dernier mérite est d'ouvrir à chacun la possibilité d'accéder à la catégorie Saint-Emilion «Grand Cru» qui est un droit pour tous les Crus de l'appellation qui se conforment à des conditions de production, de vinification et de mise en bouteille au château.

Tels sont les principes qui, à défaut d'être simples n'en sont pas moins logiques et peuvent présider à une classification des Crus du Bordelais : sélection des appellations nobles, classement interne dans chaque appellation, classification au sein de 3 ou de 6 catégories des meilleurs Crus.

Imaginons les commentaires ou les réactions que susciterait une telle proposition : «c'est impossible à réaliser ! Sur quels critères ? Que faites-vous de la volonté de quelques appellations de faire cavalier seul ? Tout ceci est trop complexe. Le public ne s'y retrouvera pas !».

Nous nous limiterons pour notre part à trois réflexions pour formuler dans ce domaine une anticipation, un constat d'échec et une espérance.

Anticiper cela consiste à comprendre qu'il faut une ou deux fois par siècle introduire un ordre interne qui classe et simplifie l'inévitable dédale, pour ne pas dire désordre, des hiérarchies viticoles. Si les appellations du Bordelais ne s'adaptent pas à l'univers concurrentiel actuel, qui est à l'échelle du monde, leur prestige comme leur prééminence fondront comme glace au soleil. Les moyens financiers et les techniques marketing permettent aujourd'hui de créer des positionnements et des images, de faire fonctionner des promesses et en définitive de vendre cher, à terme, n'importe quel vin moyen. Les «classements actuels» qui d'ailleurs n'en sont plus, apparaîtront face à ce phénomène aussi anachroniques que la mention d'une médaille d'or d'une exposition du siècle dernier sur un produit de salaison. Constat d'échec : le principe de classification que nous proposons ne revendique pas en réalité d'autres mérites que d'être simple alors qu'on l'analysera peut être complexe et difficile à mettre en oeuvre. Mais le Bordelais

peut-il rester dans la situation actuelle qui à tous égards est abusive. Comment la vigilance de l'INAO peut-elle cautionner et maintenir une juxtaposition de classifications où il apparait :
- que la mention Premier Cru Classé, s'agissant, par exemple, de l'appellation Saint-Emilion, ne précise pas toujours sur l'étiquette, d'une manière visuellement explicite, qu'ils ont ce rang dans leur propre appellation et non dans le Bordelais.
- que la mention Grands Crus Classés du Médoc n'indique jamais dans quelle catégorie ils ont été versés en 1855. Seuls, Durfort-Vivens, Rauzan-Gassies et Rausan-Ségla précisent qu'ils ont été classés second.
- que la mention Grand Cru Classé à Saint-Emilion n'est pas opposable à la mention Cru Classé en Médoc et ne coïncide pas non plus avec la mention Cru Classé dans les Graves.

La législation actuelle issue d'une stratification règlementaire «construite» en un siècle juxtapose au total autant de mentions telles que : **«Grand Cru Classé, Grand Cru, Cru Classé, Cru Grand Bourgeois exceptionnel, Grand Vin,** etc ... Il faut mettre un terme à cette confusion qui a certes une logique historique, mais n'a plus aujourd'hui de raison de se perpétuer.

L'ambition de ces propositions réside aussi dans une espérance : dès lors qu'un classement est entrepris sur un terroir délimité, il provoque une émulation, impose des disciplines et promeut ainsi des Crus qui, à leur tour, «tirent» l'appellation. Il existe une **dynamique des classements.** C'est pourquoi la place privilégiée de certains Crus doit être reconnue et la notion de grande appellation élargie à d'autres terroirs sur des bases agrologiques sûres.

La position ultra-libérale.

En matière de classement, certains nous disent : le vin est vendu sur un marché, chaque château bénéficie chaque année d'une cotation qui, au fil des années, établit des positions pour les principaux Crus du Bordelais. Dès lors, la hiérarchie des châteaux, les uns par rapport aux autres, n'est autre que la hiérarchie des prix. C'est à première vue incontestable. On ne peut, face à un marché international sophistiqué où interviennent un courtage Bordelais et un négoce actif sur de nombreuses places, ne pas reconnaître que les prix mesurent la qualité. En bref, c'est bien la demande qui détermine le niveau des prix et donc la position respective des Crus dans une hiérarchie. Cependant, le prix payé en primeur, ou pour certains millésimes, s'il fournit une indication importante, n'exprime pas la hiérarchie qualitative des crus pas plus qu'il ne la crée. Pourquoi ? Parce que tous les châteaux ont des systèmes de commercialisation, des stratégies, mais aussi des dimensions différentes : certains vendent peu en primeur et on connaît des propriétaires qui commercialisent aujourd'hui les productions des années 70 et possèdent des stocks de plus d'un million de bouteilles. D'autres, possédant plusieurs châteaux, ayant des coûts fixes élevés, vendent très rapidement au négoce, en primeur. Leurs arbitrages à la vente ne sont pas à 1 ou 2 dollars près par bouteille. Une propriété renommée de Pomerol qui compte moins de 10 ha, et dont le personnel se réduit aux dimensions d'une famille n'a pas les mêmes charges qu'un domaine en Médoc de 80 ha qui emploie comme une véritable entreprise plus de 40 personnes. Les trésoreries comme les besoins en fonds propres ne sont pas comparables. A niveau qualitatif égal il est plus facile, c'est un truisme, d'organiser une rareté rémunératrice sur le marché à partir de 10 ha que sur 80. En sens inverse le propriétaire qui dispose de 20.000 caisses pourra négocier avec un acheteur, notamment à l'exportation, des contrats très favorables parce qu'il pourra «suivre» en l'approvisionnant, la demande initiale. C'est ce que ne pourra jamais réaliser un château dont la production se limite à 4.000 caisses. Le tempérament des propriétaires intervient aussi : certains sont avant tout des hommes de vigne ou de vinification, y consacrant l'essentiel de leur temps. D'autres sont des managers ayant le goût ou les moyens de se consacrer prioritairement aux affaires, c'est-à-dire à la commercialisation. Il y a l'habileté des uns et la naïveté des autres. Au risque de caricaturer nous dirons que deux Crus comparables n'auront pas le même prix sur le marché selon que leurs propriétaires maîtrisent ou non la langue anglaise. En bref, le prix ou les cotations, surtout si on s'y réfère sur une longue période, sont des éléments d'appréciation, mais ils doivent être manipulés avec précaution et ne sauraient constituer, en aucun cas, l'ultima ratio d'un classement.

Ajoutons que lorsque la **hiérarchie des prix** finit par mesurer la **hiérarchie de la qualité** on s'expose à tous les dangers qui sont ceux d'une hausse permanente. C'est ainsi qu'en 1987, à la suite de cinq années d'augmentation des prix et d'éléments de conjoncture défavorables, on parvint à une remise en question des prix par les principaux acheteurs des Grand Crus Bordelais. Se faisant, on assista très rapidement, sous l'impulsion des groupes Californiens, à une tentative de mise en cause de la suprématie des Bordeaux. En réalité il s'agit d'une mystification tendant à occulter la primauté des terroirs pour permettre aux techniques et donc aux vins Californiens d'affronter à armes égales les Grands Crus Français. Ce qui est significatif c'est la concomitence entre cette offensive et la tendance à la baisse, cotés français des vins. Retenons qu'à l'origine la surenchère à laquelle se livraient certains propriétaires du Bordelais visait plus une satisfaction d'amour-propre qu'une satisfaction financière. Que le prix de leur cru, années après années réactualisé à la hausse, soit plus élevé que celui d'un domaine voisin signifiait tout simplement à leurs yeux une qualité supérieure. L'effet le plus pernicieux de cette atitude fut de nier la réalité des bonnes et des petites années, les prix ne baissant plus lors des secondes. C'est le devoir des Grandes Appellations et des Grands Crus que de ne pas produire ou de ne rien commercialiser dans les années jugées trop défavorables. De même une baisse de prix doit être consentie pour une «petite année» sans quelle soit assimilée à une remise en question de la valeur de la propriété, à la manière boursière.

La comparaison dégustative.

C'est certes l'instrument essentiel pour juger les vins. Dégustation des cuves d'une récolte avant l'assemblage, dégustation des courtiers pour situer le niveau d'une année, dégustation au sein d'une appellation pour «juger» chaque cru, dégustation pour le plaisir ... Cet outil de travail est de nos jours, devenu hélas le moyen constestable et ostentatoire pour établir, avec l'apparence du définitif et de la rationalité, des classements et des hiérarchies. Un exemple : En novembre 1986 : une dégustation entre vins californiens et Grands Crus Classés du Bordelais a permis aux promoteurs de cette opération médiatique d'obtenir le résultat préalablement recherché : des Crus Bordelais ont été jugés inférieurs en dégustation comparative à des «marques» californiennes. Le ridicule d'une telle situation n'est pas qu'apparent et cette outrance a une logique dès lors qu'on admet que la comparaison dégustative, manipulée ou non, mais à coup sûr totalement manipulable, peut permettre à un «jury» d'arrêter une forme de classification. La dégustation est affaire de techniciens et d'«honnêtes hommes». C'est ainsi que les dégustations fort bien organisées par Gault et Millau, Pierre Luxey, ou Robert Parker apportent des informations, confirment des tendances et permettent souvent de découvrir des crus injustement méconnus. Mais la dégustation comparative devient un procédé détestable quand, comparant tout avec n'importe

Le triptyque de château Lamarque en Haut-Médoc : seigneurie, forteresse et remarquable terroir viticole.

quoi, elle donne lieu à une orchestration médiatique servant des intérêts. A supposer que le sérieux préside à ces dégustations peut-on en outre comparer des vins qui par nature ne sont pas comparables ? Le vin est une création originale mettant en oeuvre des talents, des aptitudes naturelles et une expérience. Imagine-t-on des amateurs d'art proclamant que «l'estaque» de Cézanne a été classé en tête devant «la femme à la robe quadrillée» de Bonnard, ou «la gelée blanche» de Pissaro et qu'une «poseuse de dos» de Seurat introduite en 'tableau pirate' a «fait» cinquième devant «sur la place» de Manet que personne n'a reconnu ? Déguster pour juger le niveau d'un vin ou des millésimes : oui. Pour classer et établir des hiérarchies : non.

La synthèse des aptitudes.

En matière de classement, le jugement porté sur un cru est chose délicate. Il est facile d'exclure des critères, de montrer leur vanité et l'arbitraire qu'ils comportent, il est moins aisé de proclamer : «cela doit être ainsi». Pourtant la prise en compte des éléments du terroir, du passé viticole et de la pratique ou de l'expérience mise en oeuvre et accumulée sur un domaine, constituent les bases essentielles d'une appréciation de nature pluri-disciplinaire. Les concours de la géographie, et surtout de la géo-morphologie, de l'histoire, plus précisément d'une sociologie viticole comparative, et enfin de l'ampélologie et de l'œnologie moderne sont indispensables. Cela revient à évaluer les aptitudes de chaque site de terroir et à confronter celles-ci aux résultats : les millésimes appréciés sur plusieurs années. Cette méthode n'exclut ni les données qu'apportent les hiérarchies de prix ni les résultats de dégustations régulièrement organisées.

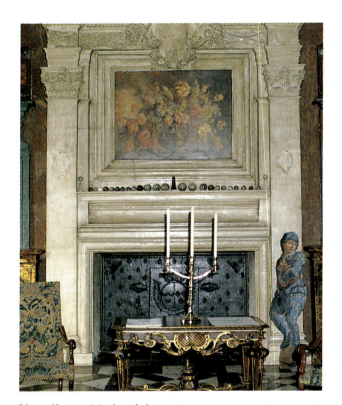

L'excellence viticole et le bon goût ne sont pas toujours aussi heureusement réunis comme au château de Malle.

LE CLASSEMENT DE 1855

Lettre du Syndic des courtiers de commerce près la Bourse de Bordeaux en date du 18 Avril 1855 à la Chambre de Commerce qui communique «la liste des vins rouges classés de la Gironde» :

«**Nous avons l'honneur de reçevoir votre lettre (...) par laquelle vous nous demandez la liste complète des vins rouges classés de la Gironde, ainsi que celles de nos grands vins blancs. Afin de nous conformer à votre désir, nous nous sommes entourés de tous les renseignements possibles et nous avons l'honneur de vous faire connaître par le tableau ci-joint, le résultat de nos informations. Vous savez comme nous combien ce classement est chose délicate et éveille des susceptibilités, aussi nous n'avons pas eu la pensée de dresser un état officiel de nos grands vins, mais bien de soumettre à vos lumières un travail dont les éléments ont été puisés aux meilleures sources**» .....

Il est important de revenir à ce texte, car tous les termes utilisés, extrèmement circonvolutionnaires, sont significatifs et méritent un commentaire, d'autant plus qu'il s'agit d'un texte collectif où tout, y compris les maladresses a été, à l'évidence, soigneusement pesé.

«**La liste complète des vins rouges classés**» : on observe que si ils reprennent la formule ils se gardent bien, en réponse, de fournir celle-ci pour ne communiquer que des éléments.

«**Afin de nous conformer à votre désir**» : par cette formule, les courtiers montrent qu'ils n'assurent pas la responsabilité de cette initiative pas plus qu'ils n'acceptent, on va le voir plus loin, la paternité d'une hiérarchie

«**Mais nous nous sommes entourés de tous les renseignements possibles**» : ce membre de phrase, maladroit dans sa formulation traduit une gêne certaine des courtiers : ils voulaient probablement dire, plutôt que renseignements, précautions.

«**Le tableau ci-joint**» : le mot «classement» ou classification est encore évité.

«**Ce classement est chose délicate**» : là, ces hommes d'expérience avouent leur embarras quant aux choix à faire et leur position de principe face à un classement.

«**Nous n'avons pas eu la pensée de dresser un état officiel de nos grands vins**» : ceci illustre que ce que nous appelons classement n'en avait jamais été un dans l'esprit de ses auteurs. Quel prodigieux destin pour ce texte qui n'était pas un «classement» et qui en devient un plus tard avec la valeur de référence qu'on lui connaît.

«**Soumettre à vos lumières un travail dont les éléments ont été puisés aux meilleures sources**» : Nous dirions aujourd'hui que cette «langue de bois» des courtiers exprime, plus qu'un aveu, la volonté de n'endosser aucune responsabilité.

Cette fameuse lettre du 18 Avril 1855 reste tout à fait fondamentale à trois égards. Ils étaient sans armes sur le plan de l'ampélographie, et les fondements techniques de leurs appréciations sur la valeur des terroirs peuvent, de nos jours apparaître sommaires. Mais ils ont une expérience et l'empirisme qui préside à leurs appréciations, qui est 1er ou 5e, est tout à fait remarquable. La lecture des «carnets» de l'un ou la correspondance d'un autre nous révèle que nos courtiers vont dans les châteaux et surtout dans les chais où ils goûtent les cuves, et les comparent. Il connaissent donc la valeur viticole des parcelles et sont parfaitement à même de juger le travail des propriétaires. On observe cependant qu'ils se limitent à soumettre des éléments.

Pour finir, on comprend qu'ils proposent comme principe une «clef de répartition» des crus entre 5 groupes selon la moyenne des cotations établie sur plusieurs années. Ces courtiers, ils le précisent eux-mêmes, transmettent en fait des informations sur une base où ils peuvent exprimer leur compétence : les prix, laissant à d'autres la tâche d'effectuer une synthèse qui prendra en compte d'autres critères. Il n'y eut pas d'autres synthèses.

Dès lors que pourrions nous leur reprocher : rien car c'est l'utilisation ultérieure de ce classement qui est critiquable pour deux raisons essentielles.

La première c'est que contrairement à ce qu'ils prétendent les courtiers ont pris en compte «l'état de la propriété» et les facteurs humains du moment qui font qu'un domaine est bien dirigé ou se trouve à la dérive. C'est ainsi que Château d'Angludet était en 1855 «écartelé» entre plusieurs propriétaires. Du fait de cette situation dommageable ce remarquable Margaux ne fut pas «in fine» retenu. En cela le tableau nous donne seulement une photographie des vignobles du Bordelais à un moment donné.

La seconde raison tient au choix de la zone géographique retenue : limiter celui-ci aux «paroisses» Médocaines (et à un cru des Graves) traduit autant l'indiscutable prééminence du Médoc au 19e que les préjugés des milieux Bordelais à l'encontre des appellations «lointaines» du Libournais comme Pomerol, Saint-Emilion ou Fronsac, et quelques autres, c'est-à-dire leur ignorance. Jusqu'à la fin du 19e siècle le Médoc restera l'unique jardin des courtiers et négociants des Chartrons. (*)

* Quartier de Bordeaux, proche des quais du port, où était regroupé l'essentiel des activités de courtage de négoce et d'expéditions des vins.

6 POUR UNE NOUVELLE APPROCHE : 100 GRANDS CRUS DU BORDELAIS

C'est à la fois l'archaïsme des classements - 1855 date d'un siècle - les outrances des dégustateurs s'érigeant en juges et décrétant des classifications, les limites des classements internes accomplis par des appellations ou certaines auto-célébrations excessives de quelques propriétaires de Crus qui ont provoqué la naissance de «100 Grands Crus du Bordelais». Avant d'aborder les critères de ce choix, notons qu'une sélection originale existe déjà : celle, très remarquable, de «**l'Union des Grands Crus**» que préside **Pierre Tari** et qu'administre **Pierre Guyonnet Dupeyrat**. «100 Grands Crus du Bordelais» avec ses 119 châteaux, rejoint, pour partie l'«Union» puisqu'on compte plus de 80 châteaux membres de cette association. Notre sélection est probablement encore incomplète, mais il s'agit d'une première approche. Compte-tenu de la richesse de certaines appellations, certains crus n'y sont pas encore : presque une dizaine pour St-Emilion, quelques-uns pour St-Julien, Pauillac, Margaux et Sauternes. En outre, certaines appellations comme Fronsac et l'Entre-deux-Mers sont encore très sous-représentées.

1787 : c'est l'américain Thomas Jefferson qui, est l'inspirateur éclairé d'une démarche classificatrice en matière de Grands Vins. Son classement, comme le «palmarès» de 1855, a une inestimable valeur historique. Ils ont tous deux la même source : les appréciations des courtiers et des négociants qui expriment à cette occasion le jugement qu'une société, Bordelaise, et qu'une corporation, celle du vin, formulent sur elles-mêmes. Avec plus d'un siècle de recul, ces pieuses reliques ont aujourd'hui une triple signification.

D'abord une **pérennité** : il n'y a pas de Grands Vins sans Histoire et sans patrimoine et ils sont exceptionnels en Bordelais. La plupart des Crus Classés de 1855 occupent toujours le devant de la scène. Les inconvénients qui résultent, pour certains crus, de leur non-classement sont largement compensés par la promotion globale que 1855 a apporté aux appellations Girondines.

Ensuite une **relativité** : les cinq groupes, des Premiers aux Cinquièmes, au sein desquels se retrouvent les crus Médocains, représentent un «moment» de la vie de ces domaines. Encore que ce point de vue doive être nuancé car les courtiers ont «classé» les crus grâce à la moyenne des cotations établies sur une longue période. Mais prétendre aujourd'hui se référer à cette ancienne hiérarchie apparaît, en caricaturant un peu, comme un «non-sense». En bref, avoir été Premier, Second ou Cinquième n'aurait-il, un siècle après, qu'un intérêt historique ?

Enfin le classement de 1855 exprime une étonnante **partialité** régionale : serait-il convenable en 1987 d'affirmer sur la base du Palmarès des courtiers, que les meilleurs Crus de Pomerol, de Fronsac, de Canon-Fronsac, de Saint-Emilion, de l'Entre-deux-Mers et des Graves ne se situent pas globalement sur le même plan que les crus Médocains ? Ce classement n'a été et ne reste qu'un remarquable point de départ. C'est le constat d'une situation passablement anarchique entre les crus, les dénominations et les appellations qui a provoqué, sinon ce classement (voir page 99) tout au moins la nécessité de s'y référer. On peut appliquer au milieu du vin l'analyse que précise l'anthropologue Georges Balandier à propos du politique : «... c'est l'ensemble des moyens mis en oeuvre par une société pour réagir contre l'histoire qu'elle porte en elle-même et qui déjà la condamne».

1855, c'est au plan d'une sociologie viti-vinicole le réflexe du groupe, courtiers-négociants-propriétaires, où les deux premiers sont largement prépondérants en termes d'influence, pour tenter d'introduire un ordre, c'est-à-dire un système normatif officialisant une nécessaire hiérarchie. Celle-ci doit autant à l'objectivité qu'aux habiletés de certains propriétaires et aux intérêts commerciaux d'une maison des Chartrons à travers quelques familles ou quelques mariages. Il eut été étonnant que la chose se passât autrement. Reconnaissons cependant une certaine indépendance d'esprit aux courtiers de l'époque et rappellons que le vin ne représentait pas au 19e siècle l'enjeu financier qu'il a acquis depuis 1960 et surtout dans nos années 80.

Au 20e siècle, des professionnels du vin ont établi des classements dont la valeur a été sanctionnée par le Législateur. Puis des auteurs ont précisé des classements avec le premier d'entre eux : **Alexis Lichine**. N'oublions pas le **Féret** qui, à Bordeaux, a apporté depuis un siècle des témoignages historiques inestimables sur les Crus et continue d'établir un classement par «ordre de mérite». Mais aujourd'hui c'est surtout l'«Ecole Américaine» qui juge les vins avec, à sa tête, le chroniqueur américain **Robert Parker** qui arbitre les élégances viticoles Bordelaises au travers de sa lettre «**The Wine advocate**» éditée dans le Maryland et qui inspire la plupart des chroniqueurs européens. Il convient de lui rendre hommage même si le sérieux qui accompagne ce travail de dégustation est un peu sinistre. On ne peut juger les vins, à coup de notes, comme un juge de patinage artistique les évolutions de quelques figures. Les vins ne peuvent se juger avec la précision qu'apportera le commissaire d'un stade pour mesurer la longueur du saut d'un athlète. Rappelons en matière de dégustation cette sage réflexion d'**Edouard Kressmann**, négociant et propriétaire à **La Tour Martillac** : «il est rare qu'un véritable expert porte sur l'œuvre d'un artiste des jugements aussi catégoriques que ceci est bon, cela est mauvais ... Le vin fin, à la fois être vivant et œuvre d'art, ne peut jamais faire l'objet d'un jugement totalement objectif». L'intérêt de cette littérature vinicole est inégal. Il faut l'observer avec l'œil de l'historien car elle témoigne du regard qu'une société porte, à une époque donnée, sur des vins que d'autres produisent.

La région viticole de Bordeaux, *lato sensu*, comprend plus de trente appellations. Au départ certaines sont plus douées que d'autres pour produire de Grands Vins. En leur sein se dégage une élite viticole de quelques «cantons vignobles». Entrent en jeu, en fonction des caractéristiques de l'appellation, les données du terroir (le sol, le sous-sol et le climat), la bonne adaptation de l'encépagement, les arbitrages effectués au niveau des méthodes de culture et au moment des assemblages, enfin les techniques de vinification et de vieillissement. Le génie viticole c'est cet art d'obtenir le meilleur résultat possible sur un terroir donné et c'est cela qu'il faut saluer. Or cette prise en compte, dans le jugement porté de manière définitive sur un vin ou un millésime, des caractéristiques du terroir d'une appellation est aujourd'hui insuffisamment assurée par les chroniqueurs. Les conséquences sont dangereuses à deux égards.

Dès lors que l'on privilégie, comme cela doit évidemment être le cas, le terroir, il faudrait rapporter l'appréciation organo-leptique d'un cru aux caractéristiques dominantes de son appellation. Or combien de nos chroniqueurs apprécient les vins en fonction des données de l'agrologie et de la morphologie des sols de ces mêmes terroirs ? Notre impression, après examen des comparaisons dégustatives, est que certains vins sont souvent sous-classés parce qu'on demande, par exemple, à des crus de Margaux d'offrir des caractéristiques que cette appellation n'a pas dans sa nature de produire.

Corrélativement, ce refus de respecter le pluralisme qualitatif et dégustatif des Vins de Bordeaux peut aboutir à une certaine unicité de goût qui, à terme, peut être la négation de ce qui fait l'étonnante richesse et la variété du Bordelais. Il n'est pas invraisemblable d'imaginer que, dans les 20 prochaines années, des propriétaires rectifieront les proportions d'encépagement de leurs vignobles pour produire des vins plus conformes aux goûts et aux modes que les idéologues français et anglo-saxons du Bordelais auront déclarés être le «goût juste». Et il est vrai que chaque époque a connu cette perversion dite des «vins flatteurs». Cela pourrait entraîner, par exemple, la **«merlotisation»** des vignobles Médocains.

1987 : naissance de **«100 Grands Crus du Bordelais»**. C'est avant tout le résultat d'un travail de sélection fondé sur **l'agrologie des terroirs**. Il s'agissait aussi de jauger les propriétés, d'écouter leurs responsables. Il convenait de s'inspirer de deux principes : analyser d'abord, comparer ensuite, tout en se plongeant dans les archives qui, dans certains cas d'espèce, révélaient beaucoup et donnaient des tendances précieuses.

Retenir «100 Grands Crus du Bordelais» est-il le dernier avatar, en 1987, de cette manie classificatrice, de ce besoin de constituer des «nomenklaturas» que provoque et que subit le Bordelais ? Certainement. Parvenue à un certain niveau, la passion pour le vin crée cette accoutumance à l'opium de la hiérarchie. Mais au-delà de cette superficialité et de tout ce qu'a de contestable, de précaire, et parfois d'arbitraire, toute hiérarchie de Grands Vins, cette sélection de Grands Crus constitue un «club» à géométrie naturellement variable et sera peut être durable parce qu'elle respecte, approfondit et innove.

Elle respecte : la sélection de «100 Grands Crus du Bordelais» ne dément pas les différents classements de 1855, de 1954, de 1973 ou de 1986. On observe en effet qu'un grand nombre de Châteaux, 50 au total, retenus dans «100 Grands Crus» sont déjà des crus classés en 1855. Il en va de même pour des Crus qui ont été depuis distingués par un classement interne à leur appellation : on en compte 26.

Elle approfondit : car, par rapport au classement de 1855, elle utilise les acquis de l'œnologie et de l'ampélographie Bordelaises, les moyens de la géo-morphologie moderne afin d'évaluer le niveau qualitatif de base des Crus et les caractéristiques agrologiques de leurs terroirs. Autant de données et d'outils d'analyse particulièrement utiles pour sélectionner des châteaux situés souvent sur les franges des grandes appellations. Il fallait de plus tenir compte des «facteurs de promotion des crus» qui constituent autant de paramètres non pour juger mais pour évaluer leur *niveau actuel* comme leur *potentiel*. Il s'agit de l'ancienneté du domaine, du rôle des propriétaires à travers l'histoire viticole, des conditions qui ont présidé à l'extension territoriale du vignoble, des appréciations passées et actuelles des chroniqueurs, des dégustateurs ou des courtiers, du niveau de notoriété et aussi de la prise en compte, prudente, de l'évolution du niveau des prix de chaque cru depuis 1960.

Elle innove à deux titres : la liste de «100 Grands Crus du Bordelais» retient aussi des châteaux qui ne bénéficient pas au sein de leur appellation de classements comme Fronsac, Canon-Fronsac, Listrac et l'Entre-deux-Mers qui, pour la première fois, se retrouvent dans une «nomenclature» de Grands Crus. C'est le cas pour 8 crus. Il en va de même pour Pomerol où nous retenons 13 crus. De même on trouvera dans des appellations bénéficiant d'un classement ancien ou récent des crus actuellement non classés qui se situent, aujourd'hui à un excellent niveau : 22 crus ont ainsi été distingués.

Notre initiative avec **«100 Grands Crus du Bordelais»**, se veut modeste et n'aura peut-être qu'une portée relative. Elle aura fait œuvre utile si, dans le Bordelais auquel nous nous sommes volontairement limités et dans les grandes régions viticoles françaises, de nouveaux classements sont mis en oeuvre. Par qui ? C'est naturellement aux professionnels du vin et aux Comités ou Conseils Interprofessionnels de les organiser. Souhaitons cependant qu'ils étendent les collèges des classificateurs notamment à des géographes géo-morphologues. Car si la primauté des terroirs n'est pas reconnue comme la base des hiérarchies des crus, la viticulture française, face à ses concurrents, laissera la porte ouverte à toutes les outrances.

Château d'Angludet

D'Angludet appartient à cette oasis viticole anglo-saxonne en terre médocaine grâce aux Sichel qui dirigent cette propriété depuis 25 ans. Le vignoble est situé sur des terroirs de Margaux, très favorables à la vigne. Il est parfaitement identifiable grâce à ses parcelles géométriquement agencées. Ce Margaux est discret, réputé et parfait. La principale originalité de Château d'Angludet est de ne pas avoir été inscrit au classement de 1855. Cet oubli, car il est le résultat d'un certain cafouillage discréditerait encore, un siècle après, les courtiers qui établirent le tableau des Crus Classés du 18 avril 1855, si Peter Sichel, lui-même homme de négoce, n'avait l'élégance de ne pas leur en tenir rigueur. De toutes les façons l'exceptionnelle faveur dont le château d'Angludet dispose auprès des grands amateurs dispense de nous poser en redresseurs de torts. Aujourd'hui d'Angludet n'a plus besoin d'être défendu et un prochain classement le retiendra, en bonne place.

Château d'Angludet
33460 Margaux   Tel : 56-88-71-41
Appellation : Margaux
Propriétaire : M. et Mme Peter A. Sichel
Surface en Vignes : 30 ha
Encépagement : 50% Cabernet Sauvignon
     35% Merlot
     10% Cabernet Franc
     5% Petit Verdot
Tonneaux : 450 (15.000 caisses)
Vente directe au Château
Commercialisation en France et à l'Étranger :
Par la Maison Sichel, 19, Quai de Bacalan
B.P. N° 12 33028 Bordeaux cedex
Tel : 56-39-35-29

CHATEAU BATAILLEY

Ce château est un cru exceptionnel, très supérieur, dans la décennie 80, à son classement du siècle dernier (5ᵉ cru classé). Le domaine, qui porte la «marque» prestigieuse et chargée d'histoire de Batailley, atteint aujourd'hui, grâce à Emile et Philippe Castéja, un niveau élevé de qualité et de notoriété que leur propre maison de commerce, Borie-Manoux, développe de manière sélective. L'amateur éclairé et connaisseur des vins de Batailley sait qu'aux grandes années correspondent des noms de propriétaires qui ont laissé mieux qu'une trace, une véritable œuvre. Ainsi les Guestier et les Barton, acquéreurs du domaine en 1818, qui vont consacrer la noblesse viticole de Batailley, Edmond Halphen, qui l'achète une fortune en 1866 pour le revendre 64 ans plus tard à Francis et Marcel Borie. Ce dernier s'y consacra complètement. Depuis, Batailley est toujours entre les mains de la même famille. L'Histoire nous fait donc remarquer que le destin a régulièrement donné à ce grand cru classé le luxe d'avoir des propriétaires talentueux.

Château Batailley
33 250 Pauillac   Tel : 56.59.01.13
Appellation : Pauillac
Classification : Grand Cru Classé en 1855
Propriétaire : Emile Castéja
Surface en Vignes : 50 ha
Encépagement : 75% Cabernet Sauvignon
             20% Merlot
             4% Cabernet
             1% Petit Verdot
Tonneaux : 200 (20.000 caisses)
Vente directe au Château
Commercialisation en France et à l'Etranger
Exclusivement par Borie-Manoux
86, Cours Balguerie Stuttenberg
33082 Bordeaux Cedex   Telex : 550 766
Tel : 56.48.57.57

Château Beauregard

Beauregard c'est à première vue un authentique château et non pas une simple résidence viticole, comme il en existe beaucoup à Pomerol. C'est sous le Directoire qu'un riche notable de Saint-Emilion, Bonaventure Berthomieu fait construire le château au milieu d'un parc. Le vignoble est lui-même situé sur la haute-terrasse et son rebord sur 13 ha de vieilles graves du terroir de Pomerol. Par ses propriétaires successifs et notamment les Desgranges et les Chaussade de Chandos « constructeurs » du vignoble, trois siècles de l'histoire de l'appellation Pomerol revivent à Beauregard. Il est aujourd'hui l'un des premiers Crus parfaitement à jour de l'appellation sous la direction de Paul Clauzel. Une anecdote peut témoigner de l'enthousiasme qu'il parvient à susciter : Le château Beauregard a été minutieusement reconstitué en 1920 à Long Island pour le compte de la famille Guggenheim par un architecte américain. La « réplique » porte le nom de « Mille Fleurs ».

Château Beauregard
Pomerol 33500 Libourne
Tél : 57-51-13-36
Appellation : Pomerol
Chargé de l'exploitation : Paul Clauzel
Propriétaire : les Héritiers Clauzel
Surface en Vignes : 13 ha
Encépagement : 81% Merlot
    11% Cabernet Franc
    6% Cabernet Sauvignon
    2% Noir de Pressac
Tonneaux : 55 (5500 caisses)
Commercialisation en France et à l'Étranger : par le négoce Bordelais.

SAINT-ÉMILION

CHATEAU BERLIQUET

Grand Cru jusqu'en 1985 le Château Berliquet fut le seul, lors du reclassement opéré au sein de l'appellation Saint-Emilion a être promû Grand Cru Classé, rang auquel il postulait. A cet effet nous écrivions en 1983 que le dossier de Berliquet était le plus facile à plaider : un terroir privilégié, grâce à un sol maigre très pénétrable aux racines, un climat idéal dont témoignent les chênes verts, les *Ilex Quercus* et une histoire associée à toute celle du Haut Saint-Emilion où Berliquet, depuis le 18e siècle joue les premiers rôles. L'histoire viticole montre enfin qu'il est au début du 19e toujours cité en tête des Saint-Emilion par les courtiers Bordelais et les bons auteurs comme M. Paguierre et A. Julien. Son vignoble s'étend en partie sur un secteur de haut de côte, le château bénéficie de la meilleure architecture du milieu du 18e siècle et les chais sont en caves souterraines. Un prochain classement du Bordelais distinguera à nouveau Berliquet.

Château Berliquet
33 330 Saint-Emilion
Tél : 57-24-70-71   57-24-70-48
Appellation : Saint-Emilion Grand Cru
Classification : Grand Cru classé en 1985
Propriétaire : Vicomte et Vicomtesse
Patrick de Lesquen.
Surface en Vignes : 8,75 ha
Encépagement : 70% Merlot
               30% Cabernet Franc et
                   Sauvignon
Tonneaux : 40 (4.000 caisses)
Commercialisation en France et à
l'Etranger : contacter l'Union de
Producteurs de Saint-Emilion.
33 330 Saint-Emilion   Telex : 540.980

SAINT-JULIEN

CHATEAU BEYCHEVELLE

Que le château de Beychevelle, sur les bases de 1855, soit toujours inscrit au rang de 4ᵉ cru du Médoc illustre la désuétude de cette «classification». Une situation aussi anachronique n'interdit certes pas de se référer au «palmarès» du siècle dernier, mais elle oblige, et ce serait le rôle de la profession viticole, à en établir un nouveau. Car Beychevelle mérite aujourd'hui, à tous égards, un autre rang ! Le jour où cette opération sera conduite chacun aura une pensée pour ce protecteur éclairé du domaine que fût Aymar Achille-Fould et à qui les millésimes des années 80 rendent déjà un exceptionnel hommage. Le vignoble s'étend sur la nappe de graves günziennes de Saint-Julien, terroir privilégié, où des familles bordelaises avaient eu le bon goût ou l'intuition de s'établir avec l'ambition d'y produire de Grands Vins. Le château, dont l'architecture originale a été définie et réalisée au milieu du 18ᵉ siècle, constitue l'un des rares ensembles authentiques du Médoc. Ses propriétaires successifs, les Brassier, les Guestier et les Fould firent ici, en trois siècles, plus que tout autre, pour imposer, en matière de vin, le «goût le plus fin du monde».

Château Beychevelle
Saint-Julien Beychevelle 33250 Pauillac
Tél : 56-59-23-00   56-59-13-12
Appellation : Saint-Julien
Classification : Grand Cru Classé en 1855
Chargé de l'exploitation : Présidente du
Comité : Madame Aymar Achille-Fould ;
Gérant : Maurice Ruelle ; Directeur
Commercial et des relations publiques :
Yves Fourault
Propriétaire : Sté Civile du Château Beychevelle
Achille-Fould.
Surface en Vignes : 70 ha
Encépagement : 70% Cabernet Sauvignon
30% Merlot
Tonneaux : 250 (25.000 caisses)
Vente directe au Château
Commercialisation en France et à l'Etranger :
par le Négoce Bordelais.

CHATEAU BONNET

Ce très remarquable Entre-deux-Mers, dont l'ancienneté viticole se situe au début du 18ᵉ a eu depuis la chance d'être successivement dirigé par des viticulteurs exemplaires : Lavignac, Récapet, aujourd'hui André Lurton. Il est très représentatif de la remontée actuelle et de la promotion de la qualité qu'opère l'appellation. On peut même observer qu'il y a osmose parfaite entre celle-ci et château Bonnet, à trois égards : l'architecture, la dimension et la production. Le château, sobre et imposant, reconstruit dans les années 1770, possède une authenticité architecturale caractéristique de la région et qui fait souvent défaut ailleurs, en Médoc par exemple. De grandes dimensions, il couvre 100 hectares et produit aussi bien de remarquables blancs secs que des vins rouges. Significative enfin, la refonte complète du domaine tant en ce qui regarde le ré-encépagement que la mise en œuvre des techniques de vinification et de vieillissement en barriques de chêne du Limousin. André Lurton, qui dirige et habite le domaine, avoue accorder autant de soins à Bonnet qu'à ses châteaux des Graves-Léognan, La Louvière, de Rochemorin, de Cruzeau et Couhins.

Château Bonnet
Grézillac 33420 Branne   Tel : 57.84.52.07
Appellation : Entre-Deux-Mers et
Bordeaux Rouge
Propriétaire : André Lurton
Surface en Vignes : 150 ha
Encépagement : Blanc : 60% Sémillon
  20% Sauvignon
  20% Muscadelle
Rouge : 60% Cabernet Sauvignon
  25% Merlot
  15% Cabernet Franc
Tonneaux : Blanc : 330 (33.000 caisses)
  Rouge : 210 (21.000 caisses)

Vente directe au Château
Commercialisation en France et à l'Etranger :
Par la propriété. Contacter le Château
pour plus amples informations. Telex : 570213

CHATEAU BOUSCAUT

Le domaine de Bouscaut est certainement l'une des plus belles propriétés des Graves, ressurgie de quelques malheurs de l'histoire et d'un incendie du château. Bouscaut qui a connu quelques années hésitantes, s'est aujourd'hui totalement repris entre les mains expertes de Lucien Lurton, après avoir appartenu dans les années 60 à une société américaine qui avait beaucoup investi pour posséder un chai et un cuvier dignes d'éloges. On découvre des terrasses du château un remarquable vignoble de 45 hectares d'un seul tenant, au bord de la nationale 113 et dont le terrain de graves est parfaitement drainé, les parcelles conduisant à un petit ruisseau qui serpente sur la plaine de Moscou. Il produit pour les trois-quarts du vignoble un vin rouge, qui a du caractère et de la solidité. Quant au blanc, durant son élevage en barriques, pendant six mois, il développe de puissants parfums qui s'allient à une structure très solide. Les vins de Bouscaut, Cru Classé de Graves, ont une remarquable aptitude au vieillissement.

Château Bouscaut
Cadaujac 33140 Pont de la Maye
Tel : 56-88-70-20
Appellation : Graves Léognan
Classification : Cru Classé
Chargé de l'exploitation : Lucien Lurton
Propriétaire : Société Anonyme du Château Bouscaut
Surface en Vignes : Rouge : 45 ha Blanc : 10 ha
Encépagement : Rouge : 60% Merlot
                       35% Cabernet Sauvignon
                       5% Cabernet Franc
               Blanc : 70% Sémillon
                       30% Sauvignon
Tonneaux : 180 (18.000 caisses)
Commercialisation en France et à l'Etranger :
Par le Négoce Bordelais.
Pour les U.S.A : distribution assurée par la Société Château & Estates. New-York

Chateau Boyd-Cantenac

Dans son carnet de 1815, Lawton note au sujet des Crus de Cantenac «qu'ils ont le pas sur...d'autres... que leurs propriétaires s'évertuent à vouloir faire passer pour des seconds.» En 1824, W. Franck ne retient, dans son classement des vins de Bordeaux, que 33 crus dont «Boyd» qu'il classe dans les quatrièmes. 30 ans plus tard les courtiers le situent, en 1855, lors du classement, dans le groupe des troisièmes. Aujourd'hui comme hier c'est une des pièces maîtresse, sur la commune de Cantenac, de cette «forteresse de la qualité» qu'est l'appellation Margaux. On voit que l'histoire, par cette référence fréquente à Boyd Cantenac donne une bonne place à ce cru dont le nom du à l'irlandais J. Boyd, en 1754, permet de dater la période qui fut celle de sa première «Belle-Epoque». Ajoutons que le terroir de graves du vignoble ne demande que le talent d'un propriétaire capable de tirer parti de ses aptitudes et de le «faire parler» pour élaborer une production de qualité. C'est à cette tâche que se consacre, avec succès, la famille Guillemet propriétaire à Boyd depuis plus de 50 ans.

Château Boyd-Cantenac
Cantenac 33460 Margaux Tél: 56-88-30-58
Appellation : Margaux
Classification : Grand Cru Classé en 1855
Chargé de l'exploitation : Pierre Guillemet
Propriétaire : G.F.A. des Châteaux Boyd-Cantenac et Pouget
Surface en Vignes : 18 ha
Encépagement : 67% Cabernet Sauvignon
20% Merlot
7% Cabernet Franc
6% Petit Verdot
Tonneaux : 85 (8.500 caisses)
Vente directe au Château
Commercialisation en France et à l'Etranger : par l'intermédiaire des négociants Bordelais.

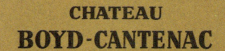

CHATEAU BOYD-CANTENAC
GRAND CRU CLASSÉ
MARGAUX
Appellation Margaux Contrôlée
1983
MIS EN BOUTEILLE AU CHATEAU
75 cl
G.F.A. P. GUILLEMET, GERANT A CANTENAC, 33460 MARGAUX
PRODUCE OF FRANCE

CHÂTEAU BRANAIRE-DUCRU

Le Cru de du Luc, classé en 1855 à un rang modeste ne devait pas connaître alors un état de santé remarquable. Le hasard des dévolutions successorales a longtemps obstrué la voie qui s'offrait à l'actuel château Branaire-Ducru afin que soit exploité le potentiel exceptionnel que lui apporte son terroir de graves günziennes. Presque un demi-siècle d'existence moyenne avant que, dans les années 50, Jean Tapie et Nicolas Tari ne s'attachent à réhabiliter Branaire. Les éléments intrinsèques de qualité étaient ici parfaitement recensés. On savait par exemple qu'à partir de 1868 jusqu'en 1900 la moyenne des cotations était proche des troisièmes et des seconds. Cependant subsistait une inconnue : jusqu'à quelle hauteur ce château pouvait-il s'élever au sein d'une appellation riche en crus distingués ? Nicolas Tari a sans doute accompli ici l'œuvre de sa vie en décidant et en conduisant, pas à pas, la «remontée» de Branaire. Aujourd'hui Branaire (du Luc-Ducru) est redevenu un très grand Saint-Julien. Bel hommage rendu à du Périer de Larsan, ancien propriétaire de Branaire et qui, en tant que député de la Gironde, fut l'auteur de textes législatifs, fondamentaux pour la viticulture.

Château Branaire-Ducru
Saint-Julien Beychevelle 33250 Pauillac
Tel : 56.59.25.86
Appellation : Saint-Julien
Classification : Grand Cru Classé en 1855
Chargé de l'exploitation : S.A. Branaire-Ducru
Propriétaire : G.F.A. du Château Branaire-Ducru Tapie Tari.
Surface en Vignes : 48 ha
Encépagement : 75% Cabernet Sauvignon
  20% Merlot
  5% Petit Verdot
Tonneaux : 200 (20.000 caisses)
Vente directe au Château
Commercialisation en France et à l'Étranger :
Par le Négoce.

CHATEAU BRANE-CANTENAC

«Dans le Médoc, l'éminence indiscutée de certains Premiers est suffisamment bien établie pour ne pas hésiter à porter dans ce concert quelques crus. Au titre de Margaux c'est indiscutablement Brane Cantenac qui peut y prétendre.» C'est ainsi que nous commentions ce choix en 1973. Plus de 15 ans après la formulation de cette hypothèse constatons que cette opinion est, davantage encore, justifiée. Faut-il rappeler l'analyse qui la fonde ? Bornons-nous au seul terroir : des graves günziennes, des pentes mindéliennes, un réglage final rissien sont les trois traits qui caractérisent un très grand vignoble dont Brane Cantenac nous fournit l'un des modèles le plus parfait. Examinons le domaine des origines à nos jours : depuis la Famille de Gorsse qui fonde le domaine viticole au 18e au Baron de Brane qui le transforme jusqu'à Lucien Lurton de nos jours qui le refond c'est la même volonté de servir au mieux un terroir privilégié. Second cru classé en 1855 Brane Cantenac, de premier depuis longtemps «dans son village» mérite un titre de Premier au sein de la hiérarchie médocaine et Bordelaise.

Château Brane-Cantenac
Cantenac 33 460 Margaux Tel: 56-88-70-20
Appellation : Margaux
Classification : Grand Cru Classé en 1855
Propriétaire : Lucien Lurton
Surface en Vignes : 85 ha
Encépagement : 70% Cabernet Sauvignon
               13% Cabernet Franc
               15% Merlot
               2% Petit Verdot
Tonneaux : 300 (30.000 caisses)
Commercialisation en France et à l'Etranger par le Négoce Bordelais.

Chateau Broustet

Quatre raisons majeures font de ce Cru Classé un vin superbe. Tout d'abord, le terroir même de Broustet qui couvre 16 hectares d'un seul tenant mais avec une double nature de terrain : des graves grasses d'alluvions typiques des grandes appellations, pour une moitié, des terres argileuses rendues rouges par la présence de fer qui donne au Barsac son caractère, pour l'autre. Seconde raison : la moyenne d'âge des vignes (40 ans environ) dont les ceps bien taillés produisent peu mais bien. Et puis les effets d'un micro-climat alliant matinées de brouillard et chaudes journées de soleil et favorisant le développement du botrytis cinerea. Enfin, une « science » très bien réglée des vendanges pendant lesquelles il est parfois procédé à 5 ou 6 passages sur chaque pied de vigne pour ne ramasser que les raisins atteints par le champignon. N'oublions pas, pour finir, la qualité des fûts de chêne, véritable spécialité de Broustet qui fut le siège de la plus importante tonnellerie de Gironde sous la direction de l'arrière-grand père des propriétaires actuels.

Château Broustet
Barsac 33720 Podensac
Tel : 56.27.16.27 ou 57.24.70.79
Appellation : Barsac Sauternes
Classification : Grand Cru Classé en 1855
Chargé de l'exploitation : Eric Fournier
Propriétaire : G.F.A. du Château Broustet
Surface en Vignes : 16 ha
Encépagement : 63% Sémillon
  25% Sauvignon
  12% Muscadelle
Tonneaux : 50 (3.000 caisses)
Vente directe au Château
Commercialisation en France et à l'Étranger :
Par le Négoce Bordelais.

CHATEAU CALON-SÉGUR

La qualité exceptionnelle des vins de Calon-Ségur s'exprime d'abord et à celà rien d'étonnant, à travers la beauté d'un paysage viticole et du site de ce Château monumental dressé au sein de 60 ha de vignes elles-mêmes ceinturées par des kilomètres de murs. Il s'agit ici d'un «paysage historique» car on sait que rien n'a changé depuis les premières «Belles Epoques» de l'appellation Saint-Estèphe. L'ensemble de ces terrains vallonnés est de nature günzienne et a permis aux vins de Calon-Ségur de toujours figurer, aux premiers rangs dans les expositions de l'Europe du 19e, dans les classements des courtiers comme dans les hiérarchies officielles. Dans l'échelle de cotations entre 1741 et 1774, établie par A. Lawton on constate que «Ségur Calon» se situe dans le peloton de tête des premiers seconds (en 7ème position de tout le Médoc). Th. Jefferson le place dans le troisième groupe des vins du Médoc. Logiquement distingué comme troisième Cru Classé par le tableau de 1855, ce Saint-Estèphe dirigé par Ph. Gasqueton mérite aujourd'hui encore mieux.

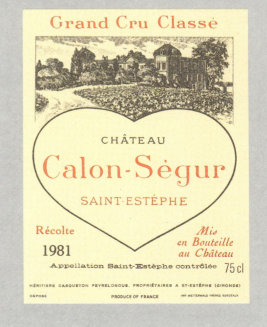

Château Calon-Ségur
Saint-Estèphe 33250 Pauillac
Tel: 56-59-30-08   56-59-30-27
Appellation: Saint-Estèphe
Classification: Grand Cru Classé en 1855
Chargé de l'exploitation: Philippe Capbern-Gasqueton
Propriétaire: Héritiers Capbern-Gasqueton et Peyrelongue
Surface en Vignes: 60 ha
Encépagement: 65% Cabernet Sauvignon
              15% Cabernet Franc
              20% Merlot
Tonneaux: 200 (20.000 caisses)
Commercialisation en France et à l'Etranger par les Négociants Bordelais.

CHATEAU de CAMENSAC

L'indiscutable qualité des vins et du domaine de Camensac n'a pas à être prouvée mais si tel était pas le cas quelle serait la plaidoirie en faveur de ce Haut-Médoc? Sa vocation viticole est à dater de la fin du 17e, période où le vignoble appartint à la «Maison de Carnet». Le terroir est implanté sur les franges occidentales de Saint-Julien et se situe donc dans une indiscutable continuité agrologique avec cette appellation. On note qu'au début du 19e «le Crû de Popp», Camensac portait alors le nom de son propriétaire, était considéré par le courtier A. Lawton, dans son fameux carnet de 1815, comme un «4e 1/8.» En 1855, les courtiers le classent dans le groupe des Cinquièmes Crûs. C'est une consécration à un rang pour lequel les courtiers Bordelais n'avaient que l'embarras du choix et où ils firent preuve d'un admirable discernement puisque l'on compte dans ce groupe les châteaux Batailley, Grand-Puy, les Lynch, d'Armailhac, Le Tertre... Aujourd'hui, sous la houlette des Forner, Camensac a été replanté, modernisé de fond en comble et vaut évidemment mieux en 1987 que son classement du siècle dernier.

Château de Camensac
Camensac 33 112 Saint-Laurent-et-Benon
Tel : 56-59-41-69
Appellation : Haut-Médoc
Classification : Grand Cru Classé en 1855
Chargé de l'exploitation : Société Fermière du Château de Camensac, Elisée Forner.
Propriétaire : Sté Civile du Château de Camensac
Surface en Vignes : 64 ha
Encépagement : 60% Cabernet Sauvignon
  20% Merlot
  20% Cabernet Franc
Tonneaux : 280 (28.000 caisses)
Vente directe au Château
Commercialisation en France et à l'Etranger :
Par le Négoce de Bordeaux.

CHATEAU CANON

C'est à un marin du 18ᵉ siècle, Jacques Kanon, lieutenant sur une frégate royale, que ce vignoble, alors dit « domaine de Saint-Martin » doit son nom actuel. Pour améliorer la qualité de ce cru déjà réputé, Kanon entreprend en 1760 une rénovation complète du vignoble et des chais, puis revend le tout à Raymond Fontemoing, aïeul d'une grande dynastie du vin et le plus grand négociant libournais de l'époque. Cet homme modeste peut cependant affirmer tranquillement à l'un de ses acheteurs : « Je possède dans Saint-Emilion le meilleur Crû ». Le nom actuel de Canon est définitivement acquis lors de la vente du domaine en 1857 par la descendante de Fontemoing. Passant alors de main en main, le cru ne retrouve sa stabilité qu'en 1919 avec son acquisition par la famille Fournier. Les 18 hectares de Canon, adossés à la ville de Saint-Emilion, sont idéalement situés sur le plateau calcaire et la côte sud-ouest. Aujourd'hui rigueur, talent et exigence président à la conduite de «Kanon», Premier Grand Cru Classé de Saint-Emilion qui pourrait monter plus haut dans la hiérarchie viticole de l'ensemble du Bordelais.

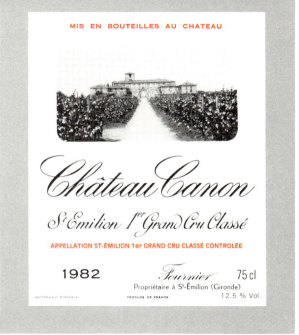

Château Canon
33330 Saint-Emilion   Tel : 57-24-70-79
Appellation : Saint-Emilion Grand Cru
Classification : Premier Grand Cru Classé
Chargé de l'exploitation : Eric Fournier
Propriétaire : G.F.A. du Château Canon
Surface en Vignes : 18,20 ha
Encépagement : 55% Merlot
                40% Cabernet Franc
                3% Cabernet Sauvignon
                2% Malbec
Tonneaux : 75 (7.500 caisses)
Commercialisation en France et à l'Etranger :
Par le Négoce Libournais et Bordelais.

CANON-FRONSAC

Château Canon

Dès le 18ème siècle, les notables libournais n'hésitent pas à prendre le bac d'Anguieux pour se rendre à Fronsac et gérer directement leurs vignobles déjà réputés de Canon. Sous le second Empire, Fronsac et Saint-Michel prennent à peu près leur visage actuel. C'est l'époque où se construit toute une famille de véritables châteaux entourés de parcs d'agrément. En fait, dès 1850, apparaît le premier d'entre eux, l'actuel Château Canon. Le domaine regroupait les vignes de deux anciennes propriétés venues de L. Fontemoing (Godard) et de Saint-Julien (Pippon), elles-mêmes encadrant celle du vénérable Canon Boyer. Par les Princeteau, les deux héritages parvenaient à P. Delaage, qui fit édifier, à la manière médocaine, un vrai château cerné d'un petit parc. C'est l'actuel vignoble du château Canon (Saint-Michel) dont Melle Horeau est aujourd'hui la propriétaire.

Château Canon
33-145 Saint-Michel de Fronsac
Tél : 57_24_98_02   Bureau : 57_51_06_07
Appellation : Canon-Fronsac
Propriétaire : Mademoiselle Henriette Horeau
Surface en Vignes : 10 ha
Encépagement : 90% Merlot
                10% Cabernet Franc
Tonneaux : 40 (4.000 caisses)
Commercialisation en France et à l'Étranger :
Société Horeau-Beylot & Cie
BP 125 33 500 Libourne cedex Telex : 560 735

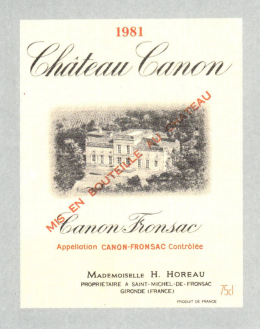

HAUT-MÉDOC — HAUT-MÉDOC

Château Cantemerle

Au 19ᵉ siècle, ce domaine aurait pu rester la propriété médocaine et la résidence d'été des Villeneuve de Durfort sans que son potentiel viticole soit exploité, si un agronome d'exception, de Lavergne, n'avait eu l'intuition de ses aptitudes. Classé in extrémis 5ᵉ en 1855 il appartient ainsi au groupe où l'on trouve les crus les plus intéressants du classement. Parce que les courtiers classificateurs ont fait preuve d'originalité et d'un indiscutable sens du discernement dans leurs choix. Plus d'un siècle après Cantemerle justifie pleinement cette distinction car c'est un remarquable Haut-Médoc. Avec près de 60 hectares de vignes sur un bon terroir, à Macau, à l'entrée du Médoc, disposées sur des croupes graveleuses dont le modelé est idéal pour la vigne, le château Cantemerle, ancienne «Maison noble», règne avec modestie et distinction. Doit-on expliquer la faveur actuelle de ce Cru de qualité par le fait qu'il bénéficie de cette «façon Cordier» c'est à dire d'un ensemble de techniques très éprouvées de mise en valeur des vignobles et de vinification qui permettent de tirer le meilleur parti d'un bon terroir.

Château Cantemerle
Macau 33460 Margaux Tel : 56-31-44-44
Appellation : Haut-Médoc
Classification : Grand Cru Classé en 1855
Chargé de l'exploitation : Georges Pauli
Propriétaire : Société Civile du Château Cantemerle
Surface en Vignes : 57 ha
Encépagement : 40% Cabernet Sauvignon
40% Merlot
15% Cabernet Franc
5% Petit Verdot
Tonneaux : 150 (15.000 caisses)
Commercialisation en France et à l'Etranger
Etablissements Cordier, 10, quai de Paludate
33000 Bordeaux 56-31-44-44 Telex : 560919

Château Carbonnieux

Carbonnieux fait partie des plus vieux domaines viticoles du Bordelais, ce dont témoigne l'architecture de ce château achevé au début du 15e siècle. C'est en 1741 que l'abbaye Bénédictine de Sainte-Croix achète le vignoble. On sait qu'ils étampaient leurs vins sous la formule «eau minérale de Carbonnieux». A la fin du 18e siècle les Bouchereau rachètent le domaine puis, dès 1878, la veuve de Jules de La Barre entreprend de grands travaux de modernisation. Enfin c'est avec les Périn à partir de 1956 que Carbonnieux développe l'exceptionnelle notoriété dont il bénéficie aujourd'hui. Inscrit au classement de 1953 ce Cru des Graves-Léognan occupe depuis deux siècles une place privilégiée parmi les grands Bordeaux. C'est un très grand domaine avec 73 hectares de vignobles disposés sur les graves de la nappe pyrénéenne venues du sud du Massif Central et des Pyrénées. Aujourd'hui, tout est harmonieusement réuni pour que ce Cru Classé s'impose, tant en vin blanc qu'en vin rouge au premier rang du Bordelais.

Château Carbonnieux
35850 Léognan Tel : 56-87-08-28
Appellation : Graves
Classification : Grand Cru Classé
Chargé de l'exploitation : René Hesse
Propriétaire : Société des Grandes Graves
Surface en Vignes : Blanc : 35 ha Rouge : 35 ha
Encépagement : Blanc : 65% Sauvignon
                        34% Sémillon
                        1% Muscadelle
              Rouge : 55% Cabernet Sauvignon
                      30% Merlot
                      10% Cabernet Franc
                      5% Petit Verdot et Malbec
Tonneaux : Blanc : 150 (15.000 caisses)
           Rouge : 150 (15.000 caisses)
Vente directe au Château
Commercialisation en France et à l'Étranger :
  par le Négoce Bordelais
U.S.A : Château and Estates (New-York)

CHATEAU CERTAN-GIRAUD

Ce n'est pas la simple appartenance de Certan-Giraud à la petite et prestigieuse appellation de Pomerol qui lui donne son renom et sa distinction. C'est d'abord la position privilégiée de son vignoble sur le plateau de Pomerol qui lui confère cette vocation naturelle à produire un Grand Cru. Il s'agit d'un terroir de graves et de sables argileux qui regroupent l'élite des crus de l'appellation. Le terroir de Certan fait partie de cette petite «principauté» géomorphologique au sein de Pomerol. La famille Giraud qui représente depuis plus de 3 siècles une tradition viticole Saint-Emilionnaise et qui exploite en outre les grands Crus Classés de Corbin et de Grand Corbin, ne s'était pas trompé sur les aptitudes de Certan en s'établissant dans le Pomerolais. C'est pourquoi le nom du cru de Certan-Giraud symbolise à un double titre la qualité viti-vinicole.

Château Certan-Giraud
Pomerol 33500 Libourne   Tél : 57.24.70.62
Appellation : Pomerol
Propriétaire : Sté Civile
             des Domaines Giraud
Surface en Vignes : 7 ha
Encépagement : 66% Merlot, 33% Cabernet
Tonneaux : 35 (3.500 caisses)
Commercialisation en France et à l'Etranger :
   par le Négoce Bordelais.

Château de Chantegrive

Chantegrive est l'œuvre d'un homme, le courtier Bordelais Henri Lévêque. C'est aussi l'œuvre d'une vie et l'histoire d'une ténacité particulièrement bien trempée, car c'est au terme de plusieurs dizaines d'achats de parcelles et de petites propriétés qu'a pu être, ici, reconstitué un grand domaine : c'est l'actuel vignoble de Chantegrive qui compte aujourd'hui sur la commune de Podensac plus de 55 ha. Cette opération de reconstruction devrait apporter un évident renouveau aux bons terroirs viticoles qui existent dans la région, à condition qu'ils soient, comme à Chantegrive, soigneusement définis au plan de l'agrologie. Henri Lévêque a totalement renoué ici avec la tradition de ces grands pionniers viticoles qui, au 18e siècle, en Saint-Émilion ou en Pauillac ont fait naître les Grands Crus du Bordelais.

Château de Chantegrive
33720 Podensac Tél : 56-27-17-38
Appellation : Graves
Chargé de l'exploitation : Henry Lévêque
Propriétaire : H. et F. Lévêque
Surface en vignes : 76 ha
Encépagement : Blanc : 60% Sémillon
30% Sauvignon
10% Muscadelle
Rouge : 50% Cabernet Sauvignon
40% Merlot
10% Cabernet Sauvignon
Tonneaux : 400 (40.000 caisses)

Ventes directe au Château
Commercialisation en France et à l'Étranger :
par le Négoce de Bordeaux.

SAINT-ÉMILION

CHATEAU CHEVAL BLANC

A un tel niveau de qualité, celui atteint par un Premier Grand Cru Classé comme Cheval Blanc, ce sont les valeurs de symbole auxquelles on doit s'attacher. A cet égard il personnifie trois formes de consécration : celles d'un terroir, des hommes et d'une appellation. Cheval Blanc dispose en effet d'un site de terroir de graves anciennes aussi exceptionnel dans le Bordelais qu'original en Saint-Emilion. L'aménagement d'un système de drainage, au début du Second Empire, favorisant une bonne circulation de l'eau traduit le génie de ses propriétaires : Elie de Carle, les Fourcaud, et aujourd'hui ses descendants témoignent sur deux siècles du rôle des hommes car ce Cru est une véritable «construction agrologique». Aujourd'hui l'incomparable notoriété de Cheval Blanc représente bien la victoire de Saint-Emilion qui s'est imposée, et son leader n'y joua pas un mince rôle, parmi les plus grandes appellations en dépit de l'ostracisme que manifestât, par le passé, le négoce bordelais. Faut-il rappeler que ce cru qui est aujourd'hui dans le «club» des huit premiers grands vins rouges du Bordelais ne figurait pas dans la liste établie par les courtiers en 1855...

Château Cheval Blanc
33 330 Saint-Emilion Tel: 57-24-70-70
Appellation : Saint-Emilion Grand Cru
Classification : Premier Grand Cru Classé A
Chargé de l'exploitation : Jacques Hébrard
Propriétaire : Société Civile des Héritiers Fourcaud-Laussac

Surface en Vigne : 35 ha
Encépagement : 60% Cabernet Franc
34% Merlot
5% Malbec
1% Cabernet Sauvignon

Tonneaux : 125 (12.500 caisses)
Commercialisation en France et à l'Etranger : Par le Négoce Bordelais et Libournais.

CHATEAU CLARKE

L'Histoire retiendra qu'Edmond de Rothschild fut d'abord critiqué lorsque il entreprit la rénovation, on doit même dire la création, du vignoble de Clarke. Certains, dans l'establishment médocain prétendirent qu'on pouvait probablement faire là un bon cru bourgeois. Par la suite les propriétaires déclarèrent leur objectif : faire un grand vin à Clarke. Plus de 10 ans après, un premier bilan peut être établi et les perspectives précisées. Des investissements, des recherches, la refonte du drainage, une meilleure sélection des parcelles, la mise en œuvre des meilleures techniques et des acquis de l'œnologie bordelaise dans les vinifications permettent à Clarke de tirer le meilleur parti de son terroir. Celui-ci, on le sait maintenant, est d'autant plus remarquable que la sélection des parcelles a réduit la production de Château Clarke de près de moitié. Quant aux perspectives, observons que tout est réuni aujourd'hui pour que l'œuvre de pionnier viticole qu'accomplissent ici, Edmond de Rothschild et son équipe, obtiennent le résultat escompté : faire de Clarke un grand du Médoc et du Bordelais.

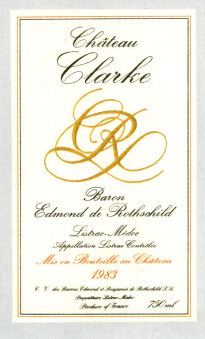

Château Clarke
33480 Listrac-Médoc Tél: 56-88-88-00
33000 Bordeaux 73 quai de Bacalan
Tel: 56-50-88-90   Telefax: 56 43 10 58
Appellation: Listrac
Président: Gérard Colin
Directeur: J. C. Boniface
Propriétaire: Compagnie Vinicole des Barons E. & B. de Rothschild S.A.
Surface en Vignes: 132 ha (Ch. Clarke: 60 ha)
Encépagement: 45% Merlot 41,5% Cabernet-Sauvignon 11% Cabernet-Franc 2,5% Petit Verdot
Tonneaux: 300 (30 000 caisses)
Commercialisation en France: s'adresser au Château
A l'étranger: Allemagne: Schuler, Suisse: Schuler & Berthaudin, Belgique: Neud & Kullens, Wijntransit, Danemark: Hansen, G.B.: John Bremnsdon, Autriche: Schaeffer, Italie: Bonelli, Espagne: Burzet, Hong-Kong: Caves de France, Singapour: Chevalier Wines, Japon: Suc & Co, Brésil: Maison du Vin, Bermudes: Gosling Brothers

CHATEAU CLIMENS

Château Climens a été consacré par le classement de 1855 Premier Cru Classé. Est-ce le regain de faveur des Grands Vins blancs de Sauternes, les efforts de Lucien Lurton, son propriétaire depuis 1971, qui vaut à Climens sa renommée actuelle ? Toujours est-il que ce très Grand Cru retrouve aujourd'hui sur le marché mondial et dans les chroniques la juste place qui est la sienne et qu'il n'a jamais quitté auprès des vrais amateurs : la premiere. Tout à Climens est exceptionnel. Son histoire d'abord, car la «Maison» de Climens existe depuis le 15ᵉ siècle à travers une grande famille de Barsac : les Roborel. Le Château doit son nom à un anglais Sir Climens. Son terroir de graves, de construction mindélienne qui caractérise la meilleur partie du Haut-Barsac, est idéal pour la production d'un Grand Vin de Sauternes. L'Histoire de Château Climens depuis 6 siècles est parfaitement consignée dans d'étonnantes archives qui révèlent le remarquable empirisme viticole de ceux qui ont précédé, sur ce domaine, Lucien Lurton, qui a redonné à Climens les moyens de sa vocation : la perfection des vins blancs en Sauternais.

Château Climens
Barsac 33720 Hodensac Tel : 56.27.15.33
Appellation : Barsac Sauternes
Classification : Grand Cru Classé en 1855
Chargés de l'exploitation : Christian Broustaut et Madame André Janin
Propriétaire : Lucien Lurton
Surface en Vignes : 29 ha
Encépagement : 98 % Sémillon
            2 % Sauvignon
Tonneaux : 45 (4.500 caisses)
Commercialisation en France et à l'Etranger : par le Négoce Bordelais.

1980
Château Climens
1ᵉʳ CRU
Sauternes-Barsac
APPELLATION BARSAC CONTRÔLÉE   75 cl
L. LURTON PROPRIÉTAIRE A BARSAC (GIRONDE)
MIS EN BOUTEILLE AU CHATEAU
PRODUCE OF FRANCE

Château Clinet

Ni la famille des Rideau à la fin du siècle dernier, ni les Audy, aujourd'hui toujours propriétaire du «crû de Clinet», ne pouvaient imaginer le destin contemporain admirable de l'appellation Pomerol et donc de leurs domaines. Avec ses 6 ha c'était seulement une petite propriété, comme il en existait à l'époque des dizaines jouissant seulement d'une bonne notoriété locale. Pourtant on note qu'au 19e les Arnaud, propriétaires de Petrus, qu'ils créèrent et baptisèrent, possédaient aussi Clinet, développant ici une viticulture de qualité. Sanction significative du point de vue de l'excellence viticole et symbole sémantique de ces efforts, Clinet se voit décerner la mention «Château» par l'édition du Feret de 1886, qualificatif viticole qu'il ne partageait à l'époque qu'avec trois domaines et que Petrus ne recevra qu'en 1898, en même temps qu'Ausone à Saint-Emilion. Dès lors la réputation de château Clinet allait suivre la courbe montante de l'appellation. A cette différence près que le cru de Georges Audy, appartient à l'élite des grands Pomerol, implantés sur ce terroir de vieilles graves de la haute-terrasse qui délimitent les productions les plus distingués de l'appellation.

Château Clinet
Pomerol 33500 Libourne Tel: 56-30-10-01
Appellation: Pomerol
Propriétaire: Georges Audy
Surface en Vignes: 7 ha
Encépagement: 60% Merlot
    20% Cabernet Franc
    20% Cabernet Sauvignon
Tonneaux: 30 (3.000 caisses)
Commercialisation en France et à l'Etranger:
S'adresser au Château Jonqueyres
33 750 Saint-Germain du Puch.

CLOS DES JACOBINS

L'histoire du «Cru du Clos des Jacobins» est récente. Ce nom, religieux, rappelle la vocation pastorale de Saint-Emilion et le passé Dominicain de la cité. En revanche l'histoire foncière de ces vignobles remonte elle, à la fin du 18ᵉ. Les terres appartenaient aux Laveau qui possédaient avec leurs immenses propriétés de Soutard et de Mayne un empire viticole. C'est ici qu'à partir de 1811 Jean Laveau, fils de l'Ainé, se lance, et il est en cela un précurseur, dans la viticulture de qualité avec l'ambition de produire de Grands Vins. Au fur et à mesure de ses expérimentations viti-vinicoles, il «fait parler» les parcelles, sélectionne les plus aptes et précise que «...les journaux qui sont au Nord-Est de la propriété près du chemin produisent, ni trop ni trop peu, et excellent pour les productions recherchées»: Ce sont les vignobles actuels de Clos des Jacobins. Il s'agit, du point de vue de l'agrologie, d'un domaine qui participe des deux «systèmes» originaux de Saint-Emilion puisqu'une partie du vignoble est sur le Glacis sableux, l'autre en Pied de Côte. Légitimement promu au rang de Grand Cru Classé, ce château des domaines Cordier est parfait.

Clos des Jacobins
33 330 Saint-Emilion Tel : 56-31-44-44
Appellation : Saint-Emilion Grand Cru
Classification : Grand Cru Classé
Chargé de l'exploitation : Georges Pauli
Propriétaire : Domaines Cordier
Surface en Vignes : 8 ha
Encépagement : 55% Merlot
15% Cabernet Franc
30% Cabernet Sauvignon
Tonneaux : 45 (4.500 caisses)
Commercialisation en France et à l'Etranger
Etablissements Cordier, 10, Quai de Paludate
33 000 Bordeaux 56-31-44-44 Telex : 560.919

SAINT-ÉMILION

CLOS FOURTET

L'un des plus anciennement réputé, Clos Fourtet est aussi l'un des vignobles les mieux situés de Saint-Emilion. Ce domaine de 18 hectares d'un seul tenant est rigoureusement identique à ce qu'il était déjà au 18ème siècle. Dès 1784, un an avant la construction du château actuel, bâti sur d'immenses carrières souterraines utilisées pour le vieillissement en fûts, son propriétaire-fondateur, Elie de Rulleau se fixe un objectif ambitieux : faire de « Camfourtet » le meilleur des Saint-Emilion. Il eut l'intuition féconde, confortée par des expériences originales des aptitudes viticoles exceptionnelles du terroir de Clos-Fourtet. Il devait réussir. Tel Giraud à Trotanoy, il appartient à cette élite de pionniers viticoles dont les héritiers spirituels peuvent dire aujourd'hui : « Qu'ils soient honorés, ils firent naître les Grands Vins de Saint-Emilion ». Cette action est remarquablement poursuivie par les propriétaires actuels, les Lurton. C'est à cette continuité dans le travail et la réussite que l'on se doit de toujours faire référence à Clos Fourtet, Premier Cru Classé, lorsque l'on veut distinguer Saint-Emilion.

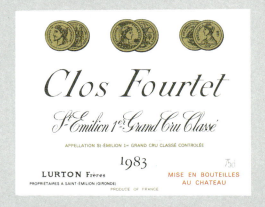

Clos Fourtet
33 330 Saint-Emilion Tel : 57.24.70.90
Appellation : Saint-Emilion Grand Cru
Classification : Premier Grand Cru Classé
Chargé de l'exploitation : Pierre Lurton
Propriétaire : Lurton Frères et Soeur
Surface en Vignes : 18 ha
Encépagement : 60% Merlot
  20% Cabernet Franc
  20% Cabernet Sauvignon
Tonneaux : 75 (7.500 caisses)
Commercialisation en France et à l'Etranger :
Par le Négoce Libournais et Bordelais.

CHATEAU LA CONSEILLANTE

On parle déjà de Melle Conseillan parmi les premiers propriétaires de Pomerol avant 1750, à l'époque où elle construit son domaine. Mais le sous-sol est alors altéré par la persistance d'eaux stagnantes, très préjudiciables à la culture de la vigne. Il faut s'en débarrasser et, dès le début du 19ᵉ siècle les responsables du domaine de la Conseillante et ceux de Cheval Blanc, leurs voisins immédiats, comprennent que seul un drainage efficace permettra d'assainir définitivement leurs terroirs. Sous le Second Empire, un réseau de drains profonds, de murailles et de couverts est aménagé d'Est en Ouest. Le résultat sur ces vieilles graves engraissées de sables grossiers de la haute terrasse est magnifique. Ce terroir, dont les traits agrologiques sont si proches du Médoc, va faire des merveilles. Les vins de la Conseillante, figuraient déjà parmi les premiers Pomerol au 19ᵉ siècle, les cotations des courtiers en témoignent. Ce cru est aujourd'hui devenu l'étoile montante du Bordelais la plus indiscutée. La bouteille qui porte l'étiquette grise et blanche et dont le col est entouré de cette fameuse capsule violette si caractéristique prend place aux cotés des Premiers.

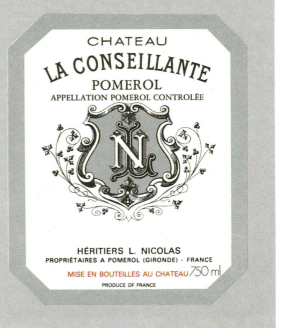

Château La Conseillante
Pomerol 33500 Libourne Tel: 57-51-81-16
Appellation: Pomerol
Chargés de l'exploitation: Mr Francis Nicolas
 et Mr Bernard Nicolas
Propriétaire: Sté Civile Héritiers Nicolas
Surface en Vignes: 12 ha
Encépagement: 65% Merlot
 30% Cabernet Franc
 5% Malbec
Tonneaux: 50 (5.000 caisses)
Commercialisation en France et à l'Etranger par les Négociants traditionnels de Libourne, Bordeaux et Paris.

SAINT-ÉMILION

CHATEAU CORBIN

Cette ancienne «Maison noble» appartient à la seconde génération des châteaux viticoles de Saint-Emilion. Il est extrêmement significatif que dans son édition de 1868 Edouard Féret n'accorde, pour cette appellation, la dénomination «château» qu'aux seuls domaines de Bélair, Mondot, Figeac et Corbin. Cette mention témoigne notamment de la considération en laqu'elle les courtiers tenaient le «Crû de Chaperon». Ce propriétaire particulièrement talentueux avait réussi en quelques années à hisser Corbin dans le petit groupe des grands Saint-Emilion. La notoriété de Corbin est l'exemple le plus parfait, dès le milieu du 19e, de cette prise en compte de la qualité des vins dans la définition du concept de Château viticole à Saint-Emilion. Servi par un terroir de sables anciens, à l'est de Cheval Blanc il fut logiquemment promu Grand Cru Classé en 1954. Il est dirigé aujourd'hui par Philippe Giraud, héritier actif d'une très ancienne tradition viticole Saint-Emilionnaise, qui a aussi la chance de pouvoir se livrer à une utile ampélologie comparée avec les propriétés familiales de Grand Corbin, un autre Cru Classé et de Château Certan-Giraud à Pomerol.

Château Corbin
33 330 Saint-Emilion   Tel: 57-24-70-62
Appellation: Saint-Emilion Grand Cru
Classification: Grand Cru Classé
Propriétaire: Sté Civile des Domaines Giraud
Surface en Vignes: 13 ha
Encépagement: 66% Merlot
                33% Cabernet
Tonneaux: 65 (6.500 caisses)
Commercialisation en France et à l'Etranger:
Par le Négoce Libournais et Bordelais, à l'exception de la Belgique.

CHATEAU COS d'ESTOURNEL

Les terroirs de Cos d'Estournel sont exceptionnels et il faut souligner qu'à un tel niveau, même en Médoc, ils restent rares. Le vignoble bénéficie de son implantation sur un modelé de graves günziennes très opportunément disséquées au Mindel. L'aristocratique façade que le voyageur découvre à Cos définit au mieux l'association séculaire de l'œuvre des hommes et les dons de la nature qui a fait l'excellence du Médoc viticole. Le «tableau» du 18 avril 1855 a accordé à ce Premier du Saint-Estèphe le rang de «second crû» parmi les vins rouges classés du département de la Gironde. Or, ce n'est qu'en 1810 que Louis Gaspard d'Estournel ayant identifié les aptitudes viticoles exceptionnelles de ce terroir commence à vinifier, à part, les raisins de ses vignes situées au lieu-dit «Cos». C'est un achèvement remarquable que d'avoir été aussi vite reconnu. Aujourd'hui, Cos d'Estournel et Bruno Prats tentent plus que jamais d'approcher la perfection. Celle-ci existe presque en Saint-Estèphe avec les grands millésimes de Cos d'Estournel.

Château Cos d'Estournel
Saint-Estèphe 33250 Pauillac
Tél : 56-44-11.37
Appellation : Saint-Estèphe
Classification : Grand Cru Classé en 1855
Chargés de l'exploitation : Bruno Prats, Jacques Pélissié, Jean-Baptiste Trigaray
Propriétaire : Domaines Prats
Surface en Vignes : 65 ha
Encépagement : 60% Cabernet Sauvignon
40% Merlot
Tonneaux : 200 (20.000 caisses)
Commercialisation par le négoce Bordelais
En France : possibilité d'achat direct auprès du Cercle d'Estournel
Saint-Estèphe 33250 Pauillac.

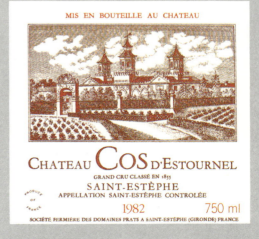

CHATEAU COS LABORY

Cos Labory qui, a l'origine, fut détaché du domaine que possédait M. Destournel, est d'abord l'œuvre d'une famille anglaise, les Martyns. C'est un petit domaine de 15 ha qui bénéficia, en 1855, d'un «classement», qui apparait aujourd'hui un peu trop modeste. Il est vrai que Louis Peychaud qui acheta le domaine en 1860 et qui s'attacha à restaurer l'ensemble de la propriété, les chais comme le vignoble, n'intervînt ici qu'après ce classement. De plus Cos Labory ne produisait que 40 tonneaux sur un vignoble encadré par de puissants voisins qui disposaient déjà de superficies trois à quatre fois plus importantes. Le domaine changea plusieurs fois de propriétaires, avant que les Audoy n'en assurent la promotion et la meilleure mise en valeur possible avec François Audoy, décédé en 1984 et aujourd'hui avec Bernard Audoy, son fils. Ce jeune œnologue conduit l'adaptation de Cos Labory à la modernité viti-vinicole. Ce Cru remarquable méritait bien, à nouveau, une telle attention.

Château Cos Labory
33250 Saint-Estèphe Tel: 56-59-30-22
Appellation: Saint-Estèphe
Classification: Grand Cru Classé en 1855
Chargé de l'exploitation: Bernard Audoy
Propriétaire: G.F.A. du Château Cos Labory
Surface en Vignes: 15 ha
Encépagement: 30% Merlot
                40% Cabernet Sauvignon
                25% Cabernet Franc
                5% Petit Verdot
Tonneaux: 75 (7.500 caisses)
Vente directe au Château
Commercialisation en France et à l'Etranger:
Par le Château Cos Labory.

HAUT-MÉDOC

100 Grands Crus du Bordelais

CHATEAU COUFRAN

A Coufran, un cru bourgeois, que remarque-t-on ? Le terroir, bien exposé, la croupe de grave, bien dessinée et une tradition viticole ancienne. Sa prise en mains par les Miailhe, Louis en 1924, Jean dès les années 50, aidé aujourd'hui par son fils Eric, donne les meilleurs résultats et ceux-ci ne se démentent pas. Ce vignoble de 64 ha récolte actuellement les fruits d'une politique de qualité soutenue, et dispose d'une réelle notoriété commerciale. Il est d'autre part très représentatif de la promotion de certains Crus Bourgeois au cours des 10 dernières années, de leur montée en qualité et de leurs ambitions. Il permet de constater que l'écart important qui séparait ces Crus Bourgeois des Crus Classés du Médoc se réduit, la plupart d'entre eux multipliant, sur d'immenses domaines, efforts et investissements. La dénomination Crus Bourgeois étant relativement étendue, on doit espérer que son syndicat, dont Jean Miailhe est le président actif, hiérarchise ces crus, dégage une élite, créant ainsi une dynamique qui pourrait les porter plus haut dans les prochaines années. Ainsi certains pourront-ils, comme Coufran, bien figurer dans un prochain classement.

Château Coufran
Saint-Seurin de Cadourne 33250 Pauillac
Tel : 56-59-31-02   Bureau : 56-44-90-84
Télex : 540 084
Appellation : Haut-Médoc
Chargé de l'exploitation : Jean et Eric Miailhe
Propriétaire : Sté Civile du Château Coufran
Surface en Vignes : 64 ha
Encépagement : 85 % Merlot
                15 % Cabernet Sauvignon
Tonneaux : 350 (35.000 caisses)
Commercialisation en France et à l'Etranger :
Pour plus d'informations sur les ventes,
contacter : Jean Miailhe.

Château Couhins-Lurton

Après avoir longtemps appartenu à la famille Gasqueton-Hanappier, le château Couhins est aujourd'hui partagé en deux. Une partie appartient à l'I.N.R.A., l'autre est la propriété d'André Lurton. Celle ci, un petit vignoble de cinq hectares en deux parcelles occupe, sur la commune de Villenave d'Ornon, une belle croupe de sols et de sous-sols de graves et d'argiles exclusivement plantée en Sauvignon. André Lurton y élève un cru classé de Graves tout-à-fait remarquable. Depuis 1982, poussant encore plus loin le perfectionnisme, il effectue la fermentation et le vieillissement de ses vins blancs en barriques de chêne neuves, leur donnant équilibre et finesse et exaltant la complexité de leurs parfums et arômes. La robe du Couhins-Lurton est d'un beau jaune pâle. Il possède un nez puissant avec une pointe de vanille et une note fumée qui rappelle avec bonheur le véritable terroir de la région. A coup sûr, le vin blanc de Couhins-Lurton est un des plus remarquables des Graves.

Château Couhins Lurton
Villenave D'ornon 33140 Pont de la Maye
Tel : 56-21-75-87
Appellation : Graves Léognan
Classification : Cru Classé
Propriétaire : André Lurton
Surface en Vignes : 5 ha
Encépagement : 100 % Sauvignon
Tonneaux : 20 (2,000 caisses)
Vente directe au Château
Commercialisation en France et à l'Etranger :
Par la propriété. Prière d'adresser toute correspondance au Château Bonnet,
Grézillac 33 420 Branne   Telex : 570215

Chateau Coutet

Le terroir de Coutet est d'âge mindélien, situé dans une cuvette évidée dont le plancher est formé de calcaires à astéries et de sables rouges. Nous sommes, ici comme à Climens, dans la perfection agrologique des vins blancs. Le Château, dont l'architecture rend compte encore d'un passé militaire aux temps de l'occupation anglaise, a été plusieurs fois remanié avec bonheur et conserve une superbe authenticité. Il appartînt aux Filhot, aux Lur Saluces puis aux Guy. Plus recemment il fut acheté, en 1977, par un Alsacien passionné par le Bordelais viticole, Marcel Baly. Ces hommes de qualité se sont apparamment bien transmis, sur plusieurs siècles, «cet esprit de sagesse et de parcimonie» qui préside aux méthodes culturales, aux vendanges et aux vinifications si particulières à la «Principauté Sauternaise» et qui explique aussi l'excellence des grands Coutet. Les amateurs de Sauternes peuvent apprécier ce Premier Cru Classé en 1855, d'autant plus facilement qu'il est distribué dans le monde entier par la maison Bordelaise Alexis Lichine, que dirige Alain Maurel.

Château Coutet
Barsac 33 720 Podensac   Tél : 56-27-15-46
Appellation : Barsac Sauternes
Classification : Grand Cru Classé en 1855
Propriétaire : M. Baly
Surface en Vignes : 37 ha
Encépagement : 80% Sémillon, 15% Sauvignon
                      5% Muscadelle
Tonneaux : 45 (7.500 caisses)
Commercialisation en France et à l'Etranger :
Exclusivité Alexis Lichine & Cie.
109, Rue Achard   33 300 Bordeaux
Tél : 56-50-84-85   Telex : 570441

Chateau Croizet-Bages

La création du «Crû de Croizet» est dûe à l'enthousiasme de ces familles de notables Bordelaises qui s'établirent en Pauillac au 18ᵉ siècle afin d'y créer, par achats successifs de nombreuses parcelles, les superbes propriétés viticoles que nous recensons aujourd'hui. C'est donc une «œuvre viticole» construite patiemment par le notaire Croizet et son frère. Leurs descendants vendirent le domaine à Jean Puytarac qui lui-même le céda, en excellent état, à Julien Calvé. Retenu dans le «classement» de 1855, il bénéficiait déjà au début du 19ᵉ d'une évidente bonne réputation. C'est ainsi que le courtier Lawton notait que «... le Cru de d'Armailhac et de Veuve Croizet à Bages ainsi que quelques autres Pauillac offrent des vins qui ont toujours quelque chose de mieux que le restant...» Par ailleurs les vins de Croizet-Bages furent constamment distingués lors des grandes expositions du 19ᵉ. La famille Quié, installée ici depuis 1934, en assure, aujourd'hui à travers Jean-Michel Quié, une parfaite mise en valeur au même titre que leurs autres propriétés médocaines de Rauzan-Gassies en Margaux et de Bel-Orme-Tronquoy-de-Lalande en Haut-Médoc.

Château Croizet-Bages
33250 Pauillac Tél.: 56.59.01.62
Appellation: Pauillac
Classification: Grand Cru Classé en 1855
Propriétaire: Héritiers Paul Quié
Surface en Vignes: 23 ha
Encépagement: 40% Cabernet Sauvignon
              35% Merlot
              25% Cabernet Franc
Tonneaux: 100 (10.000 caisses)
Vente directe au Château
Commercialisation en France et à l'étranger:
Commerce de Gros de la place de Bordeaux.

CHATEAU de CRUZEAU

Encore un vin à porter la marque d'André Lurton, qui achète en 1974 ce très ancien château et en entreprend véritablement la résurrection. S'étant tout d'abord attaché à lui rendre sa belle allure d'antan, notamment en restaurant l'ancienne maison de maître et quelques batiments du 18ème siècle, André Lurton applique à Cruzeau qui bénéficie, sur les croupes les plus élevées de la région, d'un terrain de graves d'une bonne aridité, les théories qui lui sont chères. Le résultat est : des vins blancs à l'arôme nettement marqué par le sauvignon, mais tempéré de notes fleuries au parfum de tilleul, typique du terroir local et des rouges « taillés pour la course ». André Lurton a su respecter l'esthétique particulière de cette propriété à l'équilibre un peu austère mais d'une grande élégance et que l'on retrouve, savamment travaillée, dans ses vins. Château Cruzeau est un grand Graves qui justifie, année après année, l'ascendance de sa notoriété.

Château Cruzeau
Saint Médard d'Eyrans 33650 Labrède
Tél : 56_21_75_87
Appellation : Graves Léognan Rouge et Blanc
Propriétaire : André Lurton
Surface en Vignes : 46 ha
Encépagement : Blanc : 90% Sauvignon
                       10% Sémillon
              Rouge : 60% Cabernet Sauvignon
                      40% Merlot
Tonneaux : Blanc : 50 (5.000 caisses)
           Rouge : 170 (17.000 caisses)
Vente directe au Château
Commercialisation en France et à l'Etranger : par la propriété.
Prière d'adresser toute correspondance au Château Bonnet.
Grézillac 33420 Branne Telex : 570215

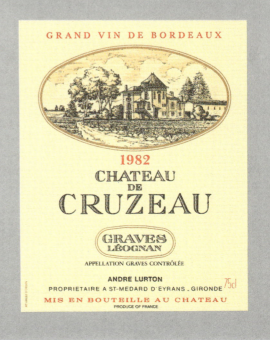

CHATEAU DAUZAC

Situé dans le Médoc méridional, au sud de Cantenac, Dauzac est un grand et très ancien domaine de 120 ha dont le vignoble, planté, sur des graves alluvio-fluviales, bénéficie d'un modelé de croupes à faible altitude, très favorable à la production de Grands Vins. Histoire en dents de scie, depuis son premier promoteur, J.B. Lynch, et à travers ses propriétaires, que celle de ce château et de ce site viticole privilégié où alternent les temps de décadence et de grandeur. Classé seulement 5ᵉ Cru en 1855 il fut donc, à l'époque, compte tenu de l'état de la propriété, très sous-évalué. Acquis par les Johnston en même temps que l'actuel Ducru-Beaucaillou, il passe de main en main, pendant un siècle avant que Félix Chatellier le reprenne en 1978. Dauzac est un cru intéressant parce que son potentiel, en termes de terroirs, n'a jamais été vraiment exploité jusqu'ici. Il aura fallu presque 10 ans à Félix Chatellier pour le remettre à niveau et en valeur. On peut penser que la prochaine décennie portera ce Margaux dans la famille des meilleurs Médoc. Il avait jusqu'à présent manqué à Dauzac un propriétaire tenace et ambitieux. Il l'a trouvé et avec lui un avenir prometteur.

Château Dauzac
Labarde - Margaux 33460   Tél: 56.88.32.10
Appellation: Margaux
Classification: Grand Cru Classé en 1855
Chargé de l'exploitation: S.A. F. Chatellier & Fils
Propriétaire: Groupe Chatellier
Surface en Vignes: 50 ha
Encépagement: 37% Merlot
               58% Cabernet Sauvignon
               2% Petit Verdot
               3% Cabernet Franc
Tonneaux: 260 (26.000 caisses)
Vente directe au Château
Commercialisation en France et à l'Etranger par la "Société des Grands Vins Chatellier" à Reims.

Chateau Desmirail

40 ans d'information tenace, de recherches méticuleuses, d'observation du marché foncier local, c'est ce qu'il a fallu à Lucien Lurton pour reconstituer, sur la base cadastrale du milieu du 19ᵉ, élément par élément, avec la patience d'un ébéniste d'art, la « marquetterie éclatée » du Château Desmirail. Secoué par une succession de crises, emporté par un moment d'infortune, ce Margaux avait été dépecé, lambeau de terre après lambeau de terre, jusqu'à sa disparition totale. Aujourd'hui, il est redevenu ce qu'il n'aurait jamais dû cesser d'être : un vignoble exceptionnel, portant le nom de son fondateur, gendre de M. de Rauzan. Au 18ᵉ siècle, Desmirail était déjà noté, au regard des cotations, comme l'un des vingt grands du Médoc. Après cette longue éclipse, il a repris son rang, grâce à l'action de son propriétaire, dans le peloton de tête des grands Margaux. Déjà propriétaire de plusieurs Margaux, d'un incomparable Premier Cru Classé de Sauternes, d'un Cru Classé de Graves et de quelques autres châteaux dans le Bordelais, Lucien Lurton a fait de Desmirail, troisième Cru Classé de 1855, un véritable chef-d'œuvre d'esthète.

Château Desmirail
33460 Margaux Tel : 56-88-70-20
Appellation : Margaux
Classification : Grand Cru Classé en 1855
Propriétaire : Lucien Lurton
Surface en Vignes : 18 ha
Encépagement : 69% Cabernet Sauvignon
                23% Merlot
                 7% Cabernet Franc
                 1% Petit Verdot
Tonneaux : 55 (5.500 caisses)
Commercialisation en France et à l'Étranger :
Par le Négoce Bordelais.

Chateau Doisy-Vedrines

L'agrologie des terroirs de Doisy-Védrines est à tous égards parfaite. Le vignoble situé sur le Haut-Barsac bénéficie d'un terroir d'âge mindélien, du type Coutet ou Climens. Il est donc excellent pour produire de grands Sauternes. Coté propriété, on note l'absolue fidélité d'une même famille à ce domaine, à travers les Boireau, les Teyssonneau et les Castéja qui se succédèrent ici depuis plus d'un siècle. Les meilleures méthodes de récolte, de vinification et de veillissement qui caractérisent la «rigueur Sauternaise» sont pratiquées ici avec patience et passion. On peut se douter que les Castéja qui dirigent cet exceptionnel domaine ont, à travers leur propre maison de commerce, Joanne, souvent l'occasion autant que la satisfaction de mesurer la faveur dont bénéficie Doisy-Védrines, Cru Classé en 1855, auprès des amateurs de grands Sauternes.

Château Doisy-Vedrines
Barsac 33720 Podensac
Tél : 56-27-15-13   56-27-20-15
Appellation : Sauternes
Classification : Grand Cru Classé en 1855
Propriétaire : Pierre Castéja
Surface en Vignes : 19 ha
Encépagement : 75% Sémillon
               25% Sauvignon
Tonneaux : 25 (2.500 caisses)
Vente directe au Château
Commercialisation en France et à l'Etranger :
Par le Négoce Bordelais.

Domaine de Chevalier

Dès 1785, Pierre de Belleyme, «Sous-Ingénieur géographe», dernier auteur de la carte de Guyenne, marque bien la spécificité viticole de l'actuel domaine de Chevalier et le baptise «Chibaley» du nom occitan de ce tertre, reconnaissable à sa topographie en croupe et à son sol de graves. La propriété de Chevalier a d'ailleurs fort peu changé depuis le 18ᵉ siècle. Acquis en 1865 par une famille bordelaise qui, à travers plusieurs propriétés, a inscrit son nom dans l'histoire de la qualité, les Ricard, Chevalier appartient aujourd'hui aux Bernard. Cependant l'empreinte de Claude Ricard, esthète du vin et expert incontesté, demeure très présente. Les géographes Bordelais rappellent que le terroir de Domaine de Chevalier est tellement remarquable qu'il pourrait constituer la «monographie morphologique» la plus exemplaire et la plus parlante pour symboliser les incomparables graves des terroirs Bordelais. L'érosion a ici bien dégagé la nappe de graves qui de plus a elle-même «coulé» sur les pentes recouvrants les terrains miocéniens. A cet égard Domaine de Chevalier est aussi une référence.

Domaine de Chevalier

33850 Léognan — Tel : 56.21.75.27
Appellation : Graves Léognan
Classification : Cru Classé
Chargés de l'exploitation : Claude Ricard et Olivier Bernard
Propriétaire : Sté Civile du Domaine de Chevalier
Surface en Vignes : 15 ha Rouge 3 ha Blanc
Encépagement : Rouge : 65% Cabernet Sauvignon
  30% Merlot
  5% Cabernet Franc
Blanc : 70% Sauvignon
  30% Sémillon
Tonneaux : Rouge : 50 (5.000 caisses)
  Blanc : 8 (800 caisses)
Commercialisation en France et à l'Etranger : Par les Négociants de la place de Bordeaux.

SAINT-JULIEN

CHATEAU DUCRU-BEAUCAILLOU

Château-Beaucaillou ou Ducru devenu Ducru-Beaucaillou en 1870 représente la triple réussite d'un cru, d'un propriétaire et de toute une appellation. Celle d'un cru d'abord qui «sort» magnifiquement dans toutes les dégustations et ceci depuis plus d'un siècle, alors que certains spécialistes prétendent avoir «révélé» Ducru au cours des vingts dernières années. Rappelons que le courtier Paguierre précisait, dès 1828, que les vins de Ducru sont les plus distingués du Bordelais et «obtiennent... par exemple pour l'excellente vendange de 1825, le prix le plus élevé». Réussite d'un propriétaire qui a su faire valoir, faire connaître et irrésistiblement, amener son domaine au rang qui est aujourd'hui le sien, parmi les Premiers du Médoc. Symbole enfin de la totale réussite de Saint-Julien, véritable joyau des appellations Bordelaises, qui allie un terroir exceptionnel à une émulation active et fructueuse entre propriétaires. Comme peut en témoigner Jean-Eugène Borie qui démontre que dans une telle appellation le succès contemporain de Ducru-Beaucaillou peut marier l'eau et le feu, un sagesse séculaire et la plus grande passion.

Château Ducru-Beaucaillou
Saint-Julien Beychevelle 33250 Pauillac
Tel : 56.59.05.20
Appellation : Saint-Julien
Classification : Grand Cru Classé en 1855
Propriétaire : Jean Eugène Borie
Surface en Vignes : 50 ha
Encépagement : 65% Cabernet Sauvignon
    25% Merlot
    5% Petit Verdot
    5% Cabernet Franc
Tonneaux : 200 (20.000 caisses)
Commercialisation en France et à l'Etranger par le Négoce Bordelais.

Château Durfort-Vivens

Placé en 1855 dans le peloton de tête des «Seconds Crûs» par les courtiers de Bordeaux le «Crû de Vivens Durfort» possède, au premier coup d'œil, la simplicité des forts. Le domaine est en bord de route très identifiable, grâce à une tourelle massive surplombée d'un cône d'ardoise à faible pente. L'histoire de Durfort est celle d'une étonnante synthèse viticole. D'une part, on observe la grande stabilité d'un vignoble ou la qualité des vins, le niveau des cotations, comme les appréciations des courtiers se situent au niveau le plus élevé depuis plus de deux siècles. D'autre part l'extraordinaire convoitise dont il fut l'objet provoquèrent des changements de propriétaires, en plus grand nombre qu'ailleurs, mais ici sans dommage. En 1787 Thomas Jefferson, guidé par quelques mains expertes et Bordelaises, n'hésita pas à situer Durfort parmi les Grands. Jugement très sûr, car il n'est depuis démenti par aucune opinion au premier rang desquelles on doit aujourd'hui placer celle du plus écouté des experts des Grands Vins de Bordeaux, le Professeur René Pijassou.

Château Durfort-Vivens
33460 Margaux   Tel: 56-88-70-20
Appellation: Margaux
Classification: Grand Cru Classé en 1855
Propriétaire: Lucien Lurton
Surface en Vignes: 25 ha
Encépagement: 82% Cabernet Sauvignon
             10% Cabernet Franc
             8% Merlot
Tonneaux: 75 (7.500 caisses)
Commercialisation en France et à l'Étranger: Par le Négoce Bordelais.

Chateau du TERTRE

C'est dans la commune d'Arsac que le château et le vignoble du Tertre occupent une très belle croupe de grave dominant de ses 21 mètres (une altitude exceptionnelle pour le site), l'appellation Margaux. En dépit de cette situation élevée, les périodes « maigres » n'ont pas manqué lorsque les propriétaires se désintéressaient du vignoble. En réalité, on comptait en général par famille une génération active par siècle : au 19ème siècle, Henri de Koenigswarter qui achète en 1870 ce 5ème cru classé soigneusement organisé par Henry de Valandé et Philippe Gasqueton qui acquiert en 1960 un domaine à l'abandon sur un terroir privilégié. Dès lors, c'est l'histoire d'une remontée que favorise l'expérience de Philippe Gasqueton, vigneron-hobereau, propriétaire du grand Calon-Ségur à Saint-Estèphe. 25 ans après, château du Tertre vaut mieux que son classement et doit aller plus loin parce que le potentiel que lui apporte un très beau modelé de graves le lui permet.

Château du Tertre
Arsac 33460 Margaux Tel: 56-59-30-08
Appellation : Margaux
Classification : Grand Cru Classé en 1855
Chargé de l'exploitation : de Haritault, administrateur
Propriétaire : Philippe Capbern-Gasqueton
Surface en Vignes : 45 ha
Encépagement : 80% Cabernet Sauvignon
  10% Cabernet Franc
  10% Merlot
Tonneaux : 120 (12.000 caisses)
Commercialisation en France et à l'Etranger : par les Négociants Bordelais.

CHATEAU L'EGLISE-CLINET

La faveur dont jouit L'Eglise-Clinet, le fait que l'on puisse le placer sans conteste parmi les tout premiers Pomerol ne sont pas un jeu de circonstances. Cette notoriété s'inscrit dans une logique irréfutable à tous égards. Le vignoble est situé en totalité sur la meilleure partie des graves anciennes de Pomerol. Le dispositif agrologique et sédimentologique de L'Eglise-Clinet est exceptionnel : à 40 mètres d'altitude, sur la terrasse günzienne où, chance particulière, la haute nappe alluviale a été largement détruite par les érosions post-günziennes. Il faut savoir en outre que ce très grand cru est entre les mains de Denis Durantou, l'un des meilleurs viticulteurs de sa génération. Ainsi sont résumées les raisons conduisant à désigner L'Eglise-Clinet comme l'un des prix d'excellence du Bordelais. Ce qu'illustre déjà une appréciation de Robert Parker qui précise, en 1986, dans «The Wine Advocate» pour le millésime 85 : « ...but believe me, this is an incredible wine that approaches the quality of both Petrus and Trotanoy. This is one of the superstars of the vintage». Peut-il surclasser la plupart des Pomerol? Petrus compris? Peut-être un jour!

Château L'Eglise-Clinet
Pomerol 33 500 Libourne   Tel : 57.51.19.85
Appellation : Pomerol
Chargé de l'exploitation : Denis Durantou
Propriétaire : G.F.A. du Château
L'Eglise-Clinet
Surface en Vignes : 5,70 ha
Encépagement : 70% Merlot, 10% Malbec
20% Cabernet franc
Tonneaux : 20 (2.000 caisses)
Vente directe au Château
Commercialisation en France et à l'Etranger :
Vente par le Negoce Bordelais.

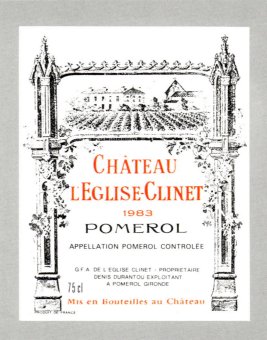

CHATEAU l'EVANGILE

Aventure tranquille et régulière que l'histoire de ce cru passé sans tapage des soins du Sieur Léglise, métayer à Fazilleau au 18ᵉ siècle, à ceux des propriétaires actuels, la famille Ducasse, et rebaptisé l'Evangile, par la grâce du notaire Isambert dans les premières années du 19ᵉ siècle. La superficie du vignoble n'est pas modeste pour Pomerol : 14 hectares contre 13 à l'origine, groupés autour du château et de son parc. Il a été construit et aménagé, sous le Second Empire, par les Chaperon arrières grands parents des propriétaires actuels les Ducasse. Grâce à un beau terroir de vieilles graves bien drainées, les vins de l'Evangile ont atteints le plus haut niveau de qualité en Pomerol. Propriété modèle, elle est «montée» sans à coups. Si l'on prend, par exemple, le classement par ordre de mérite du Feret, on constate que du 8ᵉ rang en 1868, elle passe au 3ᵉ en 1908, puis au second en 1982. L'Evangile n'a cependant pas besoin de cette référence, au demeurant intéressante en tant que témoignage historique, pour prouver une excellence que personne ne lui conteste.

Château L'Evangile
Pomerol 33500 Libourne
Appellation : Pomerol
Chargée de l'exploitation : Mᵐᵉ Louis Ducasse
Propriétaire : Sté Civile du Château L'Evangile
Surface en Vignes : 14 ha
Encépagement : 71% Merlot
 29% Cabernet
Tonneaux : 45 (4.500 caisses)
Commercialisation en France et à l'Etranger :
Par le Négoce Bordelais.

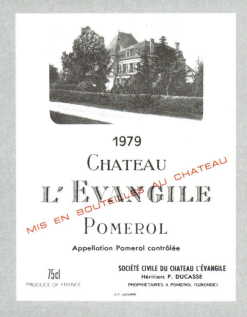

SAUTERNES

CHATEAU de FARGUES

L'histoire de la région du Sauternais, au sens large comme au plan viticole et foncier sur les communes de Sauternes, de Fargues, de Bommes ou de Barsac est inséparable depuis plus de six siècles de cette étonnante saga des Lur Saluces. Il en va de même, bien sûr, pour les terres de Fargues, dont cette famille ne s'est jamais séparée depuis 1472. Il ne subsiste aujourd'hui de l'architecture du Château de l'évêque Raimond-Guilhem de Fargues que des ruines monumentales qui témoignent d'une des «Belles Epoques» de Fargues. Remarquablement implanté et de petites dimensions, le vignoble fut seulement créé à la fin du 19e par les Lur Saluces. Il ne put faire l'objet d'un examen de cotations par les courtiers et donc d'un rang dans le classement de 1855. De nos jours, compte tenu de la qualité de son terroir, des acquis et du savoir-faire viti-vinicoles de ses propriétaires et du niveau de ses vins, Fargues, petit-frère d'Yquem, mérite à tous égards d'être retenu dans un classement contemporain.

Château de Fargues
Fargues de Langon 33210 Langon
Tél : 56-44-07-45
Appellation : Sauternes
Propriétaire : Comte Alexandre de Lur Saluces
Surface en Vignes : 12 ha
Encépagement : 80% Sémillon
                20% Sauvignon
Tonneaux : 7 (700 caisses)
Commercialisation en France et à l'Etranger :
Par le Négoce Bordelais.

Château Figeac

Du toponyme gallo-romain au fief médiéval et au grand domaine de 200 ha au 18ᵉ, il y a une première continuité d'ordre millénaire. Du grand vignoble de qualité des Carle au 18ᵉ, au Château-Figeac des Laveine sous le Second Empire et au Premier Grand Cru Classé de Thierry Manoncourt à notre époque, il y a en une seconde d'ordre séculaire. Aujourd'hui il n'est pas un courtier bordelais, un importateur anglo-saxon, un expert géo-morphologue ou tout simplement un grand amateur de vins pour contester qu'au stade auquel Thierry Manoncourt a porté Château Figeac, ce cru est l'égal indiscutable des Premiers du Bordelais. Il est vrai que les graves anciennes de Figeac et leur modelé en croupes constituent, avec trois ou quatre autres en Gironde, l'un des plus beaux terroirs viticoles du monde. Lorsque Figeac accèdera, à l'occasion d'un prochain classement, à ce tout premier rang du Bordelais cela signifiera aussi que nous assistons à la réconciliation historique entre la modernité et les hiérarchies viticoles.

Château Figeac
Figeac 33330 Saint-Emilion
Appellation : Saint-Emilion Grand Cru
Classification : Premier Grand Cru Classé
Propriétaire : Thierry Manoncourt
Surface en Vignes : 40 ha
Encépagement : 35% Cabernet Sauvignon
  35% Cabernet Franc
  30% Merlot
Tonneaux : 125 (12.500 caisses)
Commercialisation en France et à l'Etranger : confiée uniquement aux Négociants traditionnels de la région et de la Place de Bordeaux.

CHATEAU FOMBRAUGE

Evoquer un grand Saint-Emilion oblige à citer Fombrauge. Les archives révèlent que ce domaine de très ancienne origine fut un ambassadeur actif du Saint-Emilionnais militant pour l'appellation dans l'Europe entière et récoltant un peu partout notoriété et récompenses. A une époque où les Saint-Emilion ne bénéficiaient pas de leur renom actuel, l'originalité des vins de Fombrauge fait remarquer ce cru. En 1861 Lecoutre de Beauvais l'apprécie et à l'exposition de 1867 Fombrauge obtient avec d'autres Saint-Emilion une médaille d'or. Cette tradition de haute qualité qu'a instauré Ferdinand de Taffard est maintenue toujours aussi vivante par son directeur actuel Charles Bygodt qui, en dix ans, a fait franchir à Fombrauge de nouvelles étapes. Le vignoble de 50 hectares est admirablement situé en plateau calcaire, en côte et pied de côte et produit un vin d'une très grande finesse. Fombrauge c'est aussi une belle chartreuse du 17e au coeur d'un domaine de 75 hectares. Les chais récemment agrandis permettent le vieillissement de plusieurs millésimes consécutifs. Rien d'étonnant à ce que Fombrauge soit aujourd'hui un très grand nom du Bordelais.

Château Fombrauge
Saint-Christophe des Bardes
33330 Saint-Emilion
Tel: 57-24-77-12   Telex: 541627
Appellation: Saint-Emilion Grand Cru
Chargé de l'exploitation: Charles Bygodt
Propriétaire: G.F.A. de Fombrauge
Surface en Vignes: 50 ha
Encépagement: 60% Merlot
              30% Cabernet Franc
              10% Cabernet Sauvignon
Tonneaux: 250 (25.000 caisses)
Vente directe au Château
Commercialisation en France et à l'Etranger:
Directement par le Château avec certaines exclusivités pour l'Etranger.

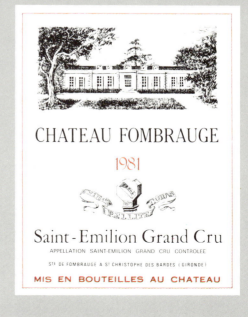

CHATEAU FOURCAS HOSTEN

Fourcas Hosten est un très ancien domaine dans la commune de Listrac, aux portes occidentales du Médoc. Le vignoble pour sa majeure partie, est situé sur une série de croupes de graves, sur une mince assise de calcaire, assez haut perchées. La qualité de ce vignoble privilégié de Listrac n'avait pas échappé, dès la fin du 17ᵉ, aux propriétaires d'alors et la carte de Cl. Masse marque la présence isolée, c'est à dire «insulaire», d'un vignoble et du domaine de «Sorcas». Cette ancienneté viticole du «Crû de Fourcas» se double d'une réelle notoriété de ses vins auprès des courtiers Bordelais qui, tel A. Lawton, plaçait déjà Fourcas parmi les 4ᵉ du Médoc sur la base des cotations dont il bénéficiait au milieu du 18ᵉ. Dans ces conditions il est très regrettable que ce cru n'ait pas été classé un siècle plus tard. Il est vrai qu'à l'époque B. de St-Affrique dont la famille fut, on le sait, très fidèle à Fourcas, était plus préoccupé par la bonne tenue de son domaine que par les actions de promotion et de commercialisation. Que Fourcas soit un Grand Vin est aujourd'hui un fait parfaitement établi. Il ne lui reste plus qu'à recevoir la consécration d'un prochain classement.

Château Fourcas Hosten
Listrac 33480 Tel : 56-58-21-15
Appellation : Listrac
Chargé de l'exploitation : Bertrand de Rivoyre

Propriétaire : Société Civile du Château Fourcas-Hosten
Surface en Vignes : 38 ha
Encépagement : 50% Cabernet Sauvignon
 40% Merlot
 10% Cabernet Franc
Tonneaux : 180 (18.000 caisses)
Vente directe au Château
Commercialisation en France et à l'Etranger :
Par les maisons de Négoce :
- Schröder Schyler & Cie, 19 quai des Chartrons 33000 Bordeaux Telex : 550138
- Rivoyre et Riprovin 33450 Saint-Loubes Telex : 550958

CHATEAU de FRANCE

Ce très ancien domaine bénéficie d'une implantation sur un des sites privilégiés des graves de Léognan. Elles sont au Château de France, autant le résultat de l'apport pyrénéen que de la construction alluviale garonnaise et définissent donc ici un remarquable terroir. Ce sont les Lacoste, propriétaires d'un autre domaine à Barsac, qui en assurèrent la mise en valeur à la fin du 19ᵉ siècle en même temps qu'Alfred de Griffon entreprenait la promotion du domaine voisin, château de Fieuzal. Le «Crû de France» connut des hauts et des bas jusqu'à ce que Bernard Thomassin le reprit en 1971. Les «campagnes» menées par ce propriétaire entreprenant et obstiné doivent permettre au Château de France de retrouver le prestige et la notoriété qu'il avait au 19ᵉ siècle et de porter, de belle manière, notamment sur les marchés extérieurs, un si beau nom qui l'oblige.

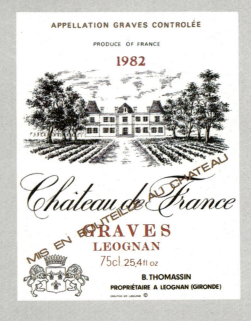

Château de France
33 850 Léognan   Tel : 56-21-75-39
Appellation : Graves Léognan
Propriétaire : Bernard Thomassin
Surface en Vignes : Rouge : 26 ha Blanc : 4 ha
Encépagement : Rouge : 60% Cabernet Sauvignon
                40% Merlot
              Blanc : 50% Sauvignon
                     30% Sémillon
                     20% Muscadelle
Tonneaux : 130 (13.000 caisses)
Vente directe au Château
Commercialisation en France et à l'Etranger :
Par la propriété et par le Négoce.

POMEROL

CHATEAU GAZIN

Le château Gazin occupe une place privilégiée dans l'appellation à nulle autre comparable. C'est d'abord le plus grand vignoble situé sur la seule commune de Pomerol où il dispose de 27 ha. Le domaine était plus grand d'ailleurs jusqu'au moment où des obligations sucessorales conduisirent son propriétaire, Etienne de Bailliencourt dit Courcol, à céder 5 ha de Gazin à son estimable voisin, Petrus. Membre «fondateur» et à part entière du «Club» de ces quelques Grands Crus de Pomerol il est de ceux qui avec La Conseillante, Petrus et Certan assurèrent l'ascension de l'appellation. A la fin du 18e Fabre le fait connaître au courtage Bordelais et A. Lawton le référence. Dès lors Lecoutre de Beauvais dans le journal «Le Producteur» le place dans la «1ère classe». Avec 60 tonnaux c'était déjà, à l'époque, «le grand domaine» de Pomerol d'aujourd'hui.

Château Gazin
Pomerol 33500 Libourne
Tel : 57_51_07_05   57_51_88_66
Appellation : Pomerol
Propriétaire : Etienne de Bailliencourt dit Courcol.
Surface en Vignes : 27 ha
Encépagement : 80% Merlot
   15% Cabernet Franc
   5% Cabernet Sauvignon
Tonneaux : 100 (10.000 caisses)
Commercialisation en France et à l'Etranger : Négoce Libournais et Bordelais.

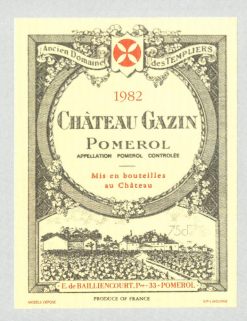

MARGAUX — 100 Grands Crus du Bordelais — MARGAUX

Chateau Giscours

Giscours est aujourd'hui le plus beau témoignage des voies et des moyens de la vrai splendeur viticole moderne. On sait qu'à partir d'un potentiel, que constituent les quatre collines du grand et du petit Poujeau, de Cantelaude et de Bel Air, le périmètre viticole de Giscours était idéal pour un grand Cru, ce que consacrèrent déjà les courtiers, les experts et les classements du 19e. Jusqu'à l'ère de Nicolas et Pierre Tari c'était un grand. Or un cru c'est aussi le fruit d'une «agrologie construite» pour améliorer, développer et mieux équilibrer un vignoble. C'est ce à quoi s'attacha la famille Tari sur la base des recherches et des conclusions des géo-morphologues et au prix d'une politique de grands travaux agricoles pour le drainage, les plantations et la création d'immenses pièces d'eau. Giscours est aujourd'hui un Premier car aux données objectives de départ s'ajoutent les «données selectives». Ceci signifie qu'à la splendeur viticole des Grands du siècle dernier succède celle assise sur cette «agrologie construite» des Premiers d'aujourd'hui. La devise de Giscours, «A nul autre second» aurait pu avoir l'apparence discrète de l'immodestie alors qu'elle traduit une prééminence.

Château Giscours
Labarde 33 460 Margaux
Tél : 56-88-34-02   Télex : 560 812
Appellation : Margaux
Classification : Grand Cru Classé en 1855
Chargé de l'exploitation : S.A. Château Giscours
Pierre Tari
Propriétaire : G.F.A. du Château Giscours (Famille Tari)
Surface en Vignes : 80 ha
Encépagement : 60% Cabernet Sauvignon
                30% Merlot
                10% Petit Verdot, Cabernet Franc
Tonneaux : 250 (25.000 caisses)
Vente directe au Château
Commercialisation en France et à l'Etranger :
Distributeur : Gilbey de Loudenne
              Saint-Yzans-du-Médoc
              33 340 Lesparre   Télex : 570 537

Chateau Grand Corbin

SAINT-ÉMILION

100 Grands Crus du Bordelais

Bien situé dans un ensemble unique de terroirs viticoles à l'est du plateau de Pomerol, dans une cuvette éolienne « feutrée » de graves de Saint-Emilion, le terroir de Grand Corbin, très spécifique, est naturellement doué pour produire un vin de haute qualité. Cette caractéristique n'échappait pas aux propriétaires de la Seigneurie de Corbin, pas davantage à la famille Giraud qui possède le domaine depuis plusieurs générations. De haute lignée en Saint-Emilion et porté par trois siècles d'efforts et de talents, ce produit d'une grande tradition est le résultat d'une réelle continuité viticole et familiale servie par un terroir privilégié. La volonté exprimée aujourd'hui par Philippe Giraud de maintenir Grand Corbin au sommet de Saint-Emilion est bien dans la ligne de l'histoire de ce vin racé, Grand Cru Classé, naturellement promis aux premiers rôles.

Château Grand Corbin
33330 Saint-Emilion   Tel : 57-24-70-62
Appellation : Saint-Emilion Grand Cru
Classification : Grand Cru Classé
Propriétaire : Sté Familiale Alain Giraud
Surface en Vignes : 12,76 ha
Encépagement : 60% Merlot
                40% Cabernet
Tonneaux : 65 (6.500 caisses)
Vente directe au Château
Commercialisation en France et à l'Étranger :
Par le Négoce Libournais & Bordelais
Distributeur exclusif pour la Suisse :
   Paul Machler S.A.
   Frobenstrasse 46
   CH 4053 Bâle

| SAINT-ÉMILION | 100 Grands Crus du Bordelais | SAINT-ÉMILION | 153 |

Chateau Grand Mayne

    L'histoire viticole de château Grand-Mayne prend un tour exceptionnel lorsque Jean Laveau, héritant ce domaine de son père en 1811, décide de s'engager dans une viticulture de qualité. Il a l'intelligence et le flair de garder Grand-Mayne, d'acheter Soutard et de se lancer dans la production de Grands Vins avec les méthodes les plus modernes. Ses héritiers prennent la relève en 1836, produisant 80 tonneaux d'un vin qui conquiert rapidement une solide notoriété auprès du négoce régional. Ce domaine est le second de toute l'appellation de Saint-Emilion par sa superficie. Grand-Mayne, situé à 55 metres d'altitude, en côte et en pied de côte sur l'un des terroirs les plus spécifiques de Saint-Emilion, reste aujourd'hui le symbole d'une belle continuité familiale, d'une révolution viticole réussie et d'une permanence de qualité, sous la direction actuelle de Jean-Pierre et Françoise Nony.

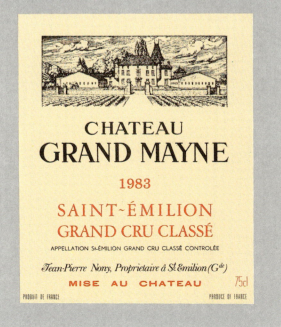

Château Grand Mayne
33 330 Saint-Emilion Tel: 57.74.42.50
Appellation : Saint-Emilion Grand Cru
Classification : Grand Cru Classé
Chargés de l'exploitation : Françoise et Jean-Pierre Nony
Propriétaire : Jean-Pierre Nony
Surface en Vignes : 17 ha
Encépagement : 50% Merlot
    40% Cabernet Franc
    10% Cabernet Sauvignon
Tonneaux : 80 (8.000 caisses)
Commercialisation en France et à l'Etranger : Par la place de Bordeaux.

CHATEAU GRAND-PUY-LACOSTE

Un domaine établi depuis 1500, date de l'acquisition du domaine par la famille des Saint-Légier, une ancienneté viticole que confirme la carte de Belleyme de 1780, une pérennité patrimoniale unique, avec le même propriétaire, presque jusqu'à la fin du 19e, puis des figures de tout premier plan de la viticulture médocaine, comme Raymond Dupin et aujourd'hui Jean-Eugène Borie. Telles sont les caractéristiques de ce remarquable Pauillac, qui, peut-on observer, n'a connu, à la différence de la plupart de ses voisins, aucune phase de déclin. Distingué en 1815 par le courtier Lawton comme 4e cru, classé en 1855, placé en 1890 à la tête des 5e crus de Pauillac par Edouard Feret, Grand-Puy-Lacoste a aussi connu très tôt la faveur des grands amateurs anglo-saxons. Symbole de cette pérennité dans la qualité, tandis que Raymond Dupin, sans postérité, s'interroge sur l'avenir de son domaine, après sa mort, il se tourne vers J.E. Borie, non pour le lui vendre à proprement parler, mais pour en faire son véritable successeur, «l'héritier» de son talent et de ses exigences. Ce cru mérite aujourd'hui beaucoup mieux qu'un rang de 5e.

Château Grand-Puy-Lacoste
33250 Pauillac Tél : 56.59.05.20
Appellation : Pauillac
Classification : Grand Cru Classé en 1855
Chargé de l'exploitation : F. Xavier Borie
Propriétaire : Famille Borie
Surface en Vignes : 45 ha
Encépagement : 75% Cabernet Sauvignon
              20% Merlot
              5% Cabernet Franc
Tonneaux : 130 (13.000 caisses)

Commercialisation en France et à l'Étranger par le Négoce Bordelais.

MÉDOC — MÉDOC

100 Grands Crus du Bordelais

Chateau Greysac

Si il fallait, pour les années 70, illustrer le plus concrètement possible la transformation radicale qu'un domaine peut subir grâce à l'action de nouveaux propriétaires, on pourrait retenir l'exemple significatif de château Greysac. En 1973, François de Gunzburg et ses associés acquièrent une propriété viticole à la dérive : les vignes sont en partie détruites, les vieux chais exigüs et les vinifications difficiles. En 10 ans, tout sera reconstruit, replanté et équipé. Aujourd'hui château Greysac, Cru Grand Bourgeois, est en tous points parfaitement à jour et peut tirer le meilleur parti de son vignoble situé sur les graves de la croupe allongée de By, face à l'estuaire de la Gironde. Le Baron François de Gunzburg, subitement décédé en 1984, a laissé à Greysac son empreinte et sa marque. Ce sont les armoiries d'un homme de qualité. En définitive, parmi les réalisations humaines, celles du monde viticole sont les plus durables à condition que, chaque fois que cela est nécessaire, la relève soit assurée : nous en avons une démonstration exemplaire à château Greysac.

Château Greysac
Bégadan 33340 Lesparre Médoc
Tél : 56-41-50-29
Appellation : Médoc
Chargé de l'exploitation : Président :
  T. Ruy Brandolini d'Adda
Directeur : Philippe Hambrine
Propriétaire : Domaines Codem S.A.
Surface en Vignes : 60 ha
Encépagement : 50% Cabernet Sauvignon
                40% Merlot
                10% Cabernet Franc
Tonneaux : 400 (40.000 caisses)
Vente directe au Château
Commercialisation en France et à l'Étranger :
Par Agents exclusifs.

SAINT-JULIEN

Château Gruaud Larose

La réputation de Gruaud-Larose au 19ᵉ siècle était due naturellement à la qualité très remarquée de ses vins mais aussi à la personnalité hors du commun de son propriétaire d'alors, le Baron Sarget qui avait en outre patiemment constitué une étonnante collection de vins, un «caveau», sur 80 ans de production de grands Crus Médocains. En réalité la notoriété de Gruaud-Larose est bien plus ancienne. On observe qu'en 1787 les courtiers Bordelais précisent à Thomas Jefferson en quelle estime ils tiennent le «Crû de Laroze». Dès lors, aucun moyen ni aucun effort ne furent épargnés pour que la propriété de Gruaud-Larose connût un magnifique destin viticole notamment avec Désiré Cordier qui achète ici son premier château Médocain. Deuxième Cru Classé en 1855 Gruaud-Larose a encore progressé avec Jean Cordier, qui représente à son tour la troisième génération d'une famille d'origine Lorraine établie en Bordelais qui consacre, ici comme ailleurs, talent et savoir-faire viti-vinicole pour la promotion de ces deux grands Saint-Julien que sont Gruaud-Larose et Talbot.

Château Gruaud Larose
Saint-Julien Beychevelle 33250 Pauillac
Tel : 56-31-44-44
Appellation : Saint-Julien
Classification : Grand Cru Classé en 1855
Chargé de l'exploitation : Georges Pauli
Propriétaire : Société Civile de Famille du Château Gruaud Larose
Surface en Vignes : 83 ha
Encépagement : 65% Cabernet Sauvignon
  20% Merlot
  10% Cabernet Franc
  5% Petit Verdot
Tonneaux : 350 (35 000 caisses)
Commercialisation en France et à l'Etranger
Etablissements Cordier, 10, Quai de Paludate
33 000 Bordeaux. Tel : 56-31-44-44
Telex : 560 919

CHATEAU GUIRAUD

L'examen des cotations des courtiers bordelais depuis 1870, confirme que le Château Guiraud est, sur la commune de Sauternes, le second d'Yquem. Ce domaine avait par le passé, connu certaines éclipses dues à un changement trop rapide de propriétaires. Le vignoble est implanté sur cette fameuse nappe pyrénéenne de petites graves relativement grasses, idéale pour la production de grands vins blancs. Légitimement classé Premier Cru en 1855, sous le nom de «Bayle-Guiraud» alors propriété des Depons, il fut remarquablement modernisé par les Bernard à la fin du siècle dernier. Guiraud a enfin retrouvé, depuis 1981, stabilité et ambition grâce à Hamilton Narby qui dirige le domaine et en a entrepris, à son tour la modernisation c'est à dire la renaissance. Aujourd'hui Château Guiraud a parfaitement retrouvé, à tous égards et grâce aux exigences de ses propriétaires, son rang : le premier.

Château Guiraud
Sauternes 33210 Langon   Tel: 56.63.61.01
Appellation : Sauternes
Classification : Grand Cru Classé en 1855
Chargé de l'exploitation : Hamilton Narby
Propriétaire : S.C.A. du Château Guiraud
Surface en Vignes : 15 ha
Encépagement : 55% Sémillon
                43% Sauvignon
                 2% Muscadelle
Tonneaux : 110 (11.000 caisses)
Vente directe au Château
Commercialisation en France et à l'Etranger :
Par le Négoce traditionnel.

CHATEAU HAUT-BAILLY

Propriété de la famille Sanders depuis 1955, Haut-Bailly a connu des périodes grises qui ont vu le domaine « tomber » à une dizaine d'hectares en 1930, sans pour autant que la qualité en souffrit puisque le cru 1929 laisse à quelques privilégiés le souvenir de l'un des plus beaux millésimes produits dans les Graves. Mais auparavant ce domaine avait bénéficié du talent et de l'enthousiasme d'un personnage hors du commun, Alcide Bellot des Minières, un ingénieur, littéralement « converti » à la vigne, qui consacra tous ses moyens financiers et les ressources d'un esprit scientifique fertile à la promotion de Haut-Bailly. Avant d'entrer dans « l'ère Sanders », ce domaine profita aussi comme d'autre châteaux des améliorations apportées par d'autres propriétaires comme l'historien Th. Malvezin et la famille Ricard. Aujourd'hui Jean Sanders, amoureux de son domaine, récolte les fruits de son propre travail de restauration du vignoble, porté à nouveau à 25 hectares de belle qualité. Etabli sur la partie la plus haute de l'appellation, et la plus noble de Léognan, ce Cru Classé est susceptible d'aller plus loin encore.

Château Haut-Bailly
33850 Léognan   Tel : 56-21-75-11   56-27-16-07
Appellation : Graves Léognan
Classification : Cru Classé
Chargé de l'exploitation : Jean Sanders
Propriétaire : S.C.I.A. Château Haut-Bailly

Surface en Vignes : 30 ha
Encépagement : 60% Cabernet Sauvignon
              10% Cabernet Franc
              30% Merlot
Tonneaux : 145 (14.500 caisses)
Vente directe au Château
Commercialisation en France et à l'Etranger :
par le commerce Bordelais.

CRU EXCEPTIONNEL

Chateau Haut-Bailly
GRAND CRU CLASSÉ
APPELLATION GRAVES CONTRÔLÉE
1981
S.C.I.A. SANDERS, PROPRIÉTAIRE à LÉOGNAN (Gironde)
MIS EN BOUTEILLES AU CHATEAU
PRODUCE OF FRANCE   750 ml

Château Haut Brion

A Haut Brion l'Histoire confirme ce que la géographie a établi : c'est le Premier du Bordelais. La place de «Premier Cru Classé supérieur» que lui accorde le classement de 1855 consacrait déjà cette primauté. L'exceptionnelle qualité des vins de Haut Brion au 19e siècle lui conférait naturellement ce rang mais c'est seulement depuis 30 ans ou 40 ans que les moyens de l'étude géo-morphologique permettent d'énoncer les raisons objectives de la suprématie, qui lui est reconnue depuis trois siècles. Le vignoble de Haut Brion occupe, entre deux talwegs, les buttes des Douze et de Bahans. Ces croupes «insulaires» coiffées de graves günziennes constituent un terroir sans égal dans le Bordelais pour produire le plus grand vin. Depuis l'époque des Pontac qui «firent Haut Brion» au 17e siècle, le philosophe John Locke, en 1677, le Comte de Bristol John Hervey en 1720, le Premier Ministre Britannique Robert Walpole en 1739, ou le futur président des Etats-Unis, Thomas Jefferson en 1787, tous s'interrogèrent sur les raisons de cette indiscutable prééminence. Aujourd'hui les terroirs de Haut Brion ont apporté toutes les réponses.

Château Haut Brion
33 600 Pessac Tel : 56-98-28-17
Appellation : Graves
Classification : 1er Grand Cru Classé en 1855 et en 1973
Chargés de l'exploitation : Présidente : Duchesse de Mouchy ; directeur général : Duc de Mouchy
Directeur : J.B. Delmas
Propriétaire : Domaine Clarence Dillon SA
Surface en Vignes : Rouge : 40 ha Blanc : 3 ha
Encépagement : Rouge : 50% Cabernet Sauvignon
              25% Cabernet Franc
              25% Merlot
              Blanc : 50% Sémillon
                     50% Sauvignon
Tonneaux : 120 (12.000 caisses)
Commercialisation en France et à l'Etranger : Par le Négoce Bordelais.

Chateau Haut-Gardère

Ce domaine est très représentatif, à notre sens, de la situation passée et de la renaissance actuelle de l'appellation des Graves. Voici un domaine ancien de très haute qualité, tombé dans l'oubli et qui connait aujourd'hui un remarquable renouveau. L'Histoire nous rappelle que le «crû à Gardère» appartint au Comte de Griffon, qui représentait le Vatican à Bordeaux, et dont la famille possédait aussi les châteaux de Fieuzal et de Bernin, puis à la famille Ricard, «dynastie viticole» d'exception. Ils remirent en valeur Haut-Gardère et conduisirent ici, pour le plus grand profit du cru, ces expérimentations en matière d'encépagement restées fameuses dans l'ampélographie Bordelaise. Après la guerre de 14/18, le domaine disparu. La renaissance de Haut-Gardère commence avec sa reprise en mains par les Lésineau, dans les années 70. Acte de foi certes, mais tempéré par la mesure exacte que J. Lésineau, ingénieur agronome, pouvait prendre des aptitudes viticoles de ce terroir : 25 ha d'un seul tenant sur des graves garonnaises idéales pour la production de grands vins. Désormais l'avenir de Haut-Gardère est bien assuré.

Château Haut-Gardère

33850 Léognan Tél : 56-21-75-33
Appellation : Graves Léognan
Chargé de l'exploitation : Mr Jacques Lésineau
Propriétaire : Mme Bernadette Lésineau
Surface en Vignes : 20 ha
Encépagement : Rouge :
 60% Cabernet Sauvignon
 35% Merlot
 5% Cabernet Franc
Blanc :
 60% Sauvignon
 40% Sémillon

Tonneaux : 90 (9.000 caisses)
Vente directe au Château
Commercialisation en France et à l'Étranger : par le Négoce Bordelais.

CHATEAU HAUT-SARPE

Synonyme de Clicquot en Champagne, Janoueix est l'un des grands noms du Libournais. Quelle référence pour le château Haut-Sarpe, propriété de cette famille aussi connue comme producteur que comme négociant. Aménagé en Côte et en bordure du plateau calcaire, ce vignoble est l'un des plus anciens et l'un des plus justement réputés de Saint-Emilion. Récompensé par une médaille d'or à l'exposition universelle de Paris de 1867, il reste digne des efforts et des succès du Baron Henri du Foussat, son propriétaire d'alors. C'est d'ailleurs à cette époque que celui-ci, poussé par sa réussite, entreprend la reconstruction du château et le réaménagement du parc. Mais cet édifice de grand style, avec son pavillon central inspiré du Trianon, reste inachevé. Les travaux stoppés en 1906 laissent l'aile nord dans les cartons. Cet ensemble, comme suspendu et en devenir, a belle allure, conforme à l'esprit de ce vin, Grand Cru Classé, très représentatif de l'essor viticole des Saint-Emilion au début du siècle et de la tradition de qualité que symbolise, aujourd'hui comme hier, les enfants et les petits-enfants de Marie-Antoinette et de Joseph Janoueix.

Château Haut-Sarpe
33330 Saint-Emilion
Tél : 57.51.41.86 Tél : 57.24.70.98
Télex : 541913 F
Appellation : Saint-Emilion Grand Cru
Classification : Grand Cru Classé
Propriétaire : J. Janoueix
Surface en Vignes : 11,5 ha
Encépagement : 70% Merlot
30% Cabernet Franc
Tonneaux : 55 (5.500 caisses)
Vente directe au Château
Commercialisation en France et à l'Etranger :
Par les Etablissements J. Janoueix, 37, Rue
Pline Parmentier 33500 Libourne.
Importateur exclusif pour les U.S.A :
The Stacole Co. inc. 819, South Federal
Highway, Deerfield Beach, Fla. 33441.

Chateau d'Issan

L'histoire ancienne du Médoc a été écrite par la Seigneurie de La Mothe-Cantenac qui a laissé à Margaux l'architecture sobre et imposante de l'actuel Château d'Issan. L'histoire viticole du «Cru de Candale» est, elle aussi, enracinée dans le Médoc comme chez les courtiers et les négociants du Quai des Chartrons, à Bordeaux. Cette omniprésence dans les cotations, les comparaisons, les grandes expéditions, de l'Europe du 18e siècle marque bien quel était le renom et l'ancienneté dans la qualité des vins de ce grand Margaux. La famille Cruse n'a jamais délaissé d'Issan et, par un juste retour, ce domaine n'apporte jamais de déceptions même dans les années moyennes. Cette remarquable constance, était déjà très bien explicitée, par les courtiers Bordelais lorsqu'ils rencontrèrent Th. Jefferson en 1787. De même nos bons auteurs, Simon et Paguierre distinguèrent d'Issan d'ailleurs retenu plus tard en bonne place par le «classement» de 1855 puisqu'il est en tête avec Kirwan des «Troisièmes Crûs». Il est probable qu'un classement contemporain, prenant bien en compte les données de l'agrologie, fera franchir à d'Issan un pas de plus.

Château d'Issan
Cantenac 33 460 Margaux
Tel : 56-44-94-45   56-88-70-72
Appellation : Margaux
Classification : Grand Cru Classé en 1855
Chargé de l'exploitation : Lionel Cruse
Propriétaire : Société Civile du Château d'Issan
Surface en Vignes : 28 ha
Encépagement : 75 % Cabernet Sauvignon
                25 % Merlot
Tonneaux : 150 (13.000 caisses)
Commercialisation en France et à l'Etranger par le Négoce Bordelais

CANON-FRONSAC | CANON-FRONSAC

100 Grands Crus du Bordelais

Chateau Junayme

Les Rôles, de 1735 à 1741, M. de Navarre, puis un peu plus tard P. Beylot et R. Fontemoing, ou encore en 1807 Souffrain apportent une succession de références qui font converger tous les témoignages, pour dire sans hésiter, de Canon qu'il est le premier canton du Libournais à avoir produit (et continue de produire) un vin de qualité. C'est sous le Second Empire, que Fronsac et Saint-Michel devaient prendre, à peu de choses près, leur visage actuel grâce à l'édification de toute une famille de véritables châteaux entourés de parcs. Aujourd'hui le château Junayme apparaît sans conteste comme l'un des plus distingués des vins du Fronsadais. C'est à travers la célèbre Maison Horeau-Beylot, - la plus ancienne maison de négoce du Libournais puisque Beylot exportait déjà des vins au début du 19ème siècle - que René de Coninck et son fils, Jean, gèrent les affaires du château Junayme dont ils sont les propriétaires. Sur sa notoriété passée et la qualité de ses productions actuelles, Junayme mérite d'être « classé ».

Château Junayme
33 126 Fronsac Tel: 57.51.29.17
Bureau: 57.51.08.07
Appellation: Canon-Fronsac
Propriétaire: René de Coninck
Surface en Vignes: 16 ha 60
Encépagement: 80% Merlot, 20% Cabernet
Tonneaux: 100 (10.000 caisses)
Vente directe au Château
Commercialisation en France et à l'Étranger.
Société Horeau-Beylot & Cie
BP 125 33500 Libourne cedex Telex: 560 735

Chateau Kirwan

On pourrait dire de Kirwan : «à propriétaires d'exception Château d'excellence» c'est ainsi que L. de Schryver, commerçant hanséatique, Camille Godard ancien maire de Bordeaux (ville qui elle-même reçut un temps Kirwan en lègs), les négociants bordelais Daniel et Georges Guestier, et enfin la maison de commerce Schröder, Schÿler & Cie depuis 1924 présidèrent aux destinées de Kirwan : autant de personnalités très fortes. On sait en quelle estime nos courtiers Bordelais tenaient ce Château en plein 18e siècle grâce à la relation et au rang que donne et que lui accorde Thomas Jefferson en voyage à Bordeaux en 1787. Au 19e siècle, Lawton place Kirwan à un très bon rang et le «classement» de 1855 le situe en tête des «Troisièmes Crûs». De nos jours, les techniques modernes de l'œnologie bordelaise appliquées à ce Cru, un encépagement, original en Médoc, et des vinifications bien conduites donnent, selon les spécialistes, une extraordinaire identité aux très reconnaissables vins de «Kirouan», comme l'écrivait deux siècles plus tôt le futur Président des Etats-Unis. Kirwan serait-il aujourd'hui plutôt un second qu'un troisième ?

Château Kirwan
Cantenac 33460 Margaux
Tél : 56-81-24-10   56-88-71-42
Appellation : Margaux
Classification : Grand Cru Classé en 1855
Chargé de l'exploitation : Jean Henry Schÿler
Propriétaire : Schröder, Schÿler & Cie
Surface en Vignes : 32 ha
Encépagement : 40 % Cabernet Sauvignon
                30 % Merlot
                20 % Cabernet Franc
                10 % Petit Verdot
Tonneaux : 80 à 120 (8.000 à 12.000 caisses) suivant Millésime
Commercialisation en France et à l'Etranger :
Par Schröder, Schÿler & Cie, 97, quai des Chartrons 33000 Bordeaux. Telex : 550 138

MARGAUX — MARGAUX

100 Grands Crus du Bordelais

Chateau Labégorce

    Grâce à des archives importantes, on sait beaucoup de choses sur ce Margaux, acquis au milieu du 18ème siècle, en même temps que l'actuel Brane-Cantenac, par la famille de Gorsse et classé aujourd'hui Cru Bourgeois. Sans une mauvaise passe, il aurait parfaitement pu figurer au classement de 1855. Dès 1750, sa vocation viticole déjà affirmée, une organisation sans faille et un prix élevé le désignaient comme une valeur sûre. Relancé par Fortuné Beaucourt qui achetait le domaine en 1865, il souffrait à nouveau d'une instabilité de propriétaires aussi nombreux que fugitifs. Sa reprise en mains en 1965 par la famille Condom, et notamment par Jean-Robert Condom, son patron actuel remettait Château Labégorce sur les rails et rendait à ce cru bourgeois très méritant son renom et une place originale dans son appellation, faisant largement oublier sa mésaventure de 1855.

Château Labégorce
33460 Margaux
Tél : 56-88-71-52
Appellation : Margaux
Propriétaire : Jean-Robert Condom
Surface en Vignes : 35 ha
Encépagement : 60% Cabernet Sauvignon
35% Merlot
5% Cabernet Franc
Tonneaux : 150 (15.000 caisses)
Vente directe au Château
Commercialisation en France et à l'Étranger :
C.V.B.G. (Dourthe Kressman), 35, Rue de
Bordeaux. Harempuyre 33290 Blanquefort.

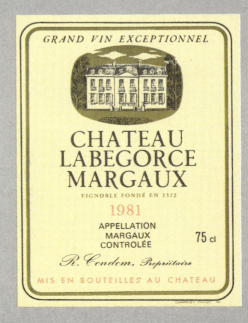

POMEROL

CHATEAU LA CROIX

Le cru de La Croix a la chance de disposer d'un vignoble situé sur les graves de la haute-terrasse et de son rebord méridional. Il forme avec une dizaine d'autres propriétés le cœur des Pomerol. Son ancienneté viticole est bien établie : c'est l'une des premières. La Croix appartint à une famille de notables Bordelais, les de Sèze, et notamment à Jean de Sèze, avocat du Roi Louis XVI, qui fut ici un viticulteur moderniste. Cette famille comme plus tard leurs successeurs dans la propriété, introduisirent à Pomerol le concept de Grands Vins et des techniques nouvelles de vieillissement des vins. Depuis, l'acquisition de La Croix par J. et M. Janoueix, propriétaires d'exception, prend valeur de symbole : celui de la pérennité à la tête de la propriété et sur trois siècles d'une élite viticole. La remise en état qu'assurèrent ici les Janoueix va au delà de l'exemplaire. Elle témoigne de cette «façon J. Janoueix», c'est à dire d'une synthèse viti-vinicole entre la modernité et la tradition, entre l'esprit d'entreprise et la fidélité corrézienne à la terre. Les vignobles de La Croix peuvent aujourd'hui donner le meilleur d'eux-même c'est à dire l'un des plus grands vins de Pomerol.

Château La Croix
Pomerol 33500 Libourne
Tél : 57_51_41_86   Télex : 541 913
Appellation : Pomerol
Propriétaire : Société Civile Joseph Janoueix
Surface en Vignes : 10 ha
Encépagement : 60% Merlot
  20% Cabernet Franc
  20% Cabernet Sauvignon
Tonneaux : 45 (4.500 caisses)
Vente directe au Château
Commercialisation en France et à l'Étranger :
Par les Établissements J. Janoueix, 37, Rue Pline Parmentier, 33500 Libourne
Importateur exclusif pour les U.S.A :
The Stacole Co, inc. 819, South Federal Highway, Deerfield Beach, Fla. 33441
Tel : 305 421 4466

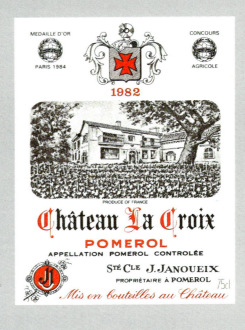

Château La Croix du Casse

POMEROL — 100 Grands Crus du Bordelais

Comparé à leur immense propriété viticole de Château Jonqueyres dans l'Entre-deux-Mers où résident les Audy, La Croix du Casse, l'une de leurs deux propriétés pomerolaises, apparaît au premier abord bien modeste en superficie avec ses 9 ha. Au sud-ouest de Catusseau et de Nénin, le vignoble est implanté sur les graves et les sables anciens de la moyenne terrasse de l'appellation Pomerol. Il s'agit d'un terroir qui fut insufisamment mis en valeur au début du siècle mais qui est remarquablement prometteur. Propriété modeste donc, mais ancienne car la carte de Belleyme, établie ici par «l'ingénieur géographe» Seguin, vers 1775, recense le lieu-dit «Le Casse», et précise ainsi, en nous permettant de la dater, la vocation viticole de ce domaine. La Croix du Casse appartint au 19ᵉ à une famille de grands notables libournais très attentifs à la bonne tenue de leurs 24 «journaux» de vignes du Casse et qui firent pratiquer ici une viticulture de qualité. Ils en reçurent, grâce au négoce, la contrepartie. Les «vins du Casse» se vendent, à partir de 1865, aux mêmes prix que les Haut-Saint-Emilion, c'est à dire cher. La Croix du Casse est depuis longtemps, un cru distingué.

Château La Croix du Casse
Pomerol 33500 Libourne Tel: 56-30-10.01
Appellation: Pomerol
Chargé de l'exploitation: Georges Audy
Propriétaire: Sté Civile du Château La Croix du Casse
Surface en Vignes: 9 ha
Encépagement: 50% Merlot
 40% Cabernet Franc
 10% Cabernet Sauvignon
Tonneaux: 45 (4.500 caisses)
Commercialisation en France et à l'Etranger:
s'adresser au Château Jonqueyres
33750 St-Germain du Puch

Chateau Lafaurie-Peyraguey

L'ancienneté viticole de Peyraguey peut être datée de la fin du 17ᵉ siècle. Il appartenait au Président de Pichard lorsqu'il fut déclaré Bien National et vendu à M. Lafaurie. Et il est vrai que c'est à partir de 1794 qu'il prend et conquiert, entre les mains de ce remarquable viticulteur, son essor et sa notoriété sous le nom de «Pichard-Lafaurie». Il changera de propriétaires, à plusieurs reprises mais sans dommage et trouvera cependant une nouvelle «belle-époque» avec les Cordier qui possèdent ce Cru depuis 1913. Le Château Lafaurie-Peyraguey appartient à l'un des trois terroirs exceptionnels du Sauternais qui présente des traits agrologiques très identiques aux cinq ou six plus grands Crus actuels du Bordelais implantés, sur des terroirs de graves. Le «Médocain» Jean Cordier, les domaines Cordier et Georges Pauli n'ignorent certainement pas que «Peyraguey», Premier Cru Classé en 1855, pourrait aussi produire, selon nous, les plus grands vins rouges du Bordelais. Pour l'instant, il se limite à justifier l'appréciation d'un chroniqueur du 19ᵉ qui, emporté par son élan, notait que les vins de Peyraguey possédaient «l'extravagance du parfait».

Château Lafaurie-Peyraguey
Bommes 33210 Langon Tel : 56.31.44.44
Appellation : Sauternes
Classification : Grand Cru Classé en 1855
Chargé de l'exploitation : Georges Pauli
Propriétaire : Domaines Cordier
Surface en Vignes : 23 ha
Encépagement : 98 % Sémillon
              2 % Sauvignon
Tonneaux : 35 (3.500 caisses)
Commercialisation en France et à l'Etranger :
Etablissements Cordier, 10, Quai de Paludate
33000 Bordeaux Tel : 56.31.44.44 Telex : 560919

Chateau Lafite Rothschild

«Premier des Premiers»? Si on demande à l'Histoire de désigner ce leader elle tranchera en faveur de Lafite. L'opinion des courtiers Bordelais est ferme : sur deux siècles, Lafite est, en moyenne, toujours en tête. Symbole que ce classement de 1855 ou les courtiers prennent soin de placer le Cru de Joseph Goudal, régisseur modèle et figure médocaine, à la première place des Premiers. Seule la volonté de ne pas «éveiller des susceptibilités» les avait dissuadé d'inscrire Lafite «Hors Concours». Si on interroge la géo-morphologie on comprend que le rapport de causalité sols-sous-sols/qualité de Lafite est le plus exemplaire : la vigne explore en profondeur des graves argilo-sableuses très épaisses et, localement, des argiles ou des calcaires. C'est là que les racines puisent la «sève» qui fait les Grands Vins de Lafite. Leur prééminence a pu parfois être mise en question, au gré des modes, des humeurs des chroniqueurs et, par le passé, de quelques années jugées insuffisantes. Mais les facteurs de la qualité sont ici prouvés par l'histoire et «enracinés» dans ce terroir, le plus privilégié du monde.

Château Lafite Rothschild
33 250 Pauillac Tel : 56.59.01.74
Paris : 42.56.33.50
Appellation : Pauillac
Classification : 1er Grand Cru Classé en 1855
Chargé de l'exploitation : Baron Eric de Rothschild
Propriétaire : Société Civile du Château Lafite-Rothschild (Héritiers du Baron James de Rothschild)
Surface en Vignes : 90 ha
Encépagement : 70% Cabernet Sauvignon
10% Cabernet Franc
20% Merlot
Tonneaux : 350 (35.000 caisses)
Commercialisation en France et à l'Etranger : s'adresser au Service des Domaines
17, Avenue Matignon 75 008 Paris

Château Lafon-Rochet

The width of a road? En paraphrasant John Locke c'est la question que l'on pourrait poser car le vignoble de Lafon-Rochet n'est séparé de celui de Lafite que par la largeur d'une route et de Cos d'Estournel par «a width of a ditch». Propriété au 18ᵉ d'un Conseiller au Parlement, il fut acheté en 1820 par les Lafon de Camarsac. Ce remarquable Saint-Estèphe a d'ailleurs reçu au 19ᵉ l'hommage significatif de Joseph Goudal, régisseur fameux de Lafite, qui souhaitait que ses propriétaires achetassent des parcelles du Château Lafon-Rochet : «Il y aura incessamment quelques portions de vignes à vendre, limitrophes de celles appartenant au domaine de Lafite dans la commune de Saint-Estèphe», et précisait-il, in fine, «qui entrent dans les Grands Vins (...) qui valent pour le domaine de Lafite le double que pour tout autre. Vous en concevez aisément la raison». Fort heureusement le domaine de Lafon-Rochet ne fut pas morcelé et pût être bien classé en 1855. Ici comme à Pontet Canet et à Malescasse, leurs autres propriétés Médocaines, Guy et Alfred Tesseron ont entrepris, avec Paul Bussier, régisseur, une modernisation parfaite de ce Saint-Estèphe.

Château Lafon-Rochet
Saint-Estèphe 33250 Pauillac
Tél : 56-59-32-06
Appellation : Saint-Estèphe
Classification : Grand Cru Classé en 1855
Chargés de l'exploitation : Alfred Tesseron

Propriétaire : Guy Tesseron
Surface en Vignes : 45 ha
Encépagement : 70% Cabernet Sauvignon
                20% Merlot
                10% Cabernet Franc
Tonneaux : 100 (10.000 caisses)

Commercialisation en France et à l'Étranger :
Par le Négoce Bordelais.

HAUT-MÉDOC — HAUT-MÉDOC

100 Grands Crus du Bordelais

Chateau La Lagune

Sur plus de 2 siècles d'Histoire viticole Médocaine, la plupart des courtiers Bordelais ont porté des jugements précis et motivés pour constater l'excellence des vins de La Lagune. Leurs «carnets» montrent que le cru de La Lagune est déjà, en tant que référence l'un des grands du Médoc. Les cotations furent toujours élevés et la régularité dans la qualité de ses vins est considérée comme un fait acquis. A.Lawton, comme son père, le confirme dans son carnet de 1815 et accorde une place de quatrième Cru à «Lalagune». 40 ans plus tard, le classement situe le Cru en bonne place dans les «Troisièmes Crûs Classés de la Gironde» et donc Premier de son appellation Haut-Médoc. Depuis, La Lagune a continué, comme par le passé, c'est à dire avec régularité, à progresser. Tout parait justifier un nouveau rang, plus éminent, à commencer par le terroir, c'est à dire la «croupe insulaire» de La Lagune qui est l'unité la plus parfaite de tout le Médoc et qui constitue pour l'expert et le géographe un «enchantement agrologique». Le Champenois Jean-Michel Ducellier qui veille jalousement à la conduite et au devenir de ce château d'exception est ici à la tête d'un grand Cru.

Château La Lagune
Ludon - Médoc 33290 Blanquefort
Tel : 56.30.44.07
Appellation : Haut - Médoc
Classification : Grand Cru Classé en 1855
Chargée de l'exploitation :
   Caroline Desvergnes
   Patrick Moulin
Propriétaire : Jean - Michel Ducellier
   (Champagne Ayala)
Surface en Vignes : 70 ha
Tonneaux : 250 (25.000 caisses)
Encépagement : 60% Cabernet Sauvignon
   20% Merlot
   10% Cabernet Franc
   10% Petit Verdot
Commercialisation en France et à l'Etranger :
Par le Négoce Bordelais.

Chateau La Louvière

Classé par les Affaires Culturelles, le site de La Louvière a une histoire romantique si l'en est : un poète, chantant le roi Charles VIII, un homme de foi défendant rudement ses convictions l'arquebuse à la main, une Demoiselle de Roquetaillade et sa paisible famille et finalement un abbé léguant le domaine aux Chartreux, ardents exploitants de sa vigne jusqu'à la Révolution. Enfin, avec les Mareilhac et notamment J.B. Mareilhac, maire de Bordeaux, bâtisseur du château actuel, et Alfred Tacquet, maire de Léognan, c'est André Lurton, lui-même maire de la petite commune de Grézillac dans l'Entre-deux-Mers, - la tradition est respectée! - qui rachète en 1965 ce domaine de 62 hectares. C'est sur les graves pyrénéennes et garonnaises, où affleure le calcaire, les sables fauves et les argiles que la Louvière est implantée. Les vins blancs et les vins rouges sont exemplaires et typiques de l'appellation Graves-Léognan. Ils sont le résultat exceptionnel de l'heureuse rencontre entre un viticulteur d'exception et un domaine privilégié.

Château La Louvière
33 850 Léognan   Tel : 56_21_75_87
Appellation : Graves Léognan
Propriétaire : André Lurton
Surface en Vignes : 47 ha
Encépagement : Blanc : 70% Sauvignon
                      30% Sémillon
              Rouge : 70% Cabernet Sauvignon
                      20% Merlot
                      10% Cabernet Franc
Tonneaux : Blanc : 50 (5.000 caisses)
           Rouge : 170 (17.000 caisses)
Vente directe au Château
Commercialisation en France et à l'Etranger :
Par le Négoce Bordelais.

Pour toute correspondance s'adresser au
Château Bonnet, Grézillac 33 420 Branne
Telex : 570 215

HAUT-MÉDOC — HAUT-MÉDOC

100 Grands Crus du Bordelais

CHATEAU de LAMARQUE

On sait que dans les prochaines années c'est du groupe des Haut-Médoc que viendront les promotions les plus légitimes grâce à des crus comme Lamarque. Cette forteresse médiévale qui fut une vraie châtellenie commande un vignoble parfaitement situé sur un terroir de graves du quaternaire ancien. Faut-il rappeler que le classement de 1855 n'avait pu le recenser puisqu'il sortait à peine d'un total abandon lorsque M. de Fumel le reprend en 1841. Mais c'est surtout dans les années 60 que le vignoble de Lamarque retrouve son rang grâce à Roger et Marie-Louise Gromand qui conçoivent et mettent en œuvre sa résurrection. L'intuition du Préfet Gromand qui lui suggérait que le terroir de Lamarque pouvait produire de grands vins était juste. Ce qu'accomplissent aujourd'hui Pierre-Gilles Gromand, son épouse et leur régisseur, **Mme Coulary** doit permettre au château Lamarque de prendre un rang, à l'occasion d'un prochain classement, parmi les grands Haut-Médoc. On observe aussi à Lamarque une remarquable continuité familiale avec les comtes de Fumel, la famille du marquis d'Evry et les Gromand.

Château de Lamarque
33 460 Margaux   Tél: 56-58-90-03
Appellation: Haut-Médoc
Chargé de l'exploitation: Pierre-Gilles Gromand
Propriétaire: Société Civile Gromand d'Evry
Surface en Vignes: 50 ha
Encépagement: 45% Cabernet Sauvignon
                23% Cabernet Franc
                25% Merlot
                5% Petit Verdot
Tonneaux: 260 (26.000 caisses)
Vente directe au Château
Commercialisation en France et à l'Etranger:
Par le Château et le Négoce Bordelais.
Exclusivité pour la Suisse: Mr W. Hauss,
Société Hammel à Etoy.

Château La Mission Haut Brion

Aussi connu et parfois vendu plus cher sur les marchés anglo-saxons que son voisin Haut Brion, La Mission Haut Brion appartient maintenant au même propriétaire, le Domaine Clarence Dillon S.A. que dirige la Duchesse de Mouchy. Reprenant la formule de John Locke «the width of a ditch» c'est à dire ce qui sépare un très grand d'un second cru que peut-on conclure d'une comparaison entre La Mission et Haut Brion ? Ils sont côte à côte et la Mission participe des deux systèmes que l'on rencontre dans l'appellation car ses 28 ha de vignobles sont à cheval sur les graves pyrénéennes et les graves garonnaises. La faveur et les cotations dont bénéficie La Mission Haut Brion aujourd'hui sont très significatives de la remontée qu'opèrent les Vins des Graves. N'oublions pas que c'est un miracle que ce château situé aux portes de Bordeaux n'ait pas été emporté par l'expansion urbaine de la ville. C'est pourquoi, dans ce dernier quart de siècle, un millésime de La Mission, si il est unanimement apprécié n'en n'est pas moins doublement précieux.

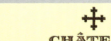

Château La Mission Haut Brion
33600 Pessac Tel : 56.98.28.17
Appellation : Graves
Classification : Cru Classé
Chargés de l'exploitation :
  Présidente : Duchesse de Mouchy
  Directeur général : Duc de Mouchy
  Directeur : J.B. Delmas
Propriétaire : Domaine Clarence Dillon S.A.
Surface en Vignes : Rouge 20 ha Blanc 5 ha
Encépagement : Rouge : 65% Cabernet Sauvignon
              10% Cabernet Franc
              25% Merlot
              Blanc : 60% Sémillon
              40% Sauvignon
Tonneaux : 80 (8.000 caisses)
Commercialisation en France et à l'Etranger :
Par le Négoce Bordelais.

Château Lanessan

En 1987, tout paraît réunis à Lanessan, le passé viticole, l'évolution du cru sur 3 siècles et les caractéristiques agrologiques du terroir pour le consacrer «Grand du Haut-Médoc». Or en 1855 il ne fut pas classé, son propriétaire d'alors, André Delbos, dédaignant un peu les mondanités Bordelaises. L'ancienneté du domaine ? Elle est antérieure à l'édition de la carte de Belleyme, au 18e siècle, qui précise la vocation déjà viticole des terres de Lanessan. L'appréciation des courtiers ? Ils référencent de façon significative le «cru de Delbos» et A. Lawton, en 1815, le classe alors dans le groupe des 4e crus. La consistance du domaine ? Plus de 250 ha ce qui a favorisé, sur deux siècles la sélection empirique des meilleures parcelles pour un vignoble qui compte aujourd'hui 40 ha. Les propriétaires ? Leur famille est ici depuis 1793 : les Bouteiller, qui appartiennent à une «dynastie viticole» médocaine d'exception. Lanessan justifie donc, à tous égards, qu'un prochain classement le retienne en bonne place. Il y retrouvera les autres propriétés de la famille Bouteiller, Pichon-Longueville Baron et Palmer.

Château Lanessan
Cussac Fort Médoc 33460 Margaux
Tél : 56_58_94_80
Appellation : Haut-Médoc
Chargé de l'exploitation : Hubert Bouteiller
Propriétaire : G.F.A. des Domaines Bouteiller
Surface en Vignes : 40 ha
Encépagement : 75% Cabernet Sauvignon
          20% Merlot
          5% Petit Verdot et Cabernet Franc
Tonneaux : 170 (17.000 caisses)
Commercialisation en France et à l'Étranger par le Négoce Bordelais.

Chateau de la Rivière

Dès 1868, Edouard Feret situe les vins de Château de La Rivière en tête des Fronsac. En 1983, le Professeur Enjalbert le place parmi les grands du Bordelais. Prodigieux chemin que celui parcouru par ce vieux domaine, dont les origines sont pré-médiévales et dont le vignoble s'étend aujourd'hui sur près de 50 hectares. Le Château de La Rivière c'est d'abord un site remarquable lié à un terroir exceptionnel. C'est aussi un imposant château restauré à partir de 1962 par son propriétaire actuel Jacques Borie. Il dispose sur deux étages de caves souterraines creusées dans le calcaire qui sont, dans le bordelais, les plus grandes dans le même alignement. Si ce domaine est devenu un des grands du Bordelais ce n'est pas un accident de l'histoire... C'est le résultat de l'heureuse rencontre entre une propriété viticole disposant d'une remarquable aptitude à produire de Grands Vins et d'un homme, Jacques Borie, qui depuis 25 ans s'acharne avec patience. Aucun grand château de Bordelais, dans la longue marche vers la qualité, n'a échappé à cette règle d'or qui trouve ici la plus brillante défense et illustration.

Château de la Rivière
La Rivière 33 145 Saint-Michel de Fronsac
Tel : 57.24.98.01 Telex : 560 461
Appellation : Fronsac
Chargé de l'exploitation : J. Borie
Propriétaire : Société Anonyme du Château de la Rivière
Surface en Vignes : 44 ha
Encépagement : 60% Merlot
30% Cabernet Sauvignon
5% Cabernet Franc
5% Pressac
Tonneaux : 220 (22.000 caisses)
Vente directe au Château
Commercialisation en France et à l'Etranger :
10% Ventes directe par Mailing sur la France,
90% Exportation (la distribution étant assurée par les importateurs étrangers)

Château Laroque

Château Laroque est certainement l'un des plus anciens sites viticoles du Saint-Emilionnais. En effet, le domaine d'origine s'étendait déjà au 11ᵉ siècle au pied d'une forteresse édifiée sur un promontoire rocheux, d'où son nom de La Roque. Jusqu'en 1760 le domaine garde cependant une double vocation, viticole et céréalière. En fait, il faut attendre la fin du 18ᵉ siècle pour assister à la transformation du domaine en un beau vignoble de 44 hectares. Ainsi, entièrement rénové, il participe activement, sous l'égide de la famille des Marquis de Rochefort-Lavie, à la genèse des « grands vins ». Château Laroque est, par voie de conséquence, considéré à juste titre comme un « château pionnier » de la révolution viticole Saint-Emilionnaise. Ajoutons que tout cela était parachevé par la construction, sous le Second Empire, d'un château de fort belle architecture, rappelant Versailles avec ses jardins à la française. Aujourd'hui Laroque est en pleine progression sous la triple houlette de Franck Allard qui le dirige, de Bruno Sainson qui le régit et d'Alain Maurel, Président de la Maison Alexis Lichine qui le diffuse dans le monde entier.

Château Laroque
Saint-Christophe des Bardes
33330 Saint-Emilion Tel : 57-24-77-28
Appellation : Saint-Emilion Grand Cru
Chargé de l'exploitation : Monsieur Bruno Sainson
Propriétaire : Sté Civile de Château Laroque
Surface en Vignes : 45 ha
Encépagement : 60% Merlot
                20% Cabernet Franc
                20% Cabernet Sauvignon
Tonneaux : 220 (22.000 caisses)
Commercialisation en France et à l'Etranger :
Alexis Lichine & Cie. 109, Rue Achard
33300 Bordeaux
Tel : 56-50-84-85 Telex : 570441

Chateau Larose-Trintaudon

HAUT-MÉDOC — 100 Grands Crus du Bordelais — HAUT-MÉDOC

La description d'Ed. Feret en 1886 nous donne un excellent «cliché agrographique» de Larose Trintaudon au siècle dernier : «Le domaine dont les vins ont obtenu, à l'Exposition Universelle de Bordeaux en 1882 une grande médaille d'argent, a été acquis en 1880, avec le droit d'étamper : «Grand vin de Larose» par feu M.A. Desmons.(...) le vignoble est situé sur de magnifiques croupes graveleuses complantées des premiers cépages du Médoc. Ce vignoble produit un vin classé dans le commerce comme 1er bourgeois supérieur de la commune. Le Château, entouré de dépendances modernes avec chais, cuviers installées d'après les derniers perfectionnements occupent avec le parc, les bois, les landes, les prairies, le reste du domaine». Cette description apporte beaucoup pour l'histoire, mais peu à la définition actuelle d'un domaine de 170 ha totalement réactualisé - et de quelle façon - par les Forner. Bien situé dans une continuité agrologique avec les terroirs de Pauillac et de Saint-Julien Beychevelle, Larose-Trintaudon servira, le jour venu, à symboliser la modernité et l'esprit d'entreprise des propriétaires médocains dans le dernier quart de notre siècle.

Château Larose-Trintaudon
33 112 Saint-Laurent-et-Benon
Tel : 56.59.41.72
Appellation : Haut-Médoc
Chargé de l'exploitation : Société Fermière du Château Larose-Trintaudon, E. Forner.
Propriétaire : Sté Civile du Château Larose-Trintaudon
Surface en Vignes : 172 ha.
Encépagement : 60% Cabernet Sauvignon
  20% Merlot
  20% Cabernet Franc
Tonneaux : 850 (85.000 caisses)
Vente directe au Château
Commercialisation en France et à l'Etranger par le Négoce Bordelais.
Exclusivité U.S.A. Château & Estates (New York)

GRAVES LÉOGNAN

100 Grands Crus du Bordelais

CHÂTEAU LARRIVET-HAUT-BRION

Il ne reste aujourd'hui que 15 ha de vignobles, il est vrai remarquablement situés sur les graves de Léognan, du «Crû Haut Brion-Larrivet», immense domaine qui comptait au 19ᵉ siècle, par exemple en 1880, 127 ha de vignes, de bois et de prés. Devenu Larrivet-Haut Brion par la grâce d'un arrêt de la Cour d'appel de Bordeaux en 1891, il connut des amputations successives et longtemps une certaine infortune jusqu'au moment où la famille Guillemaud achète le domaine en 1941, alors qu'il était complètement à la dérive. Au terme de sacrifices et d'une certaine obstination le Cru a retrouvé la qualité et la renommée qui étaient les siennes au Second Empire. Après Mme J. Guillemaud, décédée en 1986, les responsables de la société Château Larrivet-Haut Brion avec Francys Boutemy poursuivent et complètent cette œuvre de restauration.

Château Larrivet Haut-Brion
33850 Léognan Tel : 56_21_75_51
Appellation : Graves Léognan
Chargé de l'exploitation : Francys Boutemy
Propriétaire : Société civile Château Larrivet Haut-Brion
Surface en Vignes : 16 ha
Encépagement : 55% Cabernet Sauvignon
40% Merlot
5% Malbec et Petit Verdot
Tonneaux : 70 (7000 caisses)
Vente directe au Château.
Commercialisation en France et à l'Étranger par le Négoce Bordelais.

Chateau Lascombes

Chacun sait que ce qui va bien sans dire va encore mieux en le disant : ainsi doit-il en être de l'hommage rendu, à propos de Lascombes, au « grand Lichine ». C'est sans doute M. de Lascombes, conseiller du roi, qui créa ce domaine, vaste et bien situé. Le courtier Lawton place déjà ce cru au 18e siècle dans la « classe » des grands seconds, ce que consacre, un siècle plus tard, le classement de 1855, qui le situe «Second Crû Classé de la Gironde» et la demande très vive dont bénéficient les vins de Lascombes. Il était logique qu'à partir de cette continuité dans la qualité et sur les fondements d'un terroir fait de très belles croupes de graves, ce grand Margaux aille plus loin. Après Alexis Lichine qui l'achète en 1952 et y investit son immense talent, Alain Maurel le dirige aujourd'hui avec compétence et discrétion au nom du groupe anglais Bass qui a racheté en 1967 la maison de commerce « Alexis Lichine » et le Château Lascombes. Deuxième Cru Classé en 1855, Lascombes est bien à sa place parmi les grands du Médoc.

Château Lascombes
Margaux 33460   Tel: 56-88-70-86
Appellation : Margaux
Classification : Grand Cru Classé en 1855
Chargé de l'exploitation : Alain Maurel
Propriétaire : Bass, Londres
Surface en Vignes : 94 ha
Encépagement : 65% Cabernet Sauvignon
               30% Merlot
               4% Cabernet Franc
               1% Petit Verdot
Tonneaux : 250 à 500 (25.000 à 50.000 caisses) selon millésime
Vente directe au Château
Commercialisation en France et à l'Etranger :
Alexis Lichine et Cie, 109, Rue Achard
33000 Bordeaux. Tel: 56-50-84-85 Telex: 570441
Royaume-Uni : Hedges and Butler Ltd.

HAUT-MÉDOC — HAUT-MÉDOC

Château La Tour Carnet

Même en Médoc il est rare de recenser, à travers l'histoire locale, les témoignages des courtiers sur trois siècles, et l'agrologie des terroirs, autant d'éléments distinguants un cru comme La Tour Carnet. Ce domaine de très ancienne lignée réalise, à son échelle, une exceptionnelle synthèse. Propriété seigneuriale, forteresse militaire c'est aussi un des premiers vignobles du Médoc, puisque le château et les vignes «du Carnet» figurent dans la carte établie à partir de 1707 par Claude Masse. Son terroir réalise aussi une synthèse très heureuse entre l'apport pyrénéen de graves anciennes et la construction alluviale garonnaise. Situé dans une continuité agrologique avec Saint-Julien, La Tour Carnet appartient à l'élite des Haut-Médoc. «Classé» quatrième cru en 1855, parfaitement remis à jour, hier par M. Lipschitz, aujourd'hui par sa famille, les Pelegrin, il peut progresser dans un nouveau classement.

Château La Tour Carnet
33 112 Saint-Laurent-et-Benon
Tél : 56-59-40-13
Appellation : Haut-Médoc
Classification : Grand Cru Classé en 1855
Chargés de l'exploitation : M.C. et G.F. Pelegrin
Propriétaire : G.F.A. du Château La Tour Carnet
Surface en Vignes : 45 ha
Encépagement : 40% Cabernet Sauvignon
　　　　　　　　35% Merlot
　　　　　　　　20% Cabernet Franc
　　　　　　　　5% Petit Verdot
Tonneaux : 150 (15.000 caisses)
Vente directe au Château
Commercialisation en France et à l'Étranger :
Par le Négoce traditionnel Bordelais.

CHATEAU LA TOUR FIGEAC

SAINT-ÉMILION · 100 Grands Crus du Bordelais · SAINT-ÉMILION

Le vignoble de la propriété de La Tour Figeac est issu d'un démembrement de Figeac réalisé en 1879, au profit de deux domaines que le Feret de 1886 note sous les noms de «Latour Figeac» appartenant à deux familles, les Corbières et les Maray pour un total de 35 tonneaux. Avec un remarquable sens de l'anticipation et du discernement Ed. Feret avait classé les châteaux Cheval Blanc, Figeac et les Latour-Figeac parmi les «1ers Crus Saint-Emilion» en précisant : (ils ont)...un cachet particulier; ils tiennent des vins de Saint-Emilion et de ceux de Pomerol, et rappellent beaucoup le Médoc. Ainsi se trouve définie la particularité morphologique et agrologique du plateau de graves et de sables anciens de Pomerol-Figeac, le terroir le plus original de l'ensemble Saint-Emilionais. Grand cru classé La Tour Figeac à été magnifiquement remis à jour.

Château La Tour Figeac
33 330 Saint-Emilion Tel : 57.24.70.86
Appellation : Saint-Emilion Grand Cru
Classification : Grand Cru Classé
Administrateur : Michel Boutet
Propriétaire : Sté Civile du Château La Tour Figeac
Surface en Vignes : 13,65 ha
Encépagement : 60% Merlot
40% Cabernet Franc
Tonneaux : 68 (6.800 caisses)
Vente directe au Château
Commercialisation en France et à l'Etranger par le Commerce Bordelais
Michel Boutet assume aussi la direction de plusieurs Châteaux Saint-Emilionnais tels que : Clos de l'oratoire, Peyreau, Petit-Val, Vieux Pourret, et Haut-Plantey.

Château La Tour Martillac

Ce Château Latour en terre de Graves et auquel Alfred Kressmann rajouta le nom de la commune de Martillac fut et reste l'objet d'une passion familiale, celle des Kressmann. Cette fidélité, à travers quatre générations, de ces hommes de négoce, comparable à celle des Barton à Langoa, en Médoc, donne, ici aussi, un résultat viticole exceptionnel. Ce cru est l'aboutissement de longues expérimentations en matière d'encépagement, d'une restructuration foncière inlassable pour regrouper le vignoble sur les meilleures croupes de graves, et enfin d'une modernisation conduite récemment par Jean Kressmann. Rien à La Tour Martilllac n'a arrêté cette étonnante famille dans le «divertissement œnologique», tant en matière de blancs qu'en vins rouges, conduit avec le plus grand sérieux car les «choses du vin» sont importantes. La mémoire de ces hommes, parmi les plus exceptionnels du Bordelais, Alfred puis Edouard, est ainsi toujours honorée par Jean Kressmann et ses six enfants. Car ils ont toujours gardé intacte l'ambition, avec le Cru Classé de La Tour Martillac, de faire, année après année, ce qu'il y a de mieux en Grands Vins de Graves.

Château La Tour Martillac
Martillac 33650 La Brède Tel: 56.72.71.21
Appellation : Graves-Léognan
Classification : Cru Classé
Chargé de l'exploitation : Jean Kressmann
Propriétaire : G.F.A. du Château La Tour Martillac
Surface en Vignes : Rouge : 20 ha Blanc : 5 ha
Encépagement : Rouge : 65% Cabernet Sauvignon
  25% Merlot
  6% Cabernet Franc
  4% Petit Verdot
Blanc : 30% Sauvignon
  60% Sémillon
  7% Muscadelle
  3% Vieilles Vignes
Tonneaux : Rouge : 80 (8000 caisses)
  Blanc : 23 (2.300 caisses)
Commercialisation en France et à l'Etranger :
Consortium Vinicole de Bordeaux
33290 Parempuyre Blanquefort

CHATEAU LÉOVILLE BARTON

Avec Léoville Barton nous entrons dans une élite médocaine dont il faut souhaiter, à tous égards, le maintien. Ici tout peut être dit pour illustrer la qualité en ne retenant qu'un exceptionnel symbole. Dans la liste calligraphiée de 1855, signée par les courtiers on peut lire: «seconds crûs : Léoville, propriétaire Hugh Barton». Cette pérennité est presque unique, puisque seules deux familles, les Rothschild depuis 1852 et les Barton depuis 1821 peuvent, en Médoc, la revendiquer. La saga de cette dynastie anglo-irlandaise, les Barton, commence à Bordeaux au 17e siècle avec «French Tom» et quels que soient les hasards de la vie, les guerres ou les crises, son histoire s'écrit au Château de Langoa. Dans ces conditions cette tranquille fidélité à la terre de Léoville conjuguée à un terroir exceptionnel, devait donner naissance aux Grands Vins de Léoville Barton et de Langoa Barton déjà salués par une place de second et de troisième crus en 1855, rangs qu'ils ont tous deux aujourd'hui dépassé. Il suffit pour cela d'examiner le «privilège agrologique» de ces domaines et de comparer les millésimes que Ronald, hélas disparu en 1985 et Anthony Barton produisent.

Château Léoville Barton
Saint-Julien Beychevelle 33250 Pauillac
Tel : 56.59.06.05
Appellation : Saint-Julien
Classification : Grand Cru Classé en 1855
Propriétaire : Anthony Barton
Surface en Vignes : 61 ha
Encépagement : 80% Cabernet Sauvignon
             15% Merlot
             5% Autres Cépages
Tonneaux : 120 (12.000 caisses)

Commercialisation en France et à l'Étranger : par le Négoce Bordelais.
Pour toutes informations complémentaires, contacter Anthony Barton.

SAINT-JULIEN

CHATEAU LÉOVILLE POYFERRE

Léoville-Poyferré est actuellement bien à sa place à tous égards. Le terroir où sont disposés les vignobles, dans «le coin des Léoville» de Saint-Julien Beychevelle est l'un des plus estimables sur la nappe de graves günziennes, à pente, que possède le site viticole privilégié de Saint-Julien. Le classement de 1855 situe ce Léoville dans les seconds Crus Classés du Médoc. Bien que changeant souvent de propriétaires il ne connut pas vraiment d'éclipses car il fut entre les mains de «gens du vin» très qualifiés : les Gasq, les Las Cases, les Poyferré, les Lalande, les Lawton et depuis 1920 les Cuvelier. Il fallait cependant dans cette histoire sans drame relancer Léoville-Poyferré, aussi bien dans les vignes que dans les chais. C'est ce que les Cuvelier ont entrepris en consacrant des moyens importants à la modernisation de ce Grand Cru de Saint-Julien qui est revenu aujourd'hui dans les «premiers» indiscutables de l'appellation.

Château Léoville Poyferré
Saint-Julien 33250 Pauillac
Tél : 56.59.08.30 Bureau : 56.40.05.92
Appellation : Saint-Julien
Classification : Grand Cru Classé en 1855
Chargé de l'exploitation : Didier Cuvelier
Propriétaire : Sté Civile des Domaines de Saint-Julien
Surface en Vignes : 67 ha
Encépagement : 65% Cabernet Sauvignon
　　　　　　　　30% Merlot
　　　　　　　　5% Cabernet Franc
Tonneaux : 250 (25.000 caisses)

Commercialisation en France et à l'Étranger
Négoce Bordelais.

Chateau Lynch-Bages

Pendant trois quarts de siècle, de 1749 à 1824, le vieux «Domaine de Bages» appartint à une famille de catholiques irlandais, chassée d'Irlande en 1690, les Lynch, dont le plus célèbre, le Comte Jean-Baptiste Lynch, pair de France devait être maire de Bordeaux sous le 1er Empire et la Restauration. Gérant sagement leur terre, produisant d'excellents vins, les Lynch plaçaient haut la réputation de ce vignoble. En 1934, Lynch-Bages devient la propriété de Jean-Charles Cazes, un homme d'expérience réputé en Médoc où il possède déjà Les Ormes de Pez à Saint-Estèphe. Pendant 35 ans, il se consacre entièrement à hisser ce cru au rang des meilleurs bordelais. Lynch-Bages est typique d'une montée régulière à travers trois générations d'un cru classé seulement 5e en 1855 et qui aujourd'hui se trouve, à tous égards et objectivement, aux côtés des seconds. Depuis la mort de son père, André Cazes dirige la propriété avec son fils Jean-Michel.

Château Lynch-Bages
33 250 Pauillac Tel: 56.59.25.59
Appellation: Pauillac
Classification: Grand Cru Classé en 1855
Chargés de l'exploitation: André et Jean-Michel Cazes
Propriétaire: Château Lynch-Bages S.A.
Surface en Vignes: 80 ha
Encépagement: 75% Cabernet Sauvignon
10% Cabernet Franc
15% Merlot
Tonneaux: 350 (35.000 caisses) et 50 (5.000 caisses) de Château Haut-Bages Averous
Commercialisation en France et à l'Etranger: Commerce Bordelais, sans exclusivité.

CHATEAU MALARTIC-LAGRAVIERE

Le vignoble du Château Malartic Lagravière s'étend sur 20 ha d'un seul tenant sur les croupes de graves de Léognan, au sud de Bordeaux. Terroir remarquable si il en est ce qui n'avait pas échappé à Pierre Malartic qui transforma la propriété familiale en domaine viticole à la fin du 18e siècle. Plus tard ce sont les Ricard, qui remembrèrent les parcelles et donnèrent à Malartic Lagravière sa configuration actuelle. On note aussi une remarquable et séculaire continuité familiale depuis les Malartic jusqu'aux Marly-Ridoret. A tous égards le «Crû de Malartic» authentifie l'inspiration et la capacité de ses anciens propriétaires qui savaient «lire» les modelés de graves et donc bien choisir les meilleurs terroirs. De nos jours les vins blancs comme les vins rouges de ce domaine, remarquablement modernisé, possèdent un niveau qui rend hommage à la qualité de l'empirisme viticole de ses «pères fondateurs». Malartic Lagravière est un Cru Classé pour ses vins rouges et ses vins blancs.

Château Malartic-Lagravière
39, Avenue de Mont-de-Marsan 33850 Léognan
Tel : 56-21-75-08
Appellation : Graves-Léognan
Classification : Cru Classé
Chargé de l'exploitation : Société Civile d'exploitation du Château Malartic-Lagravière

Propriétaire : G.F.A. Marly-Ridoret
Surface en Vignes : Rouge : 12,84 ha
                    Blanc : 1,65 ha
Encépagement : Rouge : 41% Cabernet Sauvignon
                       34% Cabernet Franc
                       25% Merlot
               Blanc : 100% Sauvignon
Tonneaux : 90 (9.000 caisses, rouge)
           10 (1.000 caisses, blanc)
Commercialisation en France et à l'Etranger : par le Négoce de Bordeaux.

Chateau Malescasse

On ne peut évoquer les principaux Haut-Médoc qu'il convient de distinguer de l'ensemble, sans faire référence à Malescasse, qui tient le haut du pavé sur la commune de Lamarque, au nord-est de l'appellation Margaux. Et ceci sans interruption depuis 1880, année où il produit environ 80 tonneaux. Sur un terroir de qualité, Malescasse est aujourd'hui une propriété viticole parfaitement à jour et bien conduite par son régisseur, Roland Dufau. Mais surtout elle bénéficie des acquis viti-vinicoles des Tesseron, propriétaires de Pontet-Canet et de Lafon-Rochet. Ce Haut-Médoc reçoit les même méthodes culturales et de vinification que ses grands frères de Pauillac et de Saint-Estèphe auprès de qui il apprend les « bonnes manières ». C'est une grande chance pour ce cru bourgeois d'appartenir à une telle famille de crus médocains. Dans ces conditions, Malescasse ne peut aujourd'hui que monter.

Château Malescasse
33460 Lamarque Tel : 56-58-90-09
Appellation : Haut-Médoc
Chargés de l'exploitation : Alfred Tesseron,

Propriétaire : Guy Tesseron
Surface en Vignes : 28 ha
Encépagement : 70% Cabernet Sauvignon
              20% Merlot
              10% Cabernet Franc
Tonneaux : 120 (12.000 caisses)
Commercialisation en France et à l'Étranger :
    par le Négoce Bordelais.

SAUTERNES

100 Grands Crus du Bordelais

SAUTERNES

Chateau de Malle

    Grand Cru Classé en 1855 le Château de Malle défie à tout point de vue le temps comme les comparaisons. Par son architecture, son site et ses jardins le Château de Malle n'a pas, à deux ou trois exceptions près, d'équivalent dans le Bordelais. Il fut construit au début du 17ᵉ siècle par un aïeul du Comte de Bournazel, Jacques de Malle, qui fut Président du Parlement de Bordeaux. Au plan de la pérennité viticole on peut comptabiliser ici une continuité d'un demi-millénaire, à travers les Lur Saluces et les Bournazel. Le vignoble qui est évidemment d'un seul tenant est situé sur des graves, des sables fins et des argiles auxquels Pierre de Bournazel, récemment décédé, avait parfaitement adapté, en bon ingénieur œnologue qu'il était, l'encépagement et la vinification. C'est un très remarquable Sauternes, qui figure aujourd'hui en bonne place dans la hiérarchie des Grands Vins blancs du Bordelais.

Château de Malle
Preignac 33210 Langon   Tél : 56_63_28_67
Appellation : Sauternes
Classification : Grand Cru Classé en 1855
Propriétaire : Comtesse de Bournazel
Surface en Vignes : 20 ha (dans un domaine de 45 h)
Encépagement : 75% Sémillon
                20% Sauvignon
                5% Muscadelle
Tonneaux : 30 (3.000 caisses)
Vente directe au Château
Commercialisation en France et à l'Etranger : par le Négoce Bordelais et des agents exclusifs.

CHATEAU MEYNEY

C'est au nord du vignoble de Montrose que l'on distingue les croupes bien dégagées qui portent les vignobles de Meyney. Au premier coup d'œil, la nappe de graves günziennes est, ici aussi, remarquablement identifiable. A la qualité agrologique d'un site, Meyney ajoute un passé exceptionnellement contrasté. Le domaine viticole est, à l'origine, la propriété d'un Ordre régulier, celui des Feuillants de Toulouse qui l'exploitent jusqu'à la Révolution de 1789. Vendu comme Bien National au négociant Luetkens (déjà propriétaire de La Tour Carnet), acquis par la suite par les Comtes de Fumel, il changera plusieurs fois de mains avant que les Cordier ne l'acquièrent au début de ce siècle. Cette stabilité retrouvée et la «façon Cordier» ont redonné au Cru de Meyney un niveau remarquable et durable. Si il est vrai qu'il avait été écarté du «tableau» de 1855, étant donné l'état, à l'époque, de la propriété, il est tout aussi certain qu'un classement contemporain situerait ce Saint-Estèphe en bonne place. Il y fut à la fin du 19ᵉ, période ou l'on note que sur le marché Londonien, il y est déjà très apprécié et bénéficie de cotations favorables. Il y est revenu aujourd'hui.

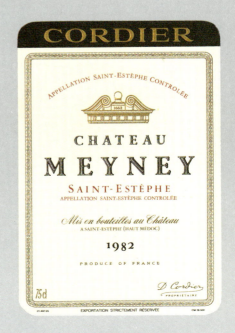

Château Meyney
Saint-Estèphe 33250 Pauillac Tel: 56.31.44.44
Appellation: Saint-Estèphe
Chargé de l'exploitation: Georges Pauli
Propriétaire: Domaines Cordier
Surface en Vignes: 51 ha
Encépagement: 70% Cabernet Sauvignon
24% Merlot
4% Cabernet Franc
2% Petit Verdot
Tonneaux: 280 (28.000 caisses)
Commercialisation en France et à l'Étranger:
Établissement Cordier, 10, Quai de Paludate
33000 Bordeaux 56 31 44 44 Telex 560919

CHATEAU MONTROSE

Plus d'un siècle d'excellence reconnue et non démentie : telle est la carte de visite de Montrose, 2ème Cru Classé du Médoc. La médaille d'or qui lui avait été solennellement décernée en 1871 par la société d'Agriculture de la Gironde peut faire sourire son propriétaire actuel, Jean-Louis Charmolüe. Il n'empêche qu'elle sanctionnait, et en cela prend valeur de symbole, l'exemplarité des vignobles, des chais, des méthodes et donc du vin de Montrose. Les 65 hectares d'un seul tenant accentuent l'indiscutable cohérence de ce terroir. La présence de grosses graves, de « centiles » impressionnants et des quartz roses particulièrement abondants a donné son nom au site et au château. Il témoigne aujourd'hui de la qualité sédimentologique, rapportée au vignoble, de ses terroirs. Ainsi l'éclat de Montrose n'a jamais faibli, en dépit des crises et des secousses (phylloxéra, décès de propriétaires, mévente générale en 1932 notamment). Dès lors, si, d'ici au troisième millénaire, un nouveau classement intervient dans le Médoc, ce grand Saint-Estèphe pourrait franchir une marche de plus.

Château Montrose
Saint-Estèphe 33250 Pauillac Tél : 56.59.30.12
Appellation : Saint-Estèphe
Classification : Grand Cru Classé en 1855
Propriétaire : Jean-Louis Charmolüe
Surface en Vignes : 68 ha
Encépagement : 65% Cabernet Sauvignon
 25% Merlot
 10% Cabernet Franc
Tonneaux : 280 (28.000 caisses)
Vente directe au Château
Commercialisation en France et à l'Etranger :
Par l'intermédiaire du commerce traditionnel de Bordeaux.

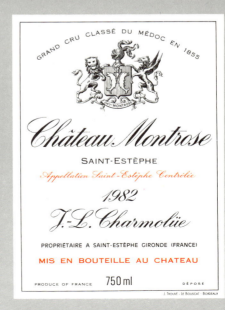

Château Mouton Rothschild

Dès lors que Philippe de Rothschild décidait, il y a plus de 60 ans, de consacrer sa vie et son talent au Cru de Brane Mouton, c'est tout le destin du Bordelais viticole qui allait s'en trouver profondément modifié. Pour ce qui est de Mouton, Apadâna incontestable du Médoc, constatons que tout grand amateur de vin, au soir d'une journée passée ici, ne pourra comme par le passé, comparer ce Cru et les autres car Mouton échappe à la pratique, vulgaire, du parangonnage. Dans les Feret la notice que, comme tous les propriétaires, Ph. de Rothschild a rédigé lui-même, on lit parmi les dates essentielles du domaine: «1920 (...) Le Baron Henri... confie la gestion de ce domaine Moyenâgeux à son fils cadet Philippe. Ainsi 1922 devient, après 1853, l'année historique de Mouton...» Ce propos d'apparence immodeste pour qui ne connait la malice de son auteur est exact! Avoir à la fois, porté son propre Cru au sommet de la hiérarchie, créé des pratiques viti-vinicoles aujourd'hui systématiques, et promut dans le monde l'image d'un Médoc prestigieux, tels sont les «chefs de reconnaissance» dûs au Baron. Puisse t-il avoir un jour des successeurs et, dans son Art, de dignes émules.

Château Mouton Rothschild
Pauillac 33 250 Pauillac
Tel: 56.59.20.20   56.59.22.22
Appellation: Pauillac
Classification: 1er Grand Cru Classé en 1973
Chargé de l'exploitation: Bertrand Bouvdil
Propriétaire: G.F.A. du Baron Philippe
Surface en Vignes: 75 ha
Encépagement: 85% Cabernet Sauvignon
              8% Merlot
              7% Cabernet Franc
Tonneaux: 200 (20.000 caisses)
Commercialisation en France et à l'Étranger par le Négoce Bordelais et la Baronnie à Pauillac.
U.S.A : Baron Philippe de Rothschild inc.
Executive Vice-President: Xavier de Eizaguirre
30, Rockefeller Plaza Suite 3110
New-York NY 10.112   Tel: 212 3974750
Telex: 220 886 BPDR

Château les Ormes de Pez

Constitué de deux parcelles principales d'excellent terroir, au centre et au nord de la commune de Saint-Estèphe, de part et d'autre du hameau de Pez, ce vignoble qui a une surface plantée de 29 hectares appartenait à «la Maison noble» de Pez. On observe que le créateur du vignoble de Haut Brion, Jean de Pontac avait jeté son dévolu au 17ᵉ siècle sur la seigneurie de Pez. Actuellement avec un âge moyen supérieur à 20 ans, la vigne produit annuellement environ 140 tonneaux sur la base d'un encépagement de 65% de cabernet pour 35% de merlot. L'histoire contemporaine des Ormes de Pez est inséparable de celle de la famille des Cazes, propriétaire depuis 1930, et de celle de leur autre propriété, acquise en 1934, Lynch-Bages. Les échanges d'expérience d'un cru à l'autre permettent aux Ormes de Pez d'être aujourd'hui traité comme un grand, sous la conduite directe d'André et de Jean-Michel Cazes. Ces vins sont capables de vieillir longtemps. Robustes, avec beaucoup de corps, ils expriment bien la typicité de l'appellation Saint-Estèphe, ils sont équilibrés avec un tanin bien marqué et savoureux.

Château les Ormes de Pez
Pez, Saint-Estèphe 33 250 Pauillac
Tel : 56.59.25.59
Appellation : Saint-Estèphe
Chargés de l'exploitation : André et Jean-Michel Cazes
Propriétaire : G.F.A. les Ormes de Pez
Surface en Vignes : 30 ha
Encépagement : 55% Cabernet Sauvignon
　　　　　　　　35% Merlot
　　　　　　　　10% Cabernet Franc
Tonneaux : 140 (14.000 caisses)

Commercialisation en France et à l'Etranger : Commerce Bordelais, sans exclusivité.

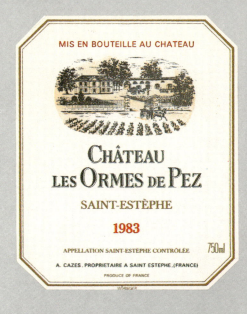

CHATEAU PALMER

L'histoire mouvementée de Palmer avec ses démantèlements, ses rachats, ses changements parfois heurtés de propriétaires, méritait une monographie. Le Professeur René Pijassou, éminent morphologue spécialiste du vin, y a fait droit en décrivant ces rebondissements permanents menant le domaine du plus haut au plus bas du monde viticole. Elle permet de comprendre pourquoi ce cru, qui mérite mille fois mieux en matière de classement, notamment à la faveur d'une agrologie extrêmement favorable se retrouve dans le 3e groupe de la liste de 1855. René Pijassou explique et justifie ce sous-classement par le quasi abandon du domaine à ce moment précis. Car l'histoire en dents de scie de ce vignoble montre qu'il ne manquât pas de propriétaires de qualité comme le major anglais Palmer qui le crée, ou les banquiers Péreire qui le restaurent. Aujourd'hui château Palmer a le bonheur d'être entre les mains cosmopolites de trois dynasties viticoles, la société Anglaise Sichel, la famille d'origine et de tradition Néerlandaise des Mähler-Besse, et la famille Médocaine des Bouteiller.

Château Palmer
Cantenac 33460 Margaux   Tél: 56.88.72.72
Appellation: Margaux
Classification: Grand Cru Classé en 1855
Chargé de l'exploitation: Bertrand Bouteiller
Propriétaire: Sté Civile immobilière du Château Palmer
Surface en Vignes: 45 ha
Encépagement: 45% Merlot
                55% Cabernet Sauvignon
Tonneaux: 160 (16.000 caisses)
Commercialisation en France et à l'Étranger:
Par les Maisons de commerce:
Mähler-Besse, 49, Rue Camille Godard
33000 Bordeaux. Tél: 56.52.16.75 Telex: 560 972
Sichel, 19, Quai de Bacalan. BP N° 12
33 028 Bordeaux Cedex. Tél: 56.39.35.29

Chateau Pape Clément

Pape Clément, du nom de l'archevêque de Bordeaux devenu le Pape Clément V, est un domaine dont la production agricole remonte au 13ème siècle. Vendu comme bien national sous la révolution, il va décliner passant entre les mains d'une succession de gens peu intéressés par la viticulture, à l'exception de J.B. Clerc sous le second Empire. En 1937, il est entièrement détruit par la grêle. A la veille de la guerre, Paul Montagne le rachète pour le reconstruire. Quinze ans plus tard, il retrouve non seulement son rang, mais il est l'un des meilleurs, sous la direction de Léo Montagne, son fils. Les 29 hectares du vignoble actuel, entièrement cerné par la ville, occupent un terroir de graves sableuses de la première terrasse de Bordeaux. Justement célèbre, ce Grand Cru Classé ne doit pas seulement sa notoriété à son ancienneté et à son très illustre patronyme : Pape Clément appartient à ce que l'on fait de mieux dans les Graves, en compagnie de Chevalier et à quelques encablures seulement de Haut-Brion. Au point qu'aujourd'hui on ne peut plus faire référence aux Graves sans évoquer Pape Clément

Château Pape-Clément
33600 Pessac   Tél : 56.07.04.11
Appellation : Graves
Classification : Cru Classé
Propriétaire : Sté Montagne & Cie
Surface en Vignes : 27 ha
Encépagement : 60% Cabernet Sauvignon
                40% Merlot
Tonneaux : 100 (10.000 caisses)
Vente directe au Château
Commercialisation en France et à l'Étranger :
Par le Négoce Bordelais, contacter :
Société Montagne & Cie
10, Rue Malbec
33800 Bordeaux

CHATEAU PAVIE

Pavie est à tous égards remarquable : pour l'historien car la «construction» de ce domaine est passionnante, pour le voyageur car la grande côte où il est implanté constitue l'un des plus beaux paysages viticoles et pour l'amateur de Grands Vins car ce Cru est merveilleux. Une implantation sur le Plateau calcaire, en Côte et en Pied de Côte et un terroir que définit les graves du Mindel, où on distingue des molasses foisonnées et des débris de gélivation, signent l'excellence géo-morphologique de Château Pavie. Son histoire commence en fait avec F. Bouffard, qui achète plusieurs domaines, cinq, pour constituer Pavie. Intuition remarquable car il avait conçu que ces domaines constituaient une «unité agrologique». Déjà en 1850, les millésimes des bonnes années s'étaient détachés, en termes de prix, des autres Saint-Emilion. Dès lors Pavie ne devait plus quitter le premier rang et le classement de 1954 le consacre Premier Cru Classé. Aujourd'hui ses propriétaires, les Valettes disposent avec Jean-Paul Valette d'un des meilleurs ampélologues du Bordelais. Homme d'observation, il a porté, au cours des dix dernières années, Pavie encore plus haut.

Château Pavie
33 330 Saint-Emilion   Tel: 57.24.72.02
Appellation : Saint-Emilion Grand Cru
Classification : Premier Grand Cru Classé
Chargé de l'exploitation : Jean-Paul Valette
Propriétaire : Consorts Valette S.C.A.
Surface en Vignes : 37,5 ha
Encépagement : 55% Merlot
             25% Bouchet
             20% Cabernet Sauvignon
Tonneaux : 120 (12.000 caisses)
Commercialisation en France et à l'Etranger :
Par le Négoce Bordelais. Pour plus
d'information s'adresser au Château.

CHATEAU PETIT-VILLAGE

Curieux ce nom charmant mais d'apparence modeste pour un si grand vin comme le soulignait un amateur de marque le roi Léopold de Belgique ! Mais grand vin d'évidence qui manie allègrement le paradoxal et le sensationnel. Ainsi par son achat en 1919 par Fernand Ginestet, déjà acquéreur deux ans plus tôt de Cos d'Estournel en Saint-Estèphe il fait de ce négociant l'un des premiers médocains à franchir la Garonne en s'établissant dans le Libournais. Grand vin par son exceptionnel terroir sur le haut plateau de Pomerol, Petit-Village à tout ce qu'il faut pour être ce qui se fait de mieux à Pomerol. Grand vin enfin par le talent ampélologique de son propriétaire Bruno Prats qui applique ici, comme dans les autres domaines de sa famille les meilleurs techniques. On note que « l'empire » des frères Prats, petits-fils de Fernand Ginestet, compte aussi, en Saint-Estèphe, outre Cos d'Estournel, l'indiscutable Premier de l'appellation, Marbuzet, à Saint-Emilion deux Grands Crus, La Fleur-Pourret et Petit-Figeac et à Sainte-Croix-du-Mont le château de Tastes.

PETRUS

Petrus est à part pour trois raisons. La première est liée aux fondements de son excellence. A 40 mètres d'altitude, au point culminant de la vieille terrasse de graves günziennes de Pomerol, la «boutonnière» de Petrus constitue une particularité géo-morphologique unique. La colonne de molasse de Petrus fut arasée par les actions hydro-éoliennes. L'ère mindelienne la couvrit de sables fins et de quelques graves. Le dispositif structural en dôme établit l'aptitude de ce terroir à produire un des plus grands vins du monde. La seconde concerne le génie et le mérite de ses propriétaires : en installant Petrus aux premiers rangs du Bordelais ils hissèrent par là même le renom de l'appellation Pomerol. La troisième, tient au fait que nous approchons ici des limites de l'acceptable en matière de vin et de prix. Petrus est-il la proie, la victime consentante ou l'acteur principal de la spéculation financière qu'il provoque ? Peu importe. Le paradoxe de Petrus, c'est que l'essentiel de sa production s'apprécie plus aujourd'hui sur les écrans des computers qu'à la table des vrais amateurs de Grands Vins.

Petrus
Pomerol 33500 Libourne
Appellation : Pomerol
Chargée de l'exploitation : Madame Lacoste
Propriétaire : Sté Civile du Château Petrus
Surface en Vignes : 11,50 ha
Encépagement : 95% Merlot
5% Cabernet Franc
Tonneaux : 40. (4.000 caisses)
Commercialisation en France et à l'Étranger :
Distribution exclusive :
Pour l'exportation par les Établissements
J.P. Moueix 54, Quai du Priourat 33500 Libourne
Pour la France par les Établissements
Duclot. 3, Rue Macau 33000 Bordeaux.

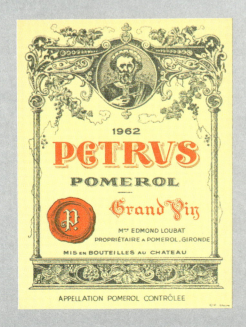

PAUILLAC

Château
PICHON-LONGUEVILLE BARON

Le classement de 1855 avait retenu au sein de la liste des Premiers et Deuxièmes Crus 16 domaines dont quatre Pauillac. A cette date et depuis un siècle la qualité des vins de Pichon Longueville ne s'est jamais démentie, ce que constatèrent les auteurs comme les courtiers Bordelais. Au 19e siècle synthétisant déjà cette opinion générale l'édition du Féret de 1886 place logiquement Pichon, pour la commune de Pauillac, après «château Lafite», «château Latour» et l'actuel «château Mouton Rothschild». Depuis ce deuxième cru classé doit autant à son terroir de graves günziennes, qu'au remarquable savoir-faire viti-vinicole d'une famille médocaine, les Bouteiller, qui reçurent le cru, en 1933, des propres mains du Baron de Pichon Longueville, d'accéder au peloton de tête des meilleurs Bordeaux et des plus grands Pauillac. La proximité ou la mitoyenneté agrologique de ce domaine avec Latour avait, par le passé, un peu trop suggéré une certaine vassalité. Aujourd'hui Pichon-Longueville Baron supporte bien, à tous égards, les comparaisons avec ses prestigieux voisins au sein de son appellation, Pauillac, qui ne compte pas moins de trois «Premiers»!

Château Pichon-Longueville Baron
33250 Pauillac Tel : 56-59-00-82
Appellation : Pauillac
Classification : Grand Cru Classé en 1855
Chargé de l'exploitation : Bertrand Bouteiller
Propriétaire : Sté Civile du Château
Pichon-Longueville
Surface en Vignes : 50 ha
Encépagement : 75% Cabernet Sauvignon
25% Merlot
Tonneaux : 150 (15.000 caisses)
Vente directe au Château
Commercialisation en France et à l'Etranger :
s'adresser à la propriété.

Château PICHON LONGUEVILLE COMTESSE

Le domaine actuel qui s'étend, à l'ouest de Château Latour, sur plus de 50 ha résulte d'un partage familial, en 1908, de Pichon Longueville, seul cru de Pauillac avec Mouton a avoir été classé second cru en 1855. Bien que situé à un haut et très ancien niveau de qualité il est cependant très significatif de ce dynamisme viticole qui, depuis vingt ans, fait accomplir encore, même aux plus grands, des progrès viticoles importants. C'est ainsi que «Pichon Longueville Comtesse de Lalande» est certainement l'un des crus qui en qualité comme en notoriété a, les deux allant ici très heureusement de pair, le plus progressé. On observe ainsi qu'un terroir de très grande valeur, ici d'admirables graves günziennes ne suffit pas à établir une rente de situation. Il doit s'y ajouter l'action des hommes et ici, singulièrement le talent, celui d'une femme, May-Eliane de Lencquesaing qui, à la tête de l'état-major de Pichon Contesse depuis presque dix ans, a dirigé toutes les campagnes de son cru et compte autant de victoires. Plus que jamais ce domaine est l'un des plus admirables de Pauillac.

Château Pichon Longueville
Comtesse de Lalande
33250 Pauillac Tel : 56-59-19-40
Appellation : Pauillac
Classification : Grand Cru Classé en 1855
Chargé de l'exploitation : May-Eliane de
    Lencquesaing, Administrateur
Propriétaire : S.C.I.
    Château Pichon Longueville
    Comtesse de Lalande
Surface en Vignes : 60 ha
Encépagement : 57% Cabernet, 35% Merlot
    8% Petit Verdot
Tonneaux : 230 (28.000 caisses)
Commercialisation en France et à l'Étranger :
    Courtiers et Négociants de la place de
    Bordeaux.

Château Picque Caillou

    Le château Picque Caillou, construit avant la fin du 19e par Etienne La Clotte est, pour tout le Bordelais, un témoin exceptionnel. Son vignoble doit son existence actuelle à l'attachement que ses propriétaires successifs, aujourd'hui les Denis, manifestèrent pour la viticulture dans les graves de Mérignac. En effet des propriétés aussi remarquables que Picque Caillou ont été emportées par l'expansion urbaine de Bordeaux comme le Cru de Luchey, les châteaux de Bourran, ou de Beau-Désert. Picque Caillou qui était déjà considéré par les courtiers Bordelais comme le «Premier Crû de Mérignac» est aujourd'hui seul sur cette commune. Tout obligerait donc à saluer cette activité de mécène de la famille Denis. On peut se dispenser de cet encouragement tant la qualité des vins de Picque Caillou depuis la «Belle Epoque» du Second Empire et des Vanderlinden, jusqu'à nos jours ne se dément pas, apportant ainsi à ses propriétaires actuels la juste récompense de leur passion et de leur désintéressement face aux tentations de la spéculation foncière à laquelle tous leurs voisins ont, hélas! succombé. Longue vie et long règne à ce grand grave.

Château Picque Caillou
33700 Mérignac   Tel : 56-47-37-98
Appellation : Graves
Chargé de l'exploitation : J. Renaud
Propriétaire : Sté Civile du Château Picque Caillou (Famille Alphonse Denis)
Surface en Vignes : 19 ha
Encépagement : 40 % Cabernet Sauvignon
                15 % Cabernet Franc
                45 % Merlot
Tonneaux : 80 (8.000 caisses)
Vente directe au Château
Commercialisation en France et à l'Etranger : Par le Négoce Bordelais et Régional, notamment par les Maisons Johnston à Bordeaux et Costes à Langon.

Chateau Pontet-Canet

L'histoire de Pontet Canet commence avec la tenacité et l'ambition d'un grand notable Bordelais, Jean-François Pontet, Major Général du Médoc et sub-délégué de l'Intendant qui fut ici le «constructeur» du domaine. A partir des terres de Pibran, il acheta, avant 1750, des dizaines de parcelles au sein de la Seigneurie de Lafite, n'hésitant pas à affronter parfois ses puissants voisins. Le «Crû de Pontet» connut décadences et remises à jour. Les courtiers comme Lawton le classèrent dans le groupe des 4e, mais il ne figure que dans le groupe des 5e en 1855. La notoriété qu'acquiert Pontet-Canet fut, avant tout, l'œuvre des Cruse qui l'achètent à un descendant des Pontet. La qualité des vins se conçoit aisément quand on observe la dorsale qui porte, jusqu'à 30 m, de nombreuses croupes de graves. Une ancienneté viticole de trois siècles, le rayonnement d'un grand nom, des terroirs privilégiés, il fallait cependant entreprendre sa modernisation. Tâche immense, à la mesure d'un domaine de 70 ha. C'est l'œuvre accomplie ici par Guy et Alfred Tesseron et leur équipe, Alain Coculet et Hugues Combes, pour replacer Pontet-Canet parmi les grands du Médoc.

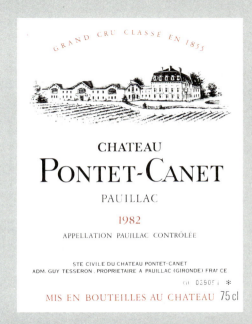

Château Pontet-Canet
33 250 Pauillac Tel: 56-59-00-79 56-59-04-04
Appellation: Pauillac
Classification: Grand Cru Classé en 1855
Chargé de l'exploitation: Alfred Tesseron
Propriétaire: Guy Tesseron
Surface en Vignes: 75 ha
Encépagement: 72 % Cabernet Sauvignon
 20 % Merlot
 8 % Cabernet Franc
Tonneaux: 300 (30.000 caisses)

Commercialisation en France et à l'Etranger par le Négoce Bordelais.

Chateau Pouget

Le château Pouget qui possède un vignoble de 11 ha, superficie modeste, au sein d'une propriété qui en compte 60, est un très remarquable Margaux. Ce domaine dont on peut dater la vocation viticole du milieu du 18e siècle doit son nom, depuis 1748, à son fondateur, Antoine Pouget. A une époque où certains crus du bordelais sont l'objet de modes et d'engouements très excessifs, Château Pouget n'a pas à décréter sa qualité car son histoire viticole vient de loin. Le courtier A. Lawton le place déjà au 18e, entre 1741 et 1774, période merveilleusement analysée par René Pijassou, au 15e rang de sa hiérarchie des 37 Grands du Médoc. En 1815, Lawton en fait un des quatre crus de tête des 4e du Médoc, tout comme Franck dans sa classification de 1845. Le classement de 1855 ne le place que dans le 4e groupe. C'est, malgré tout, l'ancienneté de ses origines et la continuité séculaire de son rang ainsi que l'adhésion sans faille du négoce bordelais qui caractérisent et distinguent Château Pouget. Avec Pierre Guillemet, par ailleurs propriétaire en Margaux de Boyd-Cantenac, il est aujourd'hui entre de bonnes mains et un nouveau classement peut le faire «monter».

Château Pouget
Cantenac 33460 Margaux   Tél: 56-88-30-58
Appellation : Margaux
Classification : Grand Cru Classé en 1855
Chargés de l'exploitation : Guillemet Pierre

Propriétaire : G.F.A. des Châteaux
Boyd-Cantenac et Pouget.

Surface en Vignes : 11 ha
Encépagement : 66% Cabernet Sauvignon
              30% Merlot
              4% Cabernet Franc
Tonneaux : 55 (5.500 caisses)
Vente directe au Château
Commercialisation en France et à l'Etranger:
Par l'intermédiaire des négociants Bordelais.

CHATEAU RAUSAN-SÉGLA

Si il est une «création viticole» ancienne, on peut la dater d'avant 1700, qui ne doit rien au hasard, c'est bien Rausan Ségla : Pierre Desmezures de Rauzan, «Fermier de la Maison noble de Latour» constitua patiemment le domaine. A cet esprit de discernement du Père-fondateur quant au choix du site de terroir succéda le talent de ses successeurs. En 1787 Thomas Jefferson le place en tête, avec Brane Mouton, des 2ᵉ Crûs et, plus encore l'achète, par 10 caisses, «Bottled and Packed at the vineyard» pour lui-même et son Président Georges Washington. De son coté A. Lawton note, à la fin du 18ᵉ, que la «distinction» des vins de Rauzan est supérieure à bien d'autres. Celle-ci parait avoir favorisé une notoriété en Grande Bretagne incontestablement égale aux «Premiers». Classé en 1855 2ᵉ Crû et second de sa liste le domaine est parfait. Quand on connait un tel passé, il est logique que ce soit une maison Anglaise, John Holt, qui en soit propriétaire. Ayant par la suite acheté la Maison Bordelaise Louis Eschenauer, c'est donc celle-ci qui est aux commandes du domaine, avec Jacque Théo et René Baffert. Symbole de qualité et de continuité que cette double tutelle.

Château Rauzan-Gassies

MARGAUX — 100 Grands Crus du Bordelais — MARGAUX

L'histoire de Rauzan-Gassies commence avec Pierre Desmezures de Rauzan, bourgeois de Bordeaux, qui, par l'achat de dizaines de parcelles, constitue ce vignoble autour de la « Maison de Gassie » dès la fin du 17ème siècle. Moins d'un siècle plus tard, Rauzan se trouve placé dans le « classement » de Thomas Jefferson parmi les indiscutables 2èmes crus du Médoc. En 1875, le courtier Lawton précise que ce cru « …à tout prendre, a quelque chose d'un peu plus distingué… » que d'autres! Ce domaine qui comptait 27 hectares de vignes en 1880 et qui en possède 30 aujourd'hui, a souvent changé de mains sans dommage particulier. Depuis 1943, Rauzan-Gassies a trouvé la stabilité avec la famille Quié, aujourd'hui Mme Paul Quié et son fils, Jean-Marie, par ailleurs propriétaires de Croizet Bages. Rien d'étonnant donc dans le constat de la remarquable qualité des vins de la « Maison de Gassie ».

Château Rauzan-Gassies
33460 Margaux   Tel : 56-88-71-88
Appellation : Margaux
Classification : Grand Cru Classé en 1855
Chargé de l'exploitation : Marc Espagnet
Propriétaire : Sté Civile Immobilière du Domaine Rauzan-Gassies.
Surface en Vignes : 30 ha
Encépagement : 32 % Merlot
                32 % Cabernet Sauvignon
                32 % Cabernet Franc
                4 % Petit Verdot
Tonneaux : 130 (13.000 caisses)
Vente directe au Château
Commercialisation en France et à l'Étranger :
Commerce de gros de la place de Bordeaux.

CHATEAU de RAYNE VIGNEAU

Premier cru classé de Sauternes, Rayne-Vigneau doit probablement sa flatteuse notoriété à la rencontre de plusieurs éléments. D'abord ceux que nous révèle l'histoire : Rayne-Vigneau a appartenu aux de Pontac qui, à partir de leur propriété de Haut Brion, sont les indiscutables pionniers et les «pères-fondateurs» de la viticulture de qualité en Bordelais. Ils mirent en pratique à Rayne-Vigneau cet incomparable savoir-faire familial acquis dans les Graves et en Médoc. Ensuite la géographie et, à cet égard, l'agrologie de ce cru sis sur la commune de Bommes est exemplaire grâce à son implantation sur les graves de la nappe günzienne très heureusement disséquée au Mindel. Cette dissection donne au vignoble de Rayne-Vigneau la plus grande aptitude à produire un grand Sauternes. Enfin, les vins de ce «joyau géologique» bénéficient aujourd'hui à la fois du regain de faveur des blancs liquoreux sur le marché mondial et des talents conjugués de la maison Mestrezat et du négoce Bordelais qui les diffusent.

Château de Rayne Vigneau
Bommes 33210 Langon Tel : 56.63.64.05
Appellation : Sauternes
Classification : Grand Cru Classé en 1855
Chargé de l'exploitation : Patrick Eymery
Propriétaire : Société Civile du Château de Rayne Vigneau
Surface en Vigne : 65 ha
Encépagement : 70% Sémillon
30% Sauvignon
Tonneaux : 100 (10.000 caisses)
Commercialisation en France et à l'Etranger :
Par le Négoce Bordelais et notamment par
Mestrezat S.A. 17, cours Martinique
33000 Bordeaux Telex : 570 143
Tel : 56.52.11.46

SAINT-ÉMILION — SAINT-ÉMILION

100 Grands Crus du Bordelais

CHATEAU RIPEAU

La vocation viticole de Ripeau est bien établie dès le milieu du XVIIIe siècle. La notoriété du «Crû Ripeau» apparait moins d'un siècle plus tard, favorisée il est vrai, par les honneurs que lui attribuent et les mérites que lui reconnaissent les fameuses expositions européennes du 19e siècle. On note que vers 1890, en termes de prix, les courtiers précisent que le «Crû de Ripeau tient le milieu entre les Premiers et les Seconds Crus de Saint-Emilion». Le vignoble est situé sur la partie Nord du Glacis Sableux qui constitue l'un des trois bons terroirs de Saint-Emilion. Cette situation agrologique est d'autant plus privilégiée que le drainage, nécessaire ici comme ailleurs, pour garantir la parfaite circulation de l'eau aux moments clés du cycle végétatif de la vigne, est bien assuré. Ripeau bénéficie en outre des systèmes de drainage de La Dominique et de Cheval Blanc, à l'Ouest et des Corbins, à l'Est. Propriété familiale des Janoueix de Wilde, château Ripeau aujourd'hui comme hier est un Grand Cru Classé de Saint-Emilion qui compte.

Château Ripeau
33330 Saint-Emilion Tel : 57.51.41.24
Appellation : Saint-Emilion Grand Cru
Classification : Grand Cru Classé
Chargés de l'exploitation :
  Mr et Mme Michel Janoueix de Wilde
Propriétaire : GFA du Château Ripeau
Surface en Vignes : 15,5 ha
Encépagement : 50% Merlot
                50% Cabernet
Tonneaux : 70 (7000 caisses)
Vente directe au Château
Commercialisation en France et à l'Etranger :
Pour tous renseignements concernant la commercialisation du Château Ripeau s'adresser à Mr et Mme Michel Janoueix
169, Avenue Foch 33500 Libourne

GRAVES LÉOGNAN

100 Grands Crus du Bordelais

CHATEAU de ROCHEMORIN

Ancienne dépendance du Château de la Brède, Rochemorin pourrait s'appeler Rochemorin-Montesquieu, tant y sont présents le souvenir du célèbre philosophe et celui de son père, reconstructeur au 17ème siècle du château et du vignoble et premier exploitant sérieux de ce cru, acquis par mariage de la très ancienne famille de Lalande. En 1973, André Lurton achète le domaine, devenu, depuis une cinquantaine d'années, forestier au détriment de la vigne, et le replante avec un savoir-faire éprouvé sur 42 hectares d'un seul tenant (contre 50 du temps des Montesquieu). Déjà considéré au 19ème siècle comme l'un des tout premiers crus de la commune de Martillac, ce beau vin de l'appellation Graves-Léognan tient ses promesses. Nul doute que sur sa lancée, Rochemorin figurera en bonne position dans un classement des meilleurs Crus des Graves mais aussi du Bordelais. La passion qu'André Lurton a apporté dans la restauration de Rochemorin ne réside pas seulement dans sa certitude de l'admirable aptitude viticole du terroir mais aussi, dans la volonté de ce vigneron féru d'Histoire de rendre, à sa manière, hommage à la famille de Montesquieu.

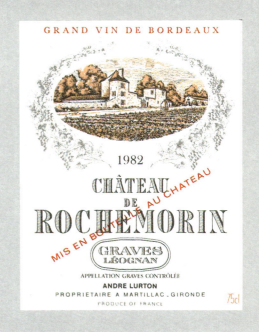

Château de Rochemorin
Martillac 33650 La Brède Tél : 56_21_75_87
Appellation : Graves Léognan Rouge et Blanc
Propriétaire : André Lurton
Surface en Vignes : 42 ha
Encépagement : Rouge : 50% Cabernet Sauvignon
  50% Merlot
  Blanc : 80% Sauvignon
  20% Sémillon
Tonneaux : Rouge : 160 (16.000 caisses)
  Blanc : 30 (3.000 caisses)
Vente directe au Château
Commercialisation en France et à l'Etranger :
Par la propriété.
Prière d'adresser toute correspondance au
Château Bonnet, Grézillac 33 420 Branne
Telex : 570215

CHATEAU SIRAN

La belle-époque de Siran commence à la fin du 19ᵉ, comme en témoignent les cotations des courtiers et les achats de la maison londonienne «Hedges & Butler», spécialisée dès 1840 dans l'achat des grands Vins du Médoc. En réalité il faut remonter un siècle plus tôt pour dater l'ancienneté viticole des terres de Siran. Il apparaît qu'au moment du classement, en 1855, ses propriétaires n'ont pas d'ambitions actives : ils savaient que les vins de Siran et de «Bellegarde» étaient excellents mais n'attachaient pas trop d'importance à ce qui étaient pour eux une simple propriété foncière à Labarde, près de Bordeaux. Ce souci de simplicité se retrouve dans l'édition du Feret de 1886 où l'on note que les Sollberg, qui possèdent alors le domaine, scindent en deux leur production, en 1ᵉʳ vin et 2ᵉ vin, afin de différencier les récoltes des vignes jeunes des autres, très anciennes. Tous les propriétaires médocains ne partagèrent pas ce même souci. Cette manière de vivre heureux et à l'écart du négoce et du courtage Bordelais fit que Siran ne fut pas retenu, en 1855, par le classement. Cet oubli devra être réparé car les mérites de Château Siran sont indiscutables.

Château Siran
Labarde 33460 Margaux
Tel : 56-88-34-04 Bureau : 56-81-33-01
Appellation : Margaux
Chargé de l'exploitation : E. Thérasse
Propriétaire : William Alain B. Miailhe
Surface en Vignes : 24 ha
Encépagement : 45% Cabernet Sauvignon
              25% Merlot
              15% Petit Verdot
              15% Cabernet Franc
Tonneaux : 140 (14000 caisses)
Vente directe au Château
Commercialisation en France et à l'Etranger :
France : clientèle particulière, ventes par correspondances et Agents.
Etranger : Agents exclusifs.

Chateau Smith Haut Lafitte

La renommée du domaine, autant que ses origines sont anciennes car la vocation viticole du plateau de graves de «Haut Lafitte» peut être datée du début du 17ᵉ siècle. De Georges Smith en 1720 à Duffour-Dubergier au 19ᵉ puis avec la société Louis Eschenauer aujourd'hui, ce vignoble recevra toujours les meilleures techniques de l'ampélographie bordelaise. Ce magnifique terroir de graves pyrénéennes produit en vins blancs comme en vins rouges des Crus qui appartiennent à l'élite des Graves. Smith Haut Lafitte sera donc naturellement retenu dans le classement des crus de Graves et mérite désormais une bonne place dans la hiérarchie des Crus du Bordelais. On observe qu'il est aussi l'objet d'une remarquable fidélité de la maison Bordelaise, Louis Eschenauer, qui fut successivement distributrice du Cru, au début du siècle, fermière de l'exploitation et enfin propriétaire à partir de 1959. La modernisation qui a été conduite ici par René Baffert et Jacques Théo pour reconstituer le vignoble, refaire des chais, améliorer encore les vinifications est exemplaire.

Château Smith Haut Lafitte
Martillac 33650 La Brède Tel : 56.30.72.30
Appellation : Graves Léognan
Classification : Cru Classé
Chargé de l'exploitation : René Baffert
Propriétaire : Louis Eschenauer SA.
Président : Jacques Théo
Surface en Vignes : 51 ha
Encépagement : Rouge : 70% Cabernet Sauvignon
                        20% Merlot
                        10% Cabernet Franc
              Blanc : 100% Sauvignon
Tonneaux : Rouge : 297 (29.700 caisses)
           Blanc : 36 (3.600 caisses)
Vente directe au Château
Commercialisation en France et à l'Etranger :
Distributeur exclusif : Louis Eschenauer SA.
42, Avenue Emile Counord 33077 Bordeaux
cedex. Tel : 56-81-58-90 Telex : 540 452

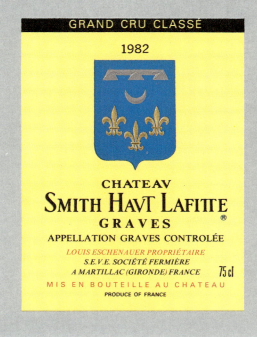

CHATEAU SOCIANDO-MALLET

Sociando-Mallet, un nom de pays en dépit des apparences, pourrait être dans les 10 ans à venir l'une des révélations du Haut-Médoc. Il figure déjà dans l'élite des crus bourgeois avec ses 30 hectares d'admirables graves. Sur sa valeur actuelle, il mérite d'être classé. Déjà retenu dans les éditions d'Edouard Feret de la fin du 19ème siècle comme l'un des « bourgeois » les plus honorables, ce Cru a manqué, avant les années 60, d'un propriétaire de la trempe de Jean Gautreau qui, en 20 ans, a reconstruit le domaine avec ténacité. Tout ceci pour dire, sans diminuer le mérite de son propriétaire actuel, qu'il n'est pas surprenant de constater qu'aujourd'hui Sociando-Mallet bénéficie d'une remarquable faveur auprès des experts et des classificateurs-dégustateurs français et anglo-saxons. Tous les éléments de base qui font un grand cru étaient potentiellement réunis à Sociando dès ses débuts au 17ème siècle. Il manquait un propriétaire actif et compétent pour imposer, envers et contre tous, un nom d'aussi bonne valeur intrinsèque.

Château Sociando-Mallet
Saint-Seurin de Cadourne 33250 Pauillac
Tel : 56-59-36-57
Appellation : Haut-Médoc
Propriétaire : Jean Gautreau
Surface en Vignes : 30 ha
Encépagement : 60% Cabernet Sauvignon
25% Merlot
10% Cabernet Franc
5% Petit Verdot
Tonneaux : 150 (15.000 caisses)
Commercialisation en France et à l'Etranger :
Par le Négoce traditionnel.

Chateau Soutard

La trilogie de la qualité viticole que forment, dans le Bordelais, un terroir privilégié, un domaine ancien et l'action humaine trouve à Soutard une application exemplaire. Situés sur le plateau calcaire, les vignobles bénéficient là d'une implantation idéale. La mise en valeur de Soutard a été conduite par des hommes d'exception, pionniers viticoles : les Combret de Faurie d'abord, qui, dans la tradition «physiocrate», réalisèrent les expérimentations viti-vinicoles préalables, fondant ainsi l'ampélographie des Grands Crus ; Jean Laveau qui en 1811 achète le domaine et définit, il est un des premiers avec de Canolle, le concept de Grand Vin et ses contraintes ; depuis les des Ligneris, restèrent fidèles à la terre de Soutard et assurèrent les mutations et les adaptations nécessaires. Ce grand domaine possède, au premier coup d'œil une allure médocaine, mais bien vite apparaît ici l'authenticité architecturale d'un château et la qualité d'un paysage viticole d'exception : Soutard. Grand Cru Classé à Saint-Emilion, «le Crû de Soutard» devrait trouver, au sein d'une nouvelle hiérarchie viticole Bordelaise une plus large consécration.

Château Soutard
33 330 Saint-Emilion   Tel : 57.24.72.23
Appellation : Saint-Emilion Grand Cru
Classification : Grand Cru Classé
Chargé de l'exploitation : Jacques des Ligneris
Propriétaire : François, Isabelle et Hélène des Ligneris
Surface en Vignes : 23 ha
Encépagement : 60% Merlot
                40% Cabernet Franc
Tonneaux : 100 (10.000 caisses)

Chateau Suduiraut

Le Château Suduiraut est implanté sur l'un des trois principaux terroirs du Sauternais. Il s'agit de collines de grosses graves qui ont de belles pentes : ce sont les restes en ruines de la nappe günzienne. L'originalité de ce terroir de Sauternes est d'avoir des graves maigres, excellentes naturellement pour la production de vin blanc mais qui pourraient aussi bien produire des vins rouges de type Haut Brion ! Nous pourrions dire que nous sommes ici en présence d'un petit terroir Médocain «logé» en Sauternais. On peut conclure aujourd'hui à la remarquable préscience viticole des fondateurs qui, au 17e siècle implantèrent le vignoble. Le cru de Suduiraut qui fut bien sûr promu premier Cru Classé en 1855, sous la houlette des frères Guillot demeure l'une des valeurs les plus sûres, de l'Appellation Sauternes.

Château Suduiraut
Preignac 33210 Langon
Tél : 56-63-27-29   Tél: Paris 46-22-56-48
Appellation : Sauternes
Classification : Grand Cru Classé en 1855
Propriétaire : SARL Château Suduiraut
Surface en Vignes : 90 ha
Encépagement : 80% Sémillon 20% Sauvignon
Tonneaux : 100 (10.000 caisses)
Vente directe au Château
Commercialisation en France et à l'Etranger :
Par le Négoce de Bordeaux. Pour tous renseignements, contacter Madame Frouin

CHATEAU TALBOT

Les origines de Talbot sont lointaines et sa renommée aujourd'hui immense. Il est vrai que ce cru ne pouvait que s'élever quand on examine, au plan de l'agrologie, l'implantation du vignoble, près de 100 ha sur un modelé de graves du quaternaire ancien. Son histoire au 20ᵉ siècle est indissociable de la famille lorraine des Cordier. Désiré Cordier, qui l'acquiert en 1918, Georges et aujourd'hui Jean Cordier qui donnèrent le meilleur d'eux-mêmes pour promouvoir la qualité des vins de Talbot. Quatrième cru classé en 1855, cette place était alors, probablement méritée. Elle apparait aujourd'hui tout à fait insuffisante. Un classement contemporain situera probablement château Talbot au moins dans le groupe des troisièmes. Doit-on rappeler que certains grands Saint-Julien d'aujourd'hui et notamment Talbot, ont pris leur revanche au double plan des cotations et de la notoriété par rapport à la classification des crus de 1855.

Château Talbot
Saint-Julien Beychevelle 33 250 Pauillac
Tél : 56-31-44-44
Appellation : Saint-Julien
Classification : Grand Cru Classé en 1855
Chargé de l'exploitation : Georges Pauli
Propriétaire : Jean Cordier
Surface en Vignes : Rouge : 98 ha Blanc : 5 ha
Encépagement : 70% Cabernet Sauvignon
             20% Merlot
             5% Cabernet Franc
             5% Petit Verdot
Tonneaux : 400 (40.000 caisses)
Commercialisation en France et à l'Etranger :
Etablissements Cordier, 10, Quai de Paludate
33 000 Bordeaux   56-31-44-44   Telex : 560919

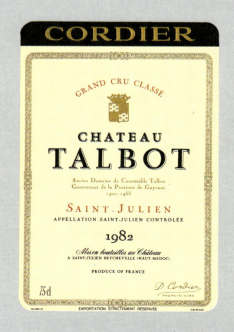

Château Troplong Mondot

Grand Cru Classé, Troplong Mondot possède une histoire, depuis la fin du XVIIIe siècle, significative des moyens par lesquels Saint-Emilion s'est hissé dans la hiérarchie des appellations du Bordelais. Le vignoble est situé sur le plateau calcaire et sa particularité est d'être sur le point le plus haut de la commune, la «Butte de Mondot». Il s'agit d'un site de terroir très favorable et les débris meuliérisés, comme à Cheval Blanc, témoignent de l'excellence de l'agrologie naturelle de Mondot. Le rôle des hommes enfin avec la famille de Sèze, qui organisa minutieusement le vignoble pour produire de Grands Vins et le Conseiller Troplong qui en accentue la qualité, tout en faisant mieux connaître ce Cru. On observe que, dès 1823, il bénéficie des cotations les plus élevées de Saint-Emilion tandis que le négociant Beylot, l'exporte en Europe. On note enfin que l'édition de 1868 de Feret lui accorde le qualificatif «château», mention qu'il ne partage qu'avec Bélair, Figeac, Corbin et Cheval Blanc. Dirigé aujourd'hui par Claude Valette et sa fille, Christine Fabre, Troplong Mondot a été sur le plan viti-vinicole remarquablement adapté et modernisé.

Château Troplong Mondot
33 330 Saint-Emilion Tel : 57-24-70-72
Appellation : Saint-Emilion Grand Cru
Classification : Grand Cru Classé
Chargée de l'exploitation : Christine Fabre
Propriétaire : Claude Valette
Surface en Vignes : 30 ha
Encépagement : 65% Merlot
  20% Cabernet Franc
  15% Cabernet Sauvignon
Tonneaux : 100 (10.000 caisses)
Ventes directes au Château
Commercialisation en France et à l'Etranger par le Négoce Bordelais.

Château Trotanoy

Peut-on savoir si Savinien Giraud, propriétaire en Pomerol de «Trop Ennuie» avait eu l'intuition d'un destin d'exception pour son cru lorsqu'il le débaptisa, pour trouver une meilleure consonnance, par le nom de Trotanoy ? Réponse : sans doute pour partie car, dès 1815, le négociant Beylot, son neveu, pouvait déjà constater la faveur que rencontrait Trotanoy qui commence à cette époque une triple ascension : les cotations s'élèvent, la «personnalité» de ses vins s'affirme et leur notoriété s'impose. Une montée qui n'allait connaître aucun obstacle et porter Trotanoy au sommet de l'appellation. Son terroir de graves anciennes sur la terrasse de Pomerol, allié à l'admirable «façon J.P. Moueix» se conjuguent depuis pour atteindre la perfection des Pomerol. On peut penser que Trotanoy obtiendra prochainement une consécration à une échelle plus large, parmi les Grands Vins de Bordeaux et au sein des Premiers. Trotanoy n'a pas encore, heureusement ou hélas! la notoriété de son cousin Petrus mais dans cette agnation, il pourrait, certains spécialistes avec nous le pensent, lui être sur quelques années, supérieur.

Château Trotanoy
Pomerol 33500 Libourne
Appellation : Pomerol
Chargé de l'exploitation : Ch. Moueix
Propriétaire : Société Civile du Château Trotanoy
Surface en Vignes : 8,5 ha
Encépagement : 90% Merlot
                10% Cabernet Franc
Tonneaux : 30 (3.000 caisses)
Commercialisation en France et à l'Étranger : Par les Établissements J.P. Moueix, 54, Quai du Priourat 33500 Libourne

Chateau Trottevieille

Lecoutre de Beauvais précise, vers 1840, dans le journal viticole qu'il rédige, «Le Producteur», que le Crû de Trottevieille entre dans «la liste des Crûs de la première classe de Saint-Emilion». Les courtiers Bordelais et Libournais confirment par leurs cotations cette appréciation tout au long du 19e Siècle. Cette propriété très représentative de la dimension Saint-Emilionnaise prit son essor dès 1815. C'est avec les Dumugron qu'elle connaît sa première «Belle-Epoque». Elle entre, en 1943, dans le patrimoine des Borie, famille de propriétaires viticoles exclusivement Médocains (château Batailley) jusqu'alors, mais qui eurent l'heureuse intuition des aptitudes agrologiques exceptionnelles de Trottevieille et du destin prometteur de son appellation. Ces 10 Ha de vignobles sont situés à l'Ouest de la cité de Saint-Emilion sur le plateau calcaire de Trottevieille-Mondot. Un excellent terroir, le savoir-faire des Castéja, la production d'un Grand Vin et un rang de Premier Grand Cru Classé, tout à Trottevieille symbolise et justifie à la fois la qualité.

Château Trottevieille
33330 Saint-Emilion Tél: 56.48.57.57
Appellation: Saint-Emilion
Classification: Premier Grand Cru Classé
Chargé de l'exploitation: Philippe Castéja
Propriétaire: Héritiers Castéja - Borie
Surface en Vignes: 10 ha
Encépagement: 50% Merlot
50% Merlot
40% Cabernet Franc
10% Cabernet Sauvignon
Tonneaux: 45 (4.500 caisses)
Commercialisation en France et à l'Etranger
Par Borie - Manoux
86, Cours Balguerie - Stuttenberg
33082 Bordeaux Cedex Telex: 550766
Tél: 56.48.57.57

VIEUX CHATEAU CERTAN

C'est le château de Pomerol qui, en tant que cru, a la notoriété la plus ancienne. Seul en tête de l'appellation pendant un demi-siècle, il est toujours aujourd'hui dans le petit groupe des plus grands Pomerol. Si Vieux Château Certan est exceptionnel, c'est à son terroir (14 hectares de graves et d'argiles sableuses), admirablement situé sur la haute terrasse, c'est à dire la partie noble de Pomerol, qu'il le doit. D'abord propriété de famille de notables locaux, il est acquis en 1924 par les Thienpont, des négociants en vin d'Etikhove en Belgique. C'est notamment Léon Thienpont, décédé en 1985, qui devait inlassablement, sa vie durant, servir et promouvoir ce cru exceptionnel. Il faut avoir vu se presser dans la petite cour du château les plus grands amateurs et experts en vin du monde entier pour comprendre quelle place a tenu et continue de tenir, sans faiblir, Vieux Château Certan que dirige actuellement Alexandre Thienpont.

Vieux Château Certan
Pomerol 33 500 Libourne Tel : 57.51.17.33
Appellation : Pomerol
Chargé de l'exploitation : Alexandre Thienpont
Propriétaire : Sté Civile du Vieux Château Certan
Surface en Vignes : 13,5 ha
Encépagement : 50% Merlot
 25% Cabernet Franc
 20% Cabernet Sauvignon
 5% Malbec
Tonneaux : 55 (5.500 caisses)
Commercialisation en France et à l'Etranger :
Courtiers et Négociants de la place de Bordeaux.

CANON-FRONSAC

Chateau Vray Canon Boyer

    En 1735, François Boyer faisait cultiver sur ce coteau 14 arpents (6 hectares) de vignes. Dès cette époque la qualité de ses vins était reconnue par les répartiteurs de la taille. Couronné par la corniche calcaire boisée, le coteau viticole descend d'un seul trait jusqu'aux terres basses de la plaine alluviale. Ainsi se définit, en Canon-Fronsac, l'un des plus beaux paysages viticole du bordelais. Rien n'a changé depuis qu'en 1735-1759 François Boyer, pionnier de la « révolution viticole » assurait, en Canon, le premier avènement de la qualité. Une mise à jour de ce château viticole chargé d'histoire depuis un quart de millénaire est entreprise par ses propriétaires actuels (héritiers de R. de Coninck) pour rappeler que les Grands Vins du Libournais comme du Bordelais ont, à Vray Canon Boyer, leur plus ancien titre de noblesse.

Château Vray Canon Boyer
33 145 Saint Michel de Fronsac
Tel: 57-51-06-07
Appellation : Canon-Fronsac
Chargé de l'exploitation : René de Coninck
Propriétaire : Sté Civile du Château Vray Canon Boyer
Surface en Vignes : 8 ha
Encépagement : 90% Merlot
                 10% Cabernet
Tonneaux : 30 (3.000 caisses)
Vente directe au Château
Commercialisation en France et à l'Etranger :
Société Horeau-Beylot & Cie
BP 125 33500 Libourne cedex Telex : 560 735

Château d'YQUEM

Le Château d'Yquem représente un sommet totalement inégalable, tant il est inaccessible aux comparaisons, aux prétentions et finalement au rationnel. On a beau recenser les éléments qui concourent à sa distinction, Yquem échappe à l'analyse. Le vignoble situé sur une nappe de petites graves pyrénéennes bénéficie de tous les atouts agrologiques. A Yquem, la culture des plantiers, le travail dans les vignes, les vendanges, les techniques dans les chais sont complexes et uniques. Quand l'œnologie et ses Instituts se réfèrent à Yquem c'est pour constater la modestie de l'ampélologie moderne comparée à la richesse du savoir-faire et des traditions viti-vinicoles du domaine des Lur Saluces. Pour ce dernier quart de siècle l'histoire retiendra que si les vins blancs liquoreux, après avoir subi un certain effacement, ont aujourd'hui retrouvé leur audience, ils le doivent sans doute à Yquem dont le rayonnement ne connut pas d'éclipses. Remarquons qu'à une époque, hélas! la nôtre, où il n'est guère possible de se procurer les premiers Grands Crus, Yquem est en revanche toujours accessible à une clientèle particulière, celle d'Alexandre de Lur Saluces. Noblesse oblige!

Château d'Yquem
Sauternes 33210 Langon   Tel: 56_63_21_05
Appellation : Sauternes
Classification : Premier Cru Supérieur Classé en 1855
Propriétaire : Comte Alexandre de Lur Saluces
Surface en Vignes : 102 ha
Encépagement : 80% Sémillon
                20% Sauvignon
Tonneaux : 60 (6.000 caisses)

Commercialisation en France et à l'Étranger :
Par le Négoce Bordelais.

LISTE DE « 100 GRANDS CRUS DU BORDELAIS »

A

ANGLUDET (d')	102

B

BATAILLEY	103
BEAUREGARD	104
BERLIQUET	105
BEYCHEVELLE	106
BONNET	107
BOUSCAUT	108
BOYD-CANTENAC	109
BRANAIRE-DUCRU	110
BRANE-CANTENAC	111
BROUSTET	112

C

CALON-SEGUR	113
CAMENSAC	114
CANON (St-Emilion)	115
CANON (Canon-Fronsac)	116
CANTEMERLE	117
CARBONNIEUX	118
CERTAN-GIRAUD	119
CHANTEGRIVE	120
CHEVAL BLANC	121
CLARKE	122
CLIMENS	123
CLINET	124
CLOS DES JACOBINS	125
CLOS FOURTET	126
CONSEILLANTE (La)	127
CORBIN	128
COS D'ESTOURNEL	129
COS LABORY	130
COUFRAN	131
COUHINS-LURTON	132
COUTET	133
CROIZET-BAGES	134
CRUZEAU (de)	135

D

DAUZAC	136
DESMIRAIL	137
DOISY-VEDRINES	138
DOMAINE DE CHEVALIER	139
DUCRU-BEAUCAILLOU	140
DURFORT-VIVENS	141
DU TERTRE	142

E

L'EGLISE-CLINET	143
L'EVANGILE	144

F

FARGUES (de)	145
FIGEAC	146
FOMBRAUGE	147
FOURCAS-HOSTEN	148
FRANCE (de)	149

G

GAZIN	150
GISCOURS	151
GRAND-CORBIN	152
GRAND-MAYNE	153
GRAND-PUY-LACOSTE	154
GREYSAC	155
GRUAUD LAROSE	156
GUIRAUD	157

H

HAUT-BAILLY	158
HAUT BRION	159
HAUT-GARDERE	160
HAUT-SARPE	161

I

ISSAN (d')	162

J

JUNAYME	163

K

KIRWAN	164

L

LABEGORCE	165
LA CROIX	166
LA CROIX DU CASSE	167
LAFAURIE-PEYRAGUEY	168
LAFITE ROTHSCHILD	169
LAFON-ROCHET	170
LA LAGUNE	171
LA LOUVIERE	172
LAMARQUE	173
LA MISSION HAUT BRION	174
LANESSAN	175
LA RIVIERE (de)	176
LAROQUE	177
LAROSE-TRINTAUDON	178
LARRIVET-HAUT BRION	179
LASCOMBES	180
LA TOUR CARNET	181
LA TOUR FIGEAC	182
LA TOUR MARTILLAC	183
LEOVILLE BARTON	184
LEOVILLE POYFERRE	185
LYNCH-BAGES	186

M

MALARTIC-LAGRAVIERE	187
MALESCASSE	188
MALLES (de)	189
MEYNEY	190
MONTROSE	191
MOUTON ROTHSCHILD	192

O

ORMES DE PEZ (Les)	193

P

PALMER	194
PAPE CLEMENT	195
PAVIE	196
PETIT-VILLAGE	197
PETRUS	198
PICHON-LONGUEVILLE BARON	199
PICHON LONGUEVILLE COMTESSE (DE LALANDE)	200
PICQUE CAILLOU	201
PONTET-CANET	202
POUGET	203

R

RAUSAN-SEGLA	204
RAUZAN-GASSIES	205
RAYNE-VIGNEAU	206
RIPEAU	207
ROCHEMORIN (de)	208

S

SIRAN	209
SMITH HAUT LAFITTE	210
SOCIANDO-MALLET	211
SOUTARD	212
SUDUIRAUT	213

T

TALBOT	214
TROPLONG MONDOT	215
TROTANOY	216
TROTTEVIEILLE	217

V

VIEUX CHATEAU CERTAN	218
VRAY CANON BOYER	219

Y

YQUEM (d')	220

LISTE PAR APPELLATION DES CHATEAUX DE «100 GRANDS CRUS DU BORDELAIS»

1. CANON-FRONSAC
CANON
JUNAYME
VRAY CANON BOYER

2. FRONSAC
LA RIVIERE (de)

3. GRAVES-LEOGNAN
BOUSCAUT
CARBONNIEUX
COUHINS-LURTON
CRUZEAU (de)
FRANCE (de)
DOMAINE DE CHEVALIER
HAUT-BAILLY
HAUT-GARDERE
LA LOUVIERE
LARRIVET HAUT-BRION
LA TOUR MARTILLAC
MALARTIC LA GRAVIERE
ROCHEMORIN (de)
SMITH HAUT LAFITTE

4. GRAVES DU HAUT-PAYS
CHANTEGRIVE

5. GRAVES-PESSAC
HAUT BRION
LA MISSION HAUT BRION
PAPE CLEMENT
PICQUE CAILLOU

6. HAUT-MEDOC
CAMENSAC (de)
CANTEMERLE
COUFRAN
LA LAGUNE
LAMARGUE (de)
LANESSAN
LAROSE-TRINTAUDON
LA TOUR CARNET
MALESCASSE
SOCIANDO-MALLET

7. ENTRE-DEUX-MERS
BONNET

8. LISTRAC
CLARKE
FOURCAS-HOSTEN

9. MARGAUX
ANGLUDET (d')
BOYD-CANTENAC
BRANE-CANTENAC
DAUZAC
DESMIRAIL
DURFORT-VIVENS
DU TERTRE
GISCOURS
ISSAN (d')
KIRWAN
LABEGORCE
LASCOMBES
PALMER
POUGET
RAUSAN-SEGLA
RAUZAN-GASSIES
SIRAN

10. MEDOC
GREYSAC

11. PAUILLAC
BATAILLEY
CROIZET-BAGES
GRAND-PUY-LACOSTE
LAFITE ROTHSCHILD
LYNCH-BAGES
MOUTON ROTHSCHILD
PICHON-LONGUEVILLE BARON
PICHON LONGUEVILLE COMTESSE (DE LALANDE)
PONTET-CANET

12. POMEROL
BEAUREGARD
CERTAN-GIRAUD
CLINET
CONSEILLANTE (la)
EGLISE-CLINET (l')
EVANGILE (l')
GAZIN
LA CROIX
LA CROIX DU CASSE
PETIT-VILLAGE
PETRUS
TROTANOY
VIEUX CHATEAU CERTAN

13. SAINT-EMILION
BERLIQUET
CANON
CHEVAL BLANC
CLOS DES JACOBINS
CLOS FOURTET
CORBIN
FIGEAC
FOMBRAUGE
GRAND-CORBIN
GRAND-MAYNE
HAUT-SARPE
LAROQUE
LA TOUR-FIGEAC
PAVIE
RIPEAU
SOUTARD
TROPLONG MONDOT
TROTTEVIEILLE

14. SAINT-ESTEPHE
CALON-SEGUR
COS D'ESTOURNEL
COS LABORY
LAFON-ROCHET
MEYNEY
MONTROSE
ORMES DE PEZ (les)

15. SAINT-JULIEN
BEYCHEVELLE
BRANAIRE-DUCRU
DUCRU-BEAUCAILLOU
GRUAUD LAROSE
LEOVILLE BARTON
LEOVILLE POYFERRE
TALBOT

16. SAUTERNES
BROUSTET
CLIMENS
COUTET
DOISY-VEDRINES
FARGUES (de)
GUIRAUD
LAFAURIE-PEYRAGUEY
MALLE (de)
RAYNE-VIGNEAU
SUDUIRAUT
YQUEM (d')

TABLE DES MATIERES

Avant-propos	7
CHAP. 1 LES LOINTAINS HERITAGES	**9**
1. La légende de la vigne et du vin	9
2. Les origines de la vigne ne sont pas celles que l'on croit	10
3. La domestication et l'expansion de la vigne	12
4. Le Commerce du vin se developpe dans l'antiquité	15
5. Les vins de l'antiquité : une réalité médiocre	17
6. L'Héritage romain et la «traversée du désert» du Haut Moyen Age	18
CHAP. 2 LE MARCHE DES VINS AU MOYEN AGE ET AU DEBUT DES TEMPS MODERNES	**21**
1. Le grand essor de la vigne à Bordeaux	21
2. Cologne et les vins Rhénans	24
3. Les vignobles de l'intérieur	26
- vignobles de Piémont	26
- vignobles d'Espagne	28
- vignobles de Bourgogne	29
4. Les Vins de la Méditerranée : Venise	32
CHAP. 3 LA REVOLUTION DES BOISSONS	**36**
1. Les Hollandais et le Brandevin	37
2. Les Prodromes de la Crise	39
3. La grande crise : le blocus (1688-1697) et les nouvelles boissons	40
4. Le marché anglais des vins : Portos et «New French Clarets»	43
5. Le marché de Paris : les Champagnes et autres vins fins	46
6. La crise du Porto : la première «Appellation controlée»	48
7. La montée du Sherry et l'aventure du Marsala	50
8. Les tentatives du Languedoc	51
9. Naissance et suprématie du Cognac	52
10. Le Tokay et les vins liquoreux	54
11. Révolution viticole et terroirs des Grands Crus	55
CHAP. 4 GRANDS VINS ET TERROIRS A L'EPOQUE CONTEMPORAINE	**57**
1. La Démocratisation du Vin	57
2. Les Terroirs privilégiés de la production viticole	58
3. La Prééminence des terroirs dans la production de vins : l'exemple Bordelais	63
4. Défense et illustration des grandes appellations du Bordelais à partir des terroirs	67
5. Forces et faiblesses du principe des classements : classifications et hiérarchies	95
- la position ultra-libérale	97
- la comparaison dégustative	98
- la synthèse des aptitudes	98
6. Pour une nouvelle approche : «100 Grands Crus du Bordelais»	100
Liste de «100 Grands Crus du Bordelais»	221
Index des appellations retenues	222

D.L.B. 32574-1987 Imprimé en Espagne